大理大学民族文化研究院

国家民委民族理论政策研究基地

云南省南诏大理历史文化传承与发展研究基地

云南宗教治理智库

云南宗教治理与民族团结进步智库

云南省哲学社会科学“云贵高原坝子社会文化研究”创新团队

大理面向南亚东南亚辐射中心（澜湄合作）研究院

DALI MINZU WENHUA YANJIU LUNCONG DI BA JI

大理民族文化研究论丛

第八辑

主编/寸云激　副主编/殷群　王伟　本辑主编/殷群

民族出版社

《大理民族文化研究论丛》（第八辑）
编委会名单

《大理民族文化研究论丛》（第八辑）编审人员名单

（以姓氏笔画为序）

寸云激　　李学龙　　罗　勇　　殷　群　　陶　琳

目录

民族理论·社会

民族文物·考古

民族历史

民族宗教·习俗

民族语言·文化

民族经济

民族理论·社会

超越学科与社会的“边界”

——从中缅边疆的拉祜族人类学田野工作到“坝子社会”研究

马健雄

一、前　言

云南不仅是中国西南边疆地方文化非常鲜明的省份，而且自然地理面貌复杂多样，全省山脉绵延，交通不便。在国内与西藏、四川、贵州、广西等省（区）交界，国外与缅甸、老挝、越南等国毗连，云南人也早已习惯了本地复杂多样的族群关系、语言、风俗和宗教信仰。

就个人生活经历而言，到昆明上大学之前，我一直生活在家乡大理，熟悉滇西的社会环境，成长经历和生活环境也影响了后来学术志趣的培养。大学毕业时，第一次跟随我的老师肖迎教授到怒江峡谷进行田野调查，这次经历促成了我投身人类学的决心。1994 年开始，我到云南民族大学就读民族学研究生，导师黄惠锟教授是傣族史专家，于 20 世纪 60 年代初担任过云南省民委主任的秘书。黄惠锟教授是一位边疆民族工作经验非常丰富的学者，我的田野调查计划得到导师的大力支持。第二年我来到拉祜族聚居区、澜沧县木嘎乡的班村开始做田野调查，迄今已经超过了 20 年。一般情况下每年我都回到班村探访老朋友、了解村里的变化，持续记录自己熟悉的班村村民的生活面貌，长期的田野工作经历让我逐渐学会了从人类学的角度来观察、描述和研究地方文化与生活。

几年后，我从云南到香港学习，完成了硕士和博士学位课程后又获得了在香港科技大学任教的机会，在十多年的学习经历中，有幸得到了很多杰出学者如吴荣昭、林益民、沙伯力、廖迪生、张兆和、蔡志祥、科大卫等教授的教诲，在跟随他们学习的过程中也逐渐意识到，像中国这样地域广阔、文化复杂多样且历史悠久的社会，我们应该将人类学与历史等其他社会科学研究相结合，发扬过去历史研究与田野调查相结合的学术传统，才能够更好地理解和解释中国社会文化变迁的宏观脉络和具体的运作机制，也才有可能探索中国和世界关系的新方法、回应学术界关注的人类整体性与地方文化多样性的关系问题。其中，我尤其感兴趣的是社群的生活方式与文化意义之间的历史延续与变化的原因、社会能动力发展的动态过程，这也是我们理解和解释社会文化的运作机制的切入点。当然，这也可能仅仅是因为自己的田野经历及对中国与东南亚边疆历史的研究兴趣而发展起来的问题。

二、拉祜村寨田野工作经验与边疆历史研究

1994 年至 1997 年在云南民族学院读研究生时期，我来到云南澜沧县黑河河谷的班村，开始了系统性的田野研究。根据人类学田野调查的要求，我住在报告人家里，从学习拉祜语开始，与村民们一起砍柴、放牛、做农活，也参加建房、婚丧嫁娶、叫魂仪式等日常活动，经过长期田野工作，逐步将班村的人口、婚姻关系、家庭谱系、宗教信仰、节日及仪式、农业生产等问题做了认真细致的观察和记录，这些材料后来成为我研究分析的基础素材。后来就读博士课程期间，在班村的田野工作仍然持续进行，其中 1996 年 10 月至 1997 年 5 月、2004 年 12 月至 2005 年 8 月两个阶段是我在班村的田野工作较为集中的时期。此后，几乎每年都回到澜沧和班村，住上几个星期或几天，观察记录村里的变化。在长期的田野工作中，我与村里的朋友们建立了深厚的友谊，在此期间通过研究和观察，将个别访谈、专题访谈、日常观察都记录下来，积累了大量田野笔记。我将笔记整理为直接的记录、概括性的日志和日记三种类别；此外，也随时借助画地图、拍照、录音、录像等手段，持续记录村民居住环境和空间变化，以便于了解这些变化的原因和过程。

在关于拉祜文化研究的人类学田野调查中，除了在班村进行长期、持续的参与观察之外，也在班村所在的乡和澜沧县及邻近各县展开专题性深度访谈，记录

当地重要人物的生活史和他们所经历的社会变化，请当事人回忆自 20 世纪 40 年代以来当地的社会变化和他们的亲身经历，尽量弄清当地一些重要的历史事件。在有条件的情况下，这样的访谈需要长期、反复进行，以便将个别人物的生活史与其他当事人的回忆对比，通过不断交叉检查，逐步勾勒出整体性的社会生活图像。除了专题访谈外，在田野调查过程中，也要设法从当事人的第一手记录（例如日记、笔记等）及地方档案资料中，查阅与个别当事人的回忆相关的历史记录与档案材料。基于这样的经验，作为研究者，我们不但能够在当地建立起人脉关系，也能够与当地档案部门的工作人员建立良好的工作关系。长期积累之下，对与地方历史的复杂性和人群关系的理解也能够更加深入和全面。也就是说，人类学者也需要像历史学者那样去理解历史事实与历史诠释之间的关系，其中关键性的问题是，我们需要透过文献资料研究与个别生活经历的叙述，把握当地社会变化的脉络和文化价值变化的各种走向和可能性。具体来说，我尝试就某一类专门问题来扩展研究的深度与广度。例如，1948 年以来，在澜沧、孟连、双江等县华侨“回国党组”领导的游击队的活动，与后来建立的县人民政府之间的关系、他们所实践的土地政策与少数民族干部政策、他们与 1953 年后逐渐主导了边疆民族工作的云南省委边疆工作委员会的联系等重要问题，是这一带边疆社会政治变化的基础性问题。因此，在整理资料的过程中，就需要先将这一特定主题作为研究的一个切入点。在整理出清晰的时间线索之后，再将微观的社区经验和村民们的回忆与档案文件对照，了解到边疆基层政府的建立和当时的土地政策与后来生产队建立之间的联系，以及这些联系如何与村民的亲属群和劳动互助组的关系相配合。这样，宏观的国家政治经济变化对微观的社群关系的影响就一目了然。这一经验，对我后来在研究中找出“微观”与“宏观”分析视角之间的有机联系非常有益。换句话说，历史研究与人类学研究终究是难以截然分开的，因为地方民众的生活与世界性的局势的变化也是分不开的。理解了这一层关系，人类学者和历史学者就更有可能从田野工作中寻找到一种共同理解人们琐碎的日常生活与宏大的社会历史脉络之间的关系的方法。其中，我注意到像劳动力、土地这样的问题与国家的边疆少数民族政策之间的关系非常重要。比如，在班村历史上，村民们将亲属群改换成了“人民公社”时期的生产队，我意识到这是一种非常特殊的现象。经过一段时间的研究后才明白，在云南与缅甸的边疆地区如澜沧县一带，早在 1948 年，由泰国归国的华侨中共党组织领导建立的游击队就已经建立了澜沧县政府；从那时起，又经过 1954 年澜沧拉祜族自治县成立，至 1958 年在“大跃进”运动中建立“人民公社”。在这一段时间内，为了稳定漫长的国境线沿线地区的社会秩序，云南省并没有在沿边境线各县实行内地农村曾经普遍推行的“土地改革”运动。既然没有实行过“土地改革”，也就没有实行过相应的“土地公有化”的社会改革。到了1980年澜沧县推广“人民公社”解体后的“联产承包责任制”试点，黑河河谷一带拉祜族的土地产权制度和劳动力合作方式实际上又恢复到了1948年之前，一些村落或社群关系更可追溯到清朝时期，因此，村民将“责任制”称为“认老田”。因为水稻田的财产继嗣制度与拉祜族的新居制和姻亲关系密切相关，20世纪80年代以后的社会变化给拉祜族农村带来的冲击，远超过20世纪50年代初期的社会转变。

也就是说，要了解近当代边疆少数民族社会的变化，就需要把握当地社会变化的历史过程中的细节。要发现这些问题，就需要将田野工作与历史档案研究这两种方法结合起来。国家政策的具体实践与地方历史的多样性难以截然分离：一方面，少数民族社会与中国社会的变化是一体性的，另一方面，边疆地区的特殊性也总是在国家的框架下存在着。要找出解释问题的方法，就免不了要具体、深入地解说边疆少数民族社会近六十年的变革，在这一过程中，国家与地方政府的土地政策、基层农村的婚姻家庭关系和劳动力制度相互配合，这些要素既在同一个层面上整合了地方关系，也使地方社会成为保持着一定程度的内在特殊性的共同体。这样看来，“边疆”和“少数民族”就不再是抽象的概念，而是具体的社会关系和文化价值不断重构的持续性历史过程。

在此基础上，广泛搜集整理地方档案资料之外，田野调查和文献研究都离不开各州（市）、县、乡政府出版的各类地方志、政协文史资料、文联出版物、统计年鉴、政府工作报告、民族事务委员会的相关出版物、党史资料等材料。而这些材料相对集中，容易找到，也是学者们来到一个地方开展调查研究时首先需要搜集的研究资料。而且，搜集这些资料的过程也是建立当地人脉关系的过程，是了解当地知识分子和干部如何看待和判断当地社会和文化历史问题的机会。我们的研究是从经营长期的人脉关系开始的，这是我们与地方学者和文史工作者相互学习、展开沟通对话的出发点。

但是，随着研究的展开，另外一些挑战性的难题又出现了。

完成博士论文之后我考虑的另一个问题，是如何将自己的研究扩展开来并深入下去。根据持续的田野观察，云南西南部边疆的少数民族地区例如拉祜族、佤族这样的少数民族社会，自20世纪80年代改革开放之后民族区域自治政策逐步恢复，到了90年代在“财政转移支付”政策的影响下，地方政府的运作发生了根本性的改变，而且地方民族工作往往要围绕着国家的扶贫工作和相关政策来开展。在拉祜族聚居区，在以族群关系为中心的地方框架下，一方面，“扶贫政治”成为边疆少数民族地方自治政府与国家体制之间的基本联结机制，另一方面，在扶贫工程实施过程中，在当地历史脉络中形成的族群关系又借助国家扶贫资源的分配机制得到进一步强化。因而，民族教育与扶贫工程的大力度实施，逐渐发展成为90年代后期以来推动边疆少数地区基层政府运作的基础性社会文化机制，中央、地方及基层政府都通过“现代化话语”的建立与维持，将“先进”与“落后”的二元论观念固化和强化。尤其在2004年之后，随着国家公务员考试的干部选拔机制的推行，过去从基层提拔干部的培养少数民族精英的政策也逐渐被淘汰了。“国家公务员考试”制度需要结合高考、扶贫项目等渠道来贯彻推行，同时也使得“先进”与“落后”的二元论观念稳定地介入针对少数民族学生的民族教育体系之中，进而成为拉祜族村寨日常生活中的重要内容，并发展成为加诸文化身份之上的现代化压力和推动山区人口外向流动的重要原因。[①] 在田野调查中我看到，班村拉祜族的生活状况与当地不同族群之间的关系也有密切关联，边疆山区不同族群之间在历史上形成了一种稳定的地方群体关系的社会框架。

近年来拉祜族社会与文化的剧烈变化，也涉及地方社群关系和文化价值的形成和转变的历史性变革。比如，在班村，姻亲关系是社群组织的基石，拉祜族是一个强调性别平等的社会，不但姓氏在生活中没有特别的意义，而且因为土地等财产的继承权通常在结婚之后就要重新分割，新婚的夫妻双方都能够平均地从自己的父母那里分到一份田地和财产，实行人类学所谓的“新居制”。对于一个新建立的家庭而言，夫妻双方拥有有平等财产权，在农业生产劳动中，夫妻双方的兄弟姐妹都有义务帮助这一对夫妻在农忙季节共同劳动，组成一个基于姻亲的换工群，以此成为社群组织的基础。这样，拉祜族是一个基于性别平等和“非谱系”家庭关系的社会。[②] 此外，在拉祜族的信仰世界中，世界也分成“活人的世

---

① Jianxiong Ma, Lahu Minority in Southwest China: A Response to Ethnic Marginalization on the Frontier, London: Routledge, 2013.

② 马健雄：《“牡帕密帕”与木嘎拉祜的双边非谱系亲属制》，见瞿明安、施传刚主编：《多样性与变迁：婚姻家庭的跨文化研究》，18～31页，北京，知识产权出版社，2011。

界”与“死者的世界”的对应关系。村民们解释说，人们生活的现实世界只不过是整体上的世界的一半而已，人在死后灵魂要保持着死去时的面貌，迁徙到“死者的世界”，即转入世界的另外一半去生活，直到在那里最终死去、从“死者的世界”里完全消失为止。可是，在“死者的世界”里，人们既没有生育能力，又需要延续同样的农业生产和劳动关系，而且死后居住在那里的人们也需要饲养家禽和牲畜，这些牲畜就需要活人的世界来供给。于是，在两个“世界”之间，治病的仪式就成为重要的沟通渠道。在拉祜族文化价值与观念中“一对”的世界观，以研究者的角度来看，说明在拉祜族社会中人们仅仅保持着上一代的祖先与他们的子女两代间的仪式性联系。拉祜族文化不但不会去记忆超过一代的祖先，而且由于灵魂总是循环往复地轮回在两个世界之间，整体上的文化价值与社会机制便强迫性、制度性地遗忘了更早的祖先与历史性的谱系关系。

那么，在这样的文化体系当中，拉祜族村民是用什么方式来“记录”和“记忆”历史呢？从这个问题入手，我认为拉祜文化如何诠释时间观念与“历史感”，是理解拉祜族社会与文化价值的基本问题之一。换句话说，是否因为非谱系的社会关系和灵魂总是在两个世界之间轮回的宗教观念，拉祜文化就没有历史观念和关于时间的价值判断了？

在班村，疾病的治疗仪式“叫魂”是一个关键性的表示社会纽带的方法。班村拉祜族相信，每个人都有一对灵魂，人们生病的时候，其中一个灵魂会离开身体回到“死者的世界”，去跟上一代的祖先会合、居住在一起。为了将离开身体出走的灵魂从那里接回来，需要宰鸡、宰猪、宰牛，以家畜的灵魂去跟上一代祖先交换病人出走的灵魂，因为“死者世界”的人们正需要这些家禽和家畜，因为他们那里缺乏生命的再生产能力，“治病”的仪式就成为人们向“死者的世界”提供生命和生活资源的渠道。在仪式进行的过程中，仪式专家“魔八”和亲戚朋友们借助仪式唱词来设想一支长长的队伍，他们行走在通往“死者的世界”的道路上，将牲畜送过去、将病人的灵魂接回来，这样做，生病的人才能逐渐康复。假如病人最后去世了，则说明他的一对灵魂都已经回到“死者的世界”去延续自己的生活，不愿意再回来。不过，这个治病叫魂的仪式颇为复杂：首先，仪式专家们需要判断，是什么样的恶灵咬噬了病人的身体，才导致病人灵魂脱离了身体；其次，接下来，仪式的首要环节，是大家一起到创造宇宙万物的神灵厄沙那里，找到能赶走咬人恶灵的法器，即“砂”和“水”；最后，接下来才能先将恶灵赶回到它自己的地方，最后才能将病人出走的灵魂接回来。[①]

人类学研究非常注重分析各种各样的仪式，但是在我的田野工作经验中，发现仅仅分析仪式的过程是无法说明为什么在仪式的前半部分，大家要想象一个漫长的旅程，先到大神厄沙的住所，去拿到能够赶走恶灵的法器。在这个环节中，仪式专家需要不厌其烦地详细描述到厄沙的住所经过的地方：从村子出发，大家一路走到南栅、勐缅、南本、坝卡、勐主、勐班等地，最后来到厄沙的宫殿，拿到法器后再沿着原路回到村里，赶走咬人的恶灵。在最初几年的田野调查中，我始终不明白这些地名与仪式的关系，仪式专家“魔八”们也只能告诉我，这些都是必须要去的地方，否则就得不到禳除恶灵所需的法器。而且，某些情况下，还需要从厄沙驻地返回村里的路上，沿途在不同的地点将幸福的籽种找回到家里来，这一环节是新年期间重要的“叫年魂”仪式中的基本内容。经过长期的文献研究之后，我逐渐明白，原来这些地名全都是确实的地点，这是一条过去两百年间澜沧江两岸的世居居民不断因为战争南迁的道路。这就意味着，人们在仪式中所设想的旅途，其实是村民们对历史上拉祜族先辈的来路的一种“记载”和“历史诠释”。某种意义上，仪式就是村民们描述拉祜族历史的一种文本。针对这些问题，我将自己对班村民族志和拉祜族的历史诠释的研究分析，出版了两本专书来讨论。简单来说，通过《清实录》、故宫档案等官方档案，以及各种地方性的历史文献，例如地方志、墓志、家谱，乃至传教士档案、当地傣族土司档案、英国政府的殖民地档案，将这些文献进行综合研究之后，先整理出明清时期云南与缅甸交界的边疆地区历史变化的整体脉络，再将仪式、神话置于这样的历史脉络中进行解读，从中找出历史文献与我在班村记录的田野材料之间的关联性。通过这样方法，能够将像班村这样的少数民族社群所实践的日常生活中的具体细节，与东南亚地缘政治、明清以来中国西南边疆变迁的宏大历史过程结合起来，建立起有效分析框架。这样的方法，其实是依赖于自己在长期的田野调查和历史文献研究过程中摸索出来的经验与理解。

在另一个例子中，报告人雅卜老人回忆说：在他 5 岁那一年的冬天，有一群白人来到班村，他们在田坝中搭起帐篷，用仪器进行土地测量，不知道这些人是

---

① 马健雄：《日常生活中的“历史实践”：云南西南部拉祜族社会有关“幸福”“权力”与“生命”的仪式与诠释》，见《人类学与“历史”：第一届东亚人类学论坛报告集》，111 ~ 116 页，北京，社会科学文献出版社，2014。

从哪里来、来干什么的。之后，雅卜还回忆起自己年轻时曾经和朋友一起到离木嘎河谷不远、傣族聚居的上允坝子，买到傣族烧制的陶锅，再背到缅甸售卖，之后再买棉花回来给妻子纺线织布，做成全家人的新衣服。那时候，他们在路上经常碰到土匪劫道，有一次劫匪没有抢到什么钱财，见他们用背架背着陶锅，就朝雅卜和同伴脚下的地上开枪，迫使他们背着陶锅跳跃不停，直到他们背着的陶锅完全破碎，劫匪们便以此作乐；他还说起解放初期自己当民兵时，大家要走十多天的山路，渡过澜沧江到景谷的盐井去背盐回来供应木嘎河谷的居民。最初我在记录这些故事的时候，并不明白这些故事背后的深远含义。庆幸的是，当时把这些故事都记录了下来，直到最近几年通过研究边疆地区的历史变化，才能明白雅卜老人作为一个普通的拉祜族村民，他一生所经历的事件与边疆社会的历史变迁的重要关联性，但此时，雅卜老人早已作古多年。根据雅卜提供的这些线索，我后来明白雅卜生于1930年。1935年末，因为中英双方的第二次联合勘界，缅甸英国殖民官员率领勘界队来到木嘎驻扎；中英双方虽然确定了南段中缅边境线的走向，但是中缅双方到1961年才最后划定了中缅边界。不过，雅卜的人生经历，远远超出了起初我对一个边疆少数民族村寨中的老人生活的设想。在许多人类学家的视野中，像班村这样的村寨通常只能用“与世隔绝”“原生态”或“远离了现代文明的偏僻山村”来形容。即便今天，在长期工作在当地的干部和老师们的眼中，拉祜族仍然是长期生活在“原始社会”并且“直接过渡”到现代社会的少数民族。少数民族的生活，常常是被排除在历史之外的。可是，在我后来对边疆历史的研究中，发现这里曾经分布着几个明末以来中国最大的银矿区，例如募乃厂、茂隆厂、悉宜厂，都生产了大量白银。如果不深入研究本地历史，难以想象在18世纪60年代时这里曾是清朝与缅甸交战的主要战场。所谓的“拉祜文化”，包括拉祜族对创世神厄沙的信仰，也与清代乾隆、嘉庆时期秘密社会在银矿区的广泛传播和拉祜族社会的军事化动员密切相关。也就是说，理解和解释一个少数民族村落中的某种治病仪式的问题，似乎仅仅与人类学学者的田野工作和他的理论取向有关；不过，一个人类学学者如果了解到中国边疆与东南亚山区在过去几个世纪中的剧烈社会变化，人类学对“疾病”“身体”与“仪式”的研究，必然成为重要的历史问题。也因此，“文化意义”和“历史建构”也就成为解释当地族群关系和权力框架之所以建立和维持的问题。在边疆社会历史脉络中，抽象的“国家”与“社会”之间的关系及其对地方文化的影响，当然就成为具体日常生活场景中班村村民治病仪式的一个基本环节。一个仪式，能够将拉祜族个人的身体，与中国与东南亚边疆的社会变化联为一个整体。

如果我们理解了上述社会文化的关联性、整体性及其历史逻辑，我们也就能够明白，其实人类学与历史学是难以分割的。要在中国这样一个历史悠久、地域广阔的社会政治体系中来发展人类学理论、在历史脉络中来理解中国的文化建构，这是一个非常有效的研究方向，它既能弥补一些历史学研究因为“见林不见木”而脱离了人们的生活的缺陷，也能弥补许多人类学研究在“细节中迷失”的盲目性的缺陷。就像拉祜村民以治病来诠释他们的“历史观念”一样，不同文化对过去的记忆、不同的文化实践者所解释的历史，都与他们所面对的现实生活压力与挑战息息相关。如果能够与相关的历史文献相对照，人类学学者对文化价值的理解能力也会增强，对文化主体性的理解也会更加深入，这既是人类学学者的使命，也是历史学学者可以向人类学借鉴的地方性、日常生活的立场和视角。基于这样的理解，我希望能够从拉祜村落研究走向西南边疆历史的研究，尝试以自己在村落研究中积累的经验和对社会生活与人群关系的理解为出发点，来探究更大范围的历史、地理生态与地方人群生活之间的关系，从文化变迁中的人的能动性和主体性的发展变化来理解中国社会的多样性与一体性的问题。

三、“坝子社会”：理解西南边疆文化与社会多样性的历史地理框架

从人类学田野研究的角度来理解区域性的社会与文化意义和历史关联、地方社群身份的建立与表述方式，首先需要了解过去发生的事件对当前人们之间的关系的影响，也需要了解历史人物所处的境遇与社会脉络，进而将个人与集体的社会能动性的发展变化，置于当时当地的脉络与情景中进行分析研究。也就是说，我们需要在地方性的社会历史脉络中，理解和解释文化变迁与社会能动性的关系。文化意义从来不是固定不变的，但是变化的路径仍然有迹可循，同时，社会共同体的建构，也涉及宏观的国家政治和微观的地方政治框架和地理与生态环境的条件。

将田野研究从拉祜族山村延伸和扩展到整体上的中国西南边疆和东南亚社会，首先要将研究的注意力扩展到政治、地理、交通、历史上的国家体制、政治

疆域、中华天下宇宙观和作为边疆的地方社会建构等一系列的关系上，作为了解中国的文化多样性与政治一体性的历史脉络。例如，像府州县、土司等国家体制与中国西南山区的族群关系不断重构的过程，就需要考虑特定地理环境和国家体制变化的影响。西南边疆群山连绵，在群山、河谷之间，仅有大约6%的土地为山间盆地，即当地人所称的“坝子”，人们之间的交往需要沿着崎岖难行的道路来跨越高山大河，才能与内地省份、与东南亚国家、印度和西藏高原建立交通往来的联系。[①] 这样的地理条件会如何影响历代王朝与边疆社会的关系？地方社群如何在这样的条件下发展出自己的一套社会组织和文化价值？这是我们回应人类社会文化的多样性与同一性的理论所预设的前提。自2009年以来，尤其是借助参与由科大卫教授主持，由香港中文大学、香港科技大学和中山大学合作的“中国社会的历史人类学”大型研究计划的机会，在赵敏、廖迪生、寸云激等同仁的共同组织和努力下，我们一些长期从事当地社会研究的人类学、历史学学者同仁组成了一个合作研究团队，以香港科技大学和大理大学民族研究院为基地，大家分工协作，分别从生态和地理条件入手，找到一些重新理解社群关系与国家政治的互动的历史过程新方法，摆脱以民族史和历史事件为中心的研究方法的局限，探索如何将人类学与历史学方法结合到地方社会、网络与流动性的研究中。出于这样的考虑，我们将“坝子社会”合作研究设定在山区与平地关系的分析框架之下，将不同地域连接在一起的交通体系所赖以建立的宏观历史背景、交通体系与地方性社会能动性的发展，作为我们需要重点考察的第一步。

与北方草原畜牧业农业交界的内陆边疆不同，中国云南与东南亚交界的地区是一个相对持久而稳定的边疆领域。[②] 因此，就中国西南边疆的文化多样性、原住民社会与国家政治的关系而言，地理生态、交通条件、气候等因素为地方社会的发展设定了自然与社会经济的限定性要素。在云南、贵州及广西西北部的部分地区，由于山脉连绵，不通航运，交通主要依靠马帮运输到达重要的河流航运码头。这样，四川的宜宾（叙州）、泸州，贵州的镇远，广西的百色，云南南部的蛮耗，以及缅甸的八莫，成为历史上马帮运输体系跨越崇山峻岭到达重要河流的

---

① 赵敏、廖迪生主编：《云贵高原的坝子社会：历史人类学视野下的西南边疆》，昆明，云南大学出版社，2015。

② C. Patterson Giersch, Asian Borderlands: The Transformation of Qing China's Yunnan Frontier, Cambridge, MA: Harvard University Press, 2006.

转运口岸，它们将长江、洞庭湖水系、红河和萨尔温江及印度洋等不同的市场与文化体系连接成为一个宏大的交通网络。这是我们理解西南边疆历史地理的基本地理框架，也是西南边疆历史变迁的交通地理的基础及今天我们能够观察到的生态与文化多样性的一种历史基础。具体来说，在中国西南边疆和东南亚的高原山地，长期以来形成了一个以山间盆地（当地人所称的“坝子”）为骨架的交通与社会运作的体系。坝子的中心通常是城市和交通枢纽，在高效率的坝区水稻农业的支撑下，交错分散在高原的群山与河谷之间大大小小的坝子构成了中国西南山区和东南亚山地基础性的灌溉水稻农业基地，城镇与市场集中于坝子中，并支撑着联通不同河流市场系统的马帮交通体系。考察云南的历史地理，大理和昆明构成了两大历史性的政治中心，南诏国和大理国都以大理一带的坝子群为中心，元朝之后转移到昆明；云南西北以丽江为门户通往西藏，西部以腾冲为门户通往缅甸，北部以昭通为门户通往四川长江沿岸的叙府和泸州，东部以曲靖为门户通往贵州，南部以建水为门户通往越南。

在贵州，苗岭山脉作为贵州高原的地理“屋脊”，将贵州分为北部长江流域河流体系和南部西江流域河流体系两个部分。苗岭山脊同时也成为连接云南与湖南之间的交通道，云南的曲靖与贵州东部的镇远成为这一交通体系的两端，货物通往洞庭湖水运系统并进入长江。因此，大大小小的河流与支流的河谷，成为地方社会历史变迁的基本地理格局，相关的地方文化与政治概念也相对稳定地在这样的地理空间中发展延续，通常称为“溪峒”或“峒”的河谷地貌，历史上居住在这样的地理环境中的居民，也常常被称为“峒蛮”“五溪蛮”等。

在广西，基于西江及其支流的水运交通构成了不同类别的社群共同体及其社会经济框架的基本，百色成为西江船运的码头与云南马帮相交接，南宁、柳州、梧州、肇庆等地就成为控制西江水运体系的重要城镇。

基于前述理解和分析研究，我尝试将这样的社会与文化关系所建立的历史地理框架以图示来说明：

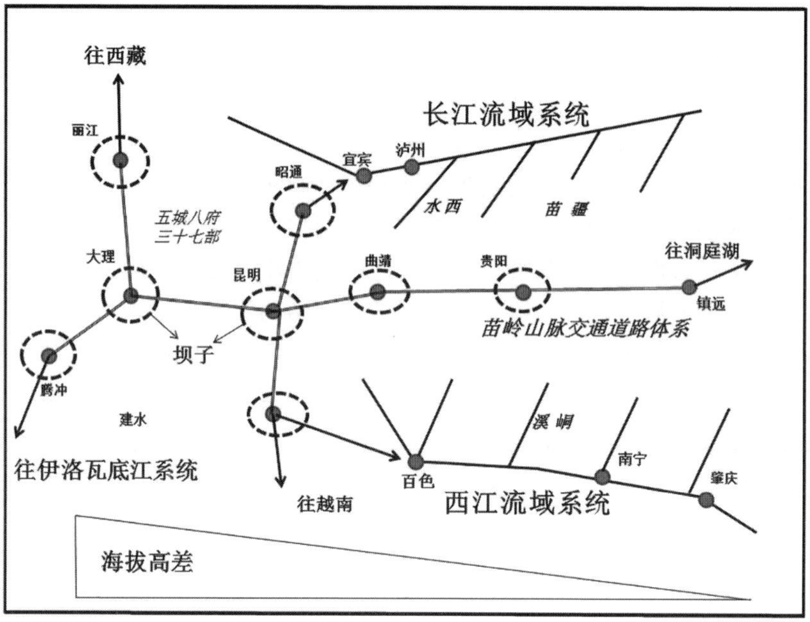

图1　中国西南边疆地方社会关系历史地理示意图

在明清时期的西南边疆，地方土司协助地方政府管制那些难以直接建立起府、州、县政府体制的地方。从长期历史过程来看，土司体制成为维持边疆社会与文化稳定的重要政治保障；同时地方上的族群身份也因为得到政治上长期稳定的保障和庇护，并结合地理空间的多样性，形成了族群身份复杂多样的历史基础。

基于这样的理解，我们尝试寻找一条以“坝子社会”研究为中心的解释路径，结合历史和人类学的研究方法，来解释西南边疆与掸邦高原之间族群多样性的地理条件和社会历史过程。“西南边疆”这一概念的产生，源于13世纪以来南诏、大理国的地方传统经历的重大改变，佛教国家的意识形态逐渐崩解，云南成为元朝以来的一个省份，其后贵州省也建立起来，明清时期西南边疆社会发生了剧烈变化。在前辈学者们对边疆和地方历史研究积累的成就的基础之上，我们聚焦于“地方社会能动性的发展”来开展我们的“坝子社会”研究。

在关于“坝子社会”的团队协作中，虽然问题的取向各不相同，但是相互之间频繁而且深入的交流和讨论，促使我们不断找到阶段性的共同议题，也不断匡正大家的共同目标。就自己的观察和感兴趣的问题来说，明清以来，国家权力的控制与持续性的地方社会文化的变化，主要依赖于地方上的社会能动者的行动力量及他们所推动的社会实践。就西南山区社会与中央王朝的关系而言，国家力量的深入和国家对地方政治的经营，其中的一个主要推动力，就落实在地方社会对跨越山区的交通体系的维持和长期的管理维护的需要。西南边疆社会之所以能够保持长期的稳定，除了军事力量的压制之外，也要依赖国家将边疆维持在帝国体系之中的交通保障能力，同时明清国家的宇宙观（“天下体制”）在地方的实践，皆维系于以“坝子社会”为中心的地方社群在道路与运输网络中的积极参与，无论处于州县或土司体制之下，皆能够安全有效运作，同时交通运输的稳定与安全，也成为明清国家政治的最高要求，这牵涉到周围藩属国和外围土司的朝贡对王朝政治核心的确认。[①] 在这种情况下，地方社群在整体上的国家交通网络体系中，扮演了地理支撑点的重要角色，同时地方社会能动力也因国家政策和制度的变化，获得了长足的发展并以灵活的姿态不断调整其应对国家的方式。于是，西南山区的马帮交通体系和道路网络联系着交通线上的“坝子社会”，进而被整合到一个宏大的、由“天下体制”所诠释的宇宙观体系之中，政治体系和经济一体化的发展也逐渐被整合到这样的连环之中。以“天下体制”的宇宙观来总括的边疆体系，却是在地方社会和政治力量的配合之下，通过旅行者、商人、朝贡、远距离贸易、军事行动和后勤运输等活动共同维持的。因此，远距离马帮运输（骡马组成的运输队群）以及其他与道路交通相关的社会支持体系和服务链，为不同需求的文化与物资流动提供了最根本的、基础性的山区与坝子之间、西南边疆和掸邦山区与长江流域等河流体系之间的文化与物质纽带，成为促使区域社会达成一定程度的社会整合的基本社会文化机制。道路、物流、马帮交通运输体系因而将长江流域与伊洛瓦底江流域联通为一个跨越不同政治、文化边界的整体性的边疆领域。

遵循这样的研究路径，“坝子社会”分析框架下的道路、交通与物流链，通过历史学和人类学相结合的探索路径逐渐纳入我们的视野。我比较关注的一个问题，是那些从事长途贩运、组织起马帮的“赶马人”，和他们所役使的动物“骡子”之间是如何建立起相互共享的行动能力和社会能动力的。赶马人和骡子朝夕

① 马健雄：《“外则朝贡出入，内则文武往来”：明清以来赵州坝子的社会重建》，见赵敏、廖迪生主编：《云贵高原的坝子社会：历史人类学视野下的西南边疆》，1～28页，昆明，云南大学出版社，2015。

相处，人与动物之间的配合，使得居住在山区和坝子的不同社群能够整合为大尺度的交通物流网络中相互配合的部分，即便他们分别发挥着不同作用，但是整体上的物流与交通运作机制将中国西南边疆、东南亚山区整合为共同的物资流通和信息流的网络整体，同时又能够保持着相互之间的政治和文化与身份的边界，因而形成一个政治文化多样的整体性区域。在西南山区不通舟楫的交通条件下，与历史上的“天下体制”相结合，维系西南边疆所依赖的就不仅是政治意义上的交通体系，也是文化上分层次的不同社群合作的区域整体。而且，这样的合作涉及的各种关系还包含着人与动物的关系、山区与坝子的社群关系、河流体系之间物资流动方向之间的关系。这样，交通运输业者就成为串联这些关系中的重要能动者之一，其中就马帮而言，人与动物的关系成为核心问题。直至“抗日战争”之前，西南山区维持交通体系运作的核心力量一直是马帮。马帮运输保障了货物与人流的跨区域流动，马帮之所以成为社会经济一体化的能动者，是因为赶马人需要具备丰富的饲养、训练骡马的知识和经验。其中，贩卖动物的商人也扮演了重要角色，他们将饲养骡马的社群与从事运输业的社群整合到同一个商业贸易体系之中。尽管如此，不同的地方社群仍然需要共同共享有关饲养、训练、医治骡马的经验与知识，这样，马帮与赶马人便能够在交通运输体系中跨越不同的政治、文化和自然的界限。

四、小结：超越田野与文献研究的学科限制

无论就滇缅边疆和拉祜族社会文化变迁的讨论，还是就马帮和骡马问题的研究，人类学田野工作方法和经验深入影响了我对史料的分析解读和对边疆历史的理解。在班村的田野经历，促使我将视野从微观的宗教仪式、婚姻家庭、农业生产、个人生活史等具体问题，逐步扩展到对当地族群关系的理解及对明清时期滇缅边疆矿业发展与社会冲突的关注。同样，“改土归流”、清缅战争等涉及国家政治与地方重构的问题、近代东南亚的殖民地化、中缅勘界与划界等问题，就更需要置于中国边疆历史变迁的宏观、长时段的历史脉络之中来理解。就具体的地方性问题的研究而言，我尝试就人与动物的关系及合作能动性入手，将社会网络、边界与人群主体性及交互主体性等的话题作为中心性议题，希望将这些曾经在人类学领域引起过热烈讨论的问题，也引入西南边疆的研究上来，借此开拓新

的方法和角度来推动理论的创新。

显然，假如人类学田野研究方法能够与历史文献分析研究得到很好的结合，我们对中国社会和文化的多样性和一体性的辩证关系的研究就能够不断深化。但是，两者应该如何结合，总是仁者见仁、智者见智。即便像拉祜族这样人数不算多的边疆少数民族和班村这样的山村，实际上仍然能够找到大量相关历史文献可资利用，例如清代的奏折（包括中国第一历史档案馆、台北故宫博物院等收藏的清代档案）、省和县档案馆的文档、当地的家谱、各类碑文、孟连耿马等地的土司档案、与近代中缅边境社会变化关系密切的缅英殖民政府档案等。此外，日常生活中流传广泛的创世神话、个人生活史、仪式等田野记录如果也算在内，资料就更加丰富。在有限的经验里，要真正找到“没有历史的人”其实是困难的。中国社会历史悠久，史料汗牛充栋，我们面对的环境与殖民时期的西方人类学家从事田野调查的海岛东南亚、非洲部落非常不同。田野研究与文献研究相结合的难点，在于如何在自己研究中将微观的社会机制与宏观的社会历史脉络结合起来。一方面，我们需要从人类学民族志方法的立场来理解史料，将史料和田野材料视为文本建构的过程来理解和解释；另一方面，我们也需要明白，我们的研究对象和阅读对象对我们的研究是有所期待的。因此，我们也需要将我们所诠释的文献和田野资料，重新置于与我们的研究对象相互交流的新渠道和新平台之上，这既是人类学发展对人类学家的要求，也是历史学家需要从人类学中学习和理解的问题。也就是说，历史的主体，需要在历史诠释中获得他们自己的位置。

从这一角度来看，丰富的史料对人类学民族志方法提出的挑战，这就像我在班村进行田野研究时碰到的问题一样：对于历史学家、地方干部和拉祜族村民而言，时间意义可能是多样的，对历史的诠释因而也具有多样性的角度并相互影响。对于不同的掌握书写权力的人，他们在边疆少数民族的日常生活中、在历史上所处的国家政治立场和在地方权力框架中占据的位置并不相同，因此从不同的层面看，过去发生的历史性事件对于人们现实生活的影响和意义，必定因人而异。如果我们能够理解和把握这些多层次的意义及其相互关系，就能更加深入地理解不同地域人们之间的社群关系、地域共同体的发展变化及其身后的宏大的国家政治与塑造力量。也就是说，边疆作为地域社会的一种类型，人们的日常生活、社群关系或仪式实践中呈现的文化价值，其中包含了多层次的历史进程，既涉及不同权力中心之间的拉锯和覆盖与纠缠，也牵涉不同的网络和社会关系及信息和物资的流动方向。经过长期积累的田野研究和文献研究经验，我们会注意到，社会政治经济关系的转变如何塑造了地方文化，这是我们理解地方能动性发展的重要切入点；与此同时，地方民众也在日常生活的层面具体入微地不断诠释他们的生活意义。不过，总的来说，人们在日常生活中实践的对历史、对生活价值的诠释展现的共同性与联结方式，也是我们理解不同层面的社会关系和文化变化的重要方向。

基于这样的出发点，我们建立这个由志同道合的学者们组成的学术共同体形成了一个共识，大家都在以不同的方式推动地方历史文献的整理与出版工作。地方历史文献庞杂的内容和复杂的产生过程，本身就是人们建立其历史诠释的重要方式。自2004年以来，我们逐步搜集、整理并出版了大量地方文献，这些文献既是学术研究的资料，也是地方民众阐释其历史的一种手段。在近十年间，我们先后出版了地方学者马存兆编著的《云南马帮马锅头口述历史》《大理凤仪碑文集》等碑文集、契约文书、洞经会科仪书等资料；还有更多的社会历史调查笔记、碑刻、地方历史文献和地方学者的著述，例如刀德才著的《双江傣族简史》等，也已经或正在整理出版中。

我们的地方文献出版计划得到了许多友人如詹益邦先生、叶胜杰先生的倾力襄助，也得到了香港科技大学华南研究中心和大理大学民族文化研究院的长期支持，在此亦深表感谢！

作者简介：马健雄，香港科技大学人文学部教授，长期在滇缅边疆从事人类学田野调查。著有《再造的祖先：西南边疆的族群动员与拉祜族的历史建构》。

同村人

——金甲邑村的人情交换与村落秩序

杨　梅

引　言

彼得·布劳（Peter M. Blau）将社会交往作为关注对象，要从遍布于个体之间的日常交往和他们人际关系的较为简单的过程推导出支配社区和社会的复杂结构的社会过程。[①] 他强调自己要探究社会交往的结构，且这种社会交往是基于各种自愿性关系[②]而发生的。布劳所试图达到的目的是从个体间的社会交往来推导出复杂结构的社会过程，亦即从个体间的交往着手，来阐明其对外在社会结构形成所具有的意义，从而涉入个体与社会之间的关系。

在理解社会秩序过程中对这种个体能动性的强调与关注肇始于20世纪70年代[③]，是新自由主义经济发展与施耐德（David Schneider）[④] 对亲属的解构共同合力引发的转变，从而带来了从“社会”（society）向“社会性”[⑤]（sociality）转

---

① 彼得·M. 布劳：《社会生活中的交换与权力》，李国武译，36页，北京，商务印书馆，2012。

② 他所指涉的非自愿性关系是那种先赋性的关系如亲属，或者一种带有强制性质的关系。

③ 黄应贵：《反景入深林：人类学的关照、理论与实践》，北京，商务印书馆，2010。

④ Schneider，David. The Nature of the Kinship. 1964，pp. 180 – 181.

⑤ 由 Myrilyn Strathern 在“The Gender of Gift”一书中提出，表明的并非任何既定的、先验的存在，而是一种构成式的关系。

变。这一转向的发生，试图将“人”的主体性带回关于社会秩序的理解过程中，因而，也多从人们之间的互动关系来着手理解秩序问题；它实际上也是回应了在社会流动日益增强、社会边界日益模糊的状况下，原本有明确形式与边界的社会组织实体路径在理解社会秩序进程中适用性遭受质疑的问题。亦即当面对缺失了原本用以理解社会秩序的各种制度性组织（如宗族或氏族组织、联姻团体、仪式共同体和祭祀圈等）[①] 的地方社会，究竟如何去对其社会秩序运作机制进行理解？如何探究其连结人群的方式与手段？

在这篇文章中，试图以云南省兰坪县金甲邑村的经验来对上述命题予以回应，阐明在这个没有任何制度性组织（social group）的村落中，村民如何透过办事[②]场合的人情交换实现彼此的连结，通过对“同村人”这个关系范畴的不断维系和强化，使得村落的秩序得以延续。整篇文章分为四个部分：首先，梳理特殊关系类型与地方社会秩序的理论脉络，同时，指出“同村人”作为关系范畴的内涵与边界；其次，勾勒出金甲邑村的自然和社会环境，继而阐明村落的社会结构样式；再次，描述村落中的办事活动，以探究村民如何透过其来明晰与强化“同村人”这一关系类型；最后，廓清金甲邑村的秩序运行机制，表明其以社会交换来维系成员连结所具有的意义，同时展现“同村人”作为一种心理组织边界的意涵。

一、交换、关系与秩序

莫斯（Marcel Mauss）[③] 指出了义务性的礼物往来维持、强化并创造了各种——合作性的、竞争性的抑或敌对性的社会连结，他以“礼物之灵”来解释回礼的义务，从而也表明透过这种送礼—回礼过程所结成的关系。虽然莫斯“礼

① 弗里德曼：《中国东南的宗族组织》，刘晓春译，上海，上海人民出版社，2000；Carsten，Janet. After Kinship. Cambridge：Cambridge University Press，2004；Pasternak，Burton. Kinship and Community in Two Chinese Villages. Stanford，California：Stanford University Press，1972；Cohen，Myron L. Lineage Organization of North China. In The Journal of Asian Studies，49（3），1990，pp. 509 – 534.

② 办事：一般指婚礼或葬礼，拜寿和乔迁也包括在内，是村民对家中举办这些活动的称呼；但在村民看来，他们必定要参加的办事只是婚礼和葬礼。

③ 莫斯：《礼物：古代社会中交换的形式与理由》，汲喆译，上海，上海人民出版社，2002。

物之灵”的解释遭受各种质疑和挑战，但其礼物交换中的那种互惠准则一直被沿用，于是，从莫斯那里开始，便展开了人是如何与物以及如何通过物而与他人彼此相互关联的研究路径。

作为对莫斯“礼物之灵”的批判，列维·斯特劳斯（Levi - Strauss）[①]则将联姻（alliance）作为社会秩序的基础，指出正是透过联姻团体之间的女性交换才使得社会连结得以可能，将社会生活视作一个群体及个人之间的交换体系。杜蒙（Louis Dumont）[②]基于此区分了继嗣（descent）和联姻（alliance）两个理论脉络，分别勾勒出了以血缘关系和婚姻交换为基础的社会秩序构成方式，它们都关涉社会如何将个体连结成社会（society）。虽然理论进路不一致，但是它们最后终与社会实体组织（social group）概念关联，不论是继嗣还是婚姻交换，它们都是发生在社会团体之间而非个人之间。不同于以个体间的互动和互相依附维系秩序的社会。

直至萨林斯（Marshall Sahlins）[③]与布迪厄（Pierre Bourdieu）[④]从实践着手，原本那种强调社会组织维系社会秩序的脉络才将关注点转移到个人之上，注意到个体能动性维系社会秩序的意义。斯特拉森（Mylrin Strathern）[⑤]指出，在没有任何制度性组织的美拉尼西亚社会，人们更多以礼物和食物的交换来实现交换个体之间关系的纠葛，它的交换在个体之间展开，并不依赖于任何实体性的社会组织；基于“可分割的人”（partiable person）的人观，使得交换者个人在礼物交换的同时将自身的一部分也进行交换，于是，每次礼物的交换都伴随着对彼此某一部分的保留，从而使得交换者在不断的交换中得以关联。由此，我们可以看到，美拉尼西亚社会的礼物和食物交换，它们是以实现个体之间相互的纠葛来完成社会的连结，这种交换由社会成员的日常生活实践所完成的；而联姻团体之间的女性成员交换，是以团体的实践为基础。虽然美拉尼西亚社会的礼物交换与列

---

① Levi-Strauss, Claude. The Elementary Structures of Kinship, James Harle Bell and John Richard von Sturmer transl. Baston: Beacon Press, 1969.

② Dumont, Louis. An Introduction to Two Theories of Social Anthropology: Descent Concepts and Marriage Alliance, edited and translated by Robert Parkin. New York: Berghahn Books, 2006.

③ 布迪厄：《实践感》，南京，译林出版社，2003。

④ 萨林斯：《“土著”如何思考：以库克船长为例》，上海，上海人民出版社，2003。

⑤ Strathern, Marilyn. The Gender of the Gift: Problems with Women and Problems with Society in Melanesia. Berkeley: University of California Press, 1988.

维－斯特劳斯强调的婚姻交换最终都完成了将个体连结为社会的过程，但是它们实现的途径却不完全一致，它们完成交换所依赖的主体不尽相同。

美拉尼西亚以交换作为其社会性，就如 Roy Wagner① 所言，他们以不同的交换模式建构不同关系类型，因此只要确保这种有差别的关系类型得以保持，亦即对社会中原有交换范畴的沿用，就可以保证地方社会秩序的延续。由此，Joel Robbins 和 David Akin② 提出了交换范畴（sphere of exchange）的概念来对美拉尼西亚社会应对资本主义世界体系的经验展开理解，指出对交换范畴的区分应包括交换者间的社会关系（relationship）、交换物（objects）和交换模式（modalities）这三个面向，且尤为强调交换模式（分享、延迟交换或平等交换）的决定性意义。他们强调对社会再生产、个体能动性和认知这三个领域中对钱的操控来实现交换范畴的“飞地化”（enclaving），即在那些涉及社会秩序的交换范畴中不让钱作为衡量一切的标准，保证交换者之间关系的区别性。如此“飞地化”策略，使得美拉尼西亚对社会结构的保护落在两个层面：（1）保持原有结构的不变；（2）更新甚或颠覆旧有结构，产生新的社会结构。两者的差别在于对钱的容忍度，前者完全将其排除在交换范畴之外，后者则允许社会再生产领域内部钱的进入。在美拉尼西亚，它们就如连续统两极的存在，不同的社会在其间选择自己的策略。

美拉尼西亚社会以“飞地化”来实现对不同关系类型的区分，实质就是对某一些关涉社会再生产领域核心的关系范畴进行保护。也就是说，不让钱取代这些关系范畴中原有的权威道德价值，从而维系原有评判价值的意义。然而，对缺失了各种制度性社会组织的金甲邑村而言，自 20 世纪 80 年代起，现金就替代原有的大米和玉米作为礼金进入办事领域中，直至现在，村落中办事宴席的操办完全依赖于现金来完成，婚礼中更以现金作为嫁妆和彩礼，在村民看来，没有钱是没有办法进行办事活动的；在土地交易层面，金甲邑村在矿山开发进程中，大多数的收入是以土地售卖和租赁得到的。现金渗入了村落中的再生产领域，同时也被作为实现再生产的支持来源。如此，美拉尼西亚透过社会再生产、个体能动性

① Wagner, Roy. Analogic Kinship: A Daribi Example. In American Ethnologist, 1977 (4), pp. 623 - 642.

② Robbins, Joel and David Akin. An Introduction to Melanesian Currencies: Agency, Identity, and Social Reproduction. In Money and Modernity: State and Local Currencies in Melanesia, edited by David Akin and Joel Robbins. Pittsburgh: The University of Pittsburgh Press, 1999.

和认知这三个领域的“飞地化”手段在金甲邑没有被复制，他们更多是借助对交换范畴三个层面的直接操控强化“同村人”这个关系类型，从而使其在村民生活中的意义不断被凸显和强化，进而实现村民之间关系的连结，使得金甲邑村在铅锌矿开发过程中以自己的方式与手段来暂时地抵抗住“同质化”（homogenizing）进程。

二、金甲邑村的社会现状

从1974年开始，金甲邑村就开始了铅锌矿开发的历程，历经40年，村落的面貌随着大量现金的涌入而发生改变，村民们的谋生手段与途径亦在不断更改，“靠山吃山”成为了他们对自己生活状态的描述。大量现金的进入改变了村民的生活状态和村民间的关系，与此同时，迁坟使得原本共同进行祭祖活动的“派”被分割，基于现金收益的友谊权衡左右着村民在日常以及办事场合的行为。

（一）自然经济条件

金甲邑村在行政上下辖于云南省怒江傈僳族自治州兰坪白族普米族自治县金顶镇金凤村委会，是金凤六个居民小组之一。它背靠凤凰山[①]，面朝沘江河，虽然坐落于山脚，却坐享坝子的优良条件——有相对宽阔的平地耕地和适宜种植水稻的气候。对于金凤的地理位置，高国清用“靠宝山，望银河，系玉带，骑金马”来进行描述。村落与金顶镇政府所在地文兴隔沘江河相望（现在有四座水泥大桥将河两岸连结起来），北距兰坪县城3.5千米。

在20世纪70年代以前，虽然与文兴直线距离很短，但是由于横亘在中间的沘江河，使得金甲邑村民难以到达对岸。随着凤凰山矿藏的开发，这种交通上的阻隔被消除。加之1987年县城由啦井搬至现址，使得金甲邑村与地方行政和经济中心之间的距离大大缩短，由此也便于村民参与到市场经济中。

---

① 凤凰山：是目前中国第一大铅锌矿床所在地。

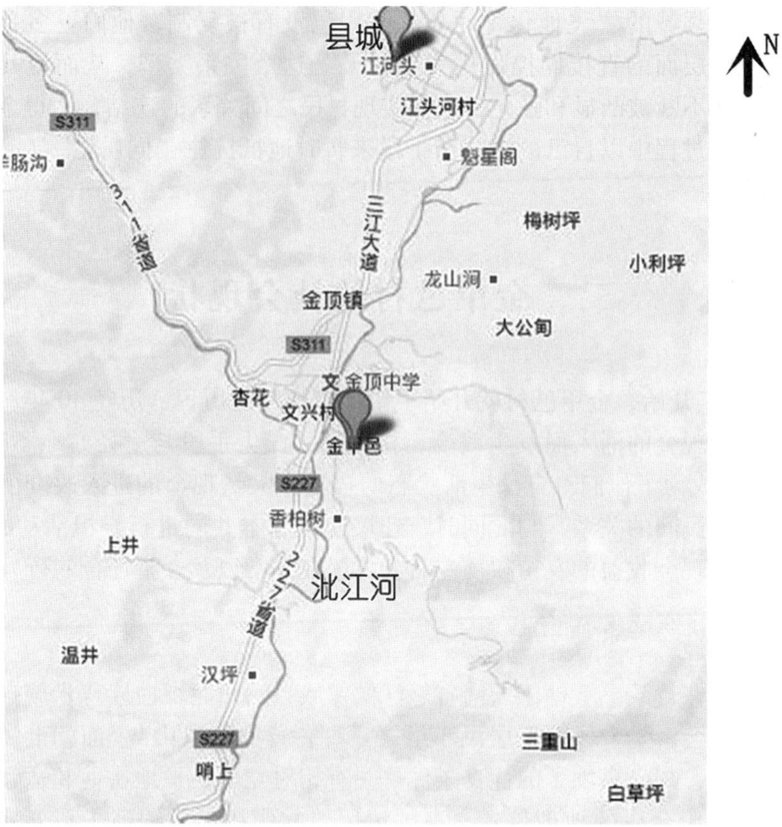

图1　金甲邑村示意图

1974年，高国清被调任为金凤生产大队长，出于集体副业和改善群众生活的愿望，他提出上山开采矿石，并亲自前往鹤庆白衙铅厂寻找矿石销路，由此开启了金甲邑村民的矿石开发历程。在1974年至1989年间，最初是以生产小队的形式集体上山采挖铅矿，随后，村民分为上村队和下村队集体采挖、售卖矿石。1989年兰坪县政府对矿山开采乱象进行治理，直至2003年，金甲邑村民个体各自以背矿、收购矿石和打矿洞的形式参与锌矿开发。这段个人锌矿开发时期被村民称作最好赚钱的时期，直至2003年与四川宏达集团合作开发矿山协议的签订，金甲邑村民原本依靠矿山谋生的所有方式都被终止，他们以工人的身份被吸收进金鼎锌业公司，还有部分男性村民以开卡车“倒吨”① 或进入金凤的三大私企②上班，由此开启了村民以工资维生的生存模式。

表 1　1971—2010 年金凤村民委员会主要经济指标择年统计表③

年　份	总户数/户	总人口/人	人均纯收入/元
1974	212	1138	42.53
1981	228	1259	173．00
1990	337	1809	515．00
2003	570	2256	1705．00
2010	779	2830	3029．00

当前，金甲邑村有 149 个村民从事着与矿石有关的生计。在集体时期，村民在平地耕地上种植水稻、小麦、大麦等作物，在山地上种植豆类、玉米、燕麦、蔓菁等作物。然而随着矿山开发进程的展开，在包产到户之后，村民逐渐放弃了山地的耕作，在 1986 年前后也不再种植水稻，这就使得他们的农作物耕种只剩下玉米和土豆、豆类等。在个体锌矿开发期间，很多村民全家都投入矿石活动中，于是懈怠甚至放弃了农耕。不过，在 2003 年以后，由于个体矿石活动的终止，村落中的中年妇女和老人基本都赋闲在家，于是他们重新回到了平地耕作中，近年来，每到入冬，人们就争相上山去挖山基土、松针做肥料，为春耕做准备。

① 倒吨：即在矿山、矿场和冶炼车间之间进行矿石的短途运送，还有的承担将锌锭等成品运输至外地市场的长途运输。

② 三大私企：指金凤村民开办的与矿石相关的企业——宏宇矿山器械有限公司、金鹏公司和金凤三废处理厂。

③ 兰坪白族普米族自治县金顶镇金凤村民委员会编：《金凤村志》，238 ~ 239 页，昆明，云南民族出版社，2012。

表2　2013年金甲邑村民就业情况表

单位	企事业/人	金鼎锌业/人	开大车/人	三大私企/人
人数	31	85	29	35

2003年四川宏达集团的入驻，不仅终止了村民原本的谋生方式，也对村民的日常生活不断产生着影响。金甲邑村落东南角有一个矿洞，它每天倾倒矿石的声音影响着村民的作息；金甲邑村南边的耕地在2001年的时候被征用以建设金凤商贸市场，后被转卖给金鼎锌业公司用作办公；金鼎锌业公司的十万吨电解锌厂是建立在金甲邑村原本的坟地遗址上，由于迁坟，使得原本全村共用一块坟地的村民各自分散到现有的十四块坟地中，随之而来的就是派①内部在坟地上的分裂，使得同一派每年清明共同上坟祭祖的习俗被终结。

（二）村落结构样式

村落内部基于亲属关系划分为Jia la de（姜氏后代）、Wu ze yang（吴氏后代）、Yang be bo（段氏后代）和真正姓杨的（杨氏后代）四个“派”，而其中真正姓杨的又分隔为两个“派”。“派”是透过父系继嗣而形成的，它并不像宗族一样拥有共同的族产或设立祠堂，因此也没有发展成类似宗族的法人团体。在村民日常生活中“派”并不常被提及，只有在共同上坟、办事场合之时，它的轮廓才得以展现。在2003年迁坟之前，全村共用一块坟地，每一“派”的坟则邻近分布，同属一“派”的家户共同举行祭祖活动；在办事的时候，同一“派”的亲戚需要更积极主动的帮忙，尤其在葬礼中，同一“派”的近亲会被“发孝”②，不过一些村民会以各种理由拒绝，因此，主人家在罗列发孝名单时也会愈益谨慎。“派”在金甲邑村落中仅仅作为一个村民在亲属关系上进行彼此认同或区隔的标志与边界，它并没有在村民的生活中以制度性的组织将他们切实的联系起来。

相较于“派”，村民更多是以家户作为村落内部实践活动的行动单位，家户

① 派：是一个单姓继嗣群体，其内部的人依靠血缘关系连结在一起，也是一个外婚单位，是金甲邑村民们进行认同我群与他群的一个区分单位。

② 发孝：除了过世者的家人之外，与其同属一派的侄儿男女都会被发予孝套、孝布和孝服，标示着他们对过世者具有守孝义务。

在村落中是村民共同的生产和消费单位，在很多场合，村民多是以其所属家户代表的身份出现，即使是在村民选举中，村民也习惯于全家人共同投票。在村民生活中，“派”划定了村民之间的亲属关系，而家户则是这种亲属关系落实的载体。

“派”内部的亲属因素叠加派之间的联姻使得金甲邑村民之间形成了多少沾亲带故的关系，在这种“每个人都是亲戚”的基础之上，邻里更负载了“远亲不如近邻”的意义，住宅相邻的村民不仅在日常生活中会进行食物与物品的互通有无，他们还需要在办事场合更积极地进行帮忙。基于友谊而形成的关系亦如此，只是相较于邻里关系，友谊关系更易受到金钱收益的主导。

由此，我们可以看到，金甲邑村民虽然被“派”区隔为四大亲属群体，但这种群体在村民日常生活中并不具备连结意义，它更多只是作为一个区隔和边界存在。除了亲属之外，邻里与友谊也是村民在日常生活中关联于彼此的主要形式，它们作为一种静态的存在，需要倚赖于人情这个动态因素进行作用。亲属关系、邻里与友人是村落中人们用以进行相互区分和关联的关系类型，它们在办事中也被赋予了不同的意义，如更加积极主动的帮忙，将帮忙视作一种展现彼此特殊关系的方式；这些静态的关系类型需要倚靠办事场合的人情交换来对其进行确认和维系。

三、办事与交换范畴

在金甲邑村落内部，人们之间的关系被区分为亲戚、邻里与友人等不同类型，而“同村人”则是范围最大的一种特殊关系类型，处于不同关系类型中的村民在办事场合担负着不同的期待。亲戚和邻里被默认为是主动帮忙的主力，村民强调如果在办事之时，亲戚都不积极帮忙，那么就更不会有同村人前来帮忙了，即使那些平时不被喜欢的邻居，在他们办事之时，邻居也会说不乐意也要主动去帮忙，不然会被村里人说闲话。而友人则被视作办事帮忙之时的有力候补，随着村落中懈怠帮忙行为的出现，在平日结交一些关系好的朋友被视作是应对办事时期无人帮忙的首选策略。而在村民看来，如果同村人积极来帮忙，则是最为理想和成功的状态。也就是说，村落内部区分了不同的关系类型，且它们都是透过办事场合所担负的期待被确认，而“同村人”这一关系类型则是村民所最为追崇和强调的。

办事场合的人情交换范畴包括：一是交换模式。“相欠相还”是村民实践交换的准则，它属于延迟交换，村民之间的付出与回报只用在长时期内实现均衡即可，并不要求即刻的回报。二是交换内容。金甲邑村民在办事活动中交换的内容分为礼金、“闲”和帮忙三个部分。三是交换者间的社会关系。在村落办事活动中，交换者被区分为内外两个部分，每个家户都在村落外部有着自己各不一致的交换网络，但村落内部的交换网络于全体村民而言都是一致的。Joel Robbins 和 David Akin 指出以交换建构社会结构的社会，交换模式是交换范畴三个因素中最为重要和具有决定性意义的，因此，在应对变化之时，人们抗拒最为强烈的就是对交换模式的更改与冲击。

（一）相欠相还

金甲邑村民在人情交换上秉持着“相欠相还”的准则，“欠”与“还”是付出与回报的平衡，它基于一种延迟性的平等交换逻辑。在其约束之下，村民都相信自己付出的礼金、帮忙和“闲”终会在办事之时被同等地回报。在村民的人情交换中难免出现“只欠不还”的情况，只是当前村民还未担心这种破坏基本交换模式的行为会冲击整个交换体系，他们依旧坚信“欠”与“还”之间的对等。

在村落内部，短期之内，即使村民“只欠不还”，村民也不会贸然与其终止交换关系，他们将这种村落内部的交换视作一个长久、循环的过程，暂时出现的对规则的打破并不影响他们维系交换。而与村落外部的交换一旦出现“只欠不还”，那么村民就会立即产生反应，他们会抱怨并进而终止交换关系。如此，在村落内部和外部，“相欠相还”交换原则的约束力和意味也不尽相同。在村落内部，是把“相欠相还”作为履行义务的实践准则来设置，从而使得即使遭遇“欠而不还”之时也无法轻易终止村民之间的交换往来。即使面对那些逃避帮忙义务的人家，村民依然会履行“相欠相还”这个原则，只是会在交换的内容上做出变更。

由此，对“同村人”在“相欠相还”准则绑缚上义务和强制性的意味，就使其能更好地抵抗交换被终止的问题，也使得“同村人”的关系范畴得以更长久的持续和保留。

（二）礼金、“闲”、帮忙

村民办事场合人情交换的内容有礼金、“闲”和帮忙三个部分，但是在交换过程中，村民赋予它们的意义与关注性都存在区别。作为“同村人”，给礼金被视作毋庸置疑的义务，而且在所给礼金的额度上，“同村人”有着一个默许的标准，大家基本按着这个标准给出礼金，之外再看与办事人家有无亲戚关系、是否邻里和朋友等因素增加数量。虽然在“相欠相还”的交换模式下，出现了一些违背规则的情况，但是村民所抱怨或不满的部分都不关涉礼金层面。

相较于礼金的不置可否性，同村人的“闲”构成了办事场合热闹的重要条件。一旦村落中有办事人家，村民在一个星期之前就开始去闲，尤其是男性村民，他们每天都要在办事人家闲一会，直到办事结束。村中曾经有富裕的人家，他们办事的时候门外的马路上都停满了车，有大批村外人来闲，然而，在村民眼中，他们的办事活动总是不够热闹，因为没有同村人积极地来“闲”。所以，在办事场合，同村人积极地来闲才是带来热闹的主要动力；针对那些逃避帮忙任务的村民，人们就以一种懈怠和消极的方式来进行应对，村民只在办事前一两天去闲，而且基本只去一次，算是露个面，从而以这种冷清的办事场面来让主人家难堪。

同为村落内部者担负三个层面的交换任务，与村外人的交换仅限于礼金，即使是来闲也只要出现一次。帮忙是整个人情交换中村民最为在意和计较的部分，也是常常被村民拿来抱怨的话题。办事场合的帮忙分为两类：“相帮”① 和自觉帮忙。被安排当“相帮”的村民是一定要去帮忙，但他们帮忙的时间只限于正式举行仪式的前一天和举行仪式当天，其余时间的帮忙则完全依赖于村民自觉主动的帮忙。那些平日逃避帮忙义务的村民，在他们办事之时，除正式待客的两天之外，村民不会主动前去帮忙。只有“同村人”主动前来帮忙，主人家的办事才有可能被评断为成功；在当前的办事中，帮忙成为了人情交换中村民最容易懈怠与逃避的部分。不过，即使不帮忙，村民也需要履行给礼金和“闲”的义务。

“同村人”的主动帮忙标示着办事人家得到了同村人给予的“面子”，将“同村人”帮忙与主人家的圆满和面子关联，也就凸显了“同村人”的重要性。且在村民看来，同村人的帮忙和“闲”是无法以村外人来替代的，他们在帮忙和“闲”的层面上拒绝对外村人意义的认可，从而使得“同村人”的关系范畴

---

① “相帮”：包括厨师（负责做菜）、饭师（负责蒸米饭）、添汤添饭的人、摆碗筷和收拾桌子的人、巡酒巡烟（负责给客人敬烟、倒酒）和上菜的人。不过，村民在称呼的时候会进行更为细致的区分，他们会把厨师和饭师单独拿出来称呼，说主人家拜托他们当厨师和蒸饭，其他则统称为“相帮”。除了巡酒巡烟和上菜的人是年轻男性之外，其他都是女性村民。

得以强化和保留。村落中曾有一户人家完全依靠村外娘家人的帮忙完成了一次办事活动，但村民对此的评价仅限于“能干”，他们反倒认为不依赖同村人进行办事活动是一种不合常理的做法，也因此无法达至成功。

（三）内部者与外部者

人情往来被金甲邑村民视作每个人都需要毕生为之投入的“事业”，那些进入适婚年龄的青年男女会积极进入人情交换领域之中，尤其是男性村民，他们需要通过积极帮忙来为日后自己婚礼的成功进行积累。

村落内部的人情交换是以家户为单位，每每村中有办事之时，每个家户不只一个成员参与其中；且当讨论“欠”人情或“还”人情之时，村民都是以“这户人家有哪个成员代表”将人情往来纳入家户的层面。而与村外展开的人情交换最初是由嫁入或嫁出的女性关联的，这种交换关系虽然也是以家户为单位，但是并不具有延续性，一般过了三代之后基本不再进行。当前，更多村民有着村外的人际关系，只是这些交换是以个体为单位进行的。

村民为了实现人生的完整和圆满来投入人情交换体系之中，而这种圆满的意义就在于家户香火的延续。所以，以家户为单位的人情交换，不会因为个体生命的终结而终止，它就具有更为长久的延续性；与之相反，与村外人之间进行的交换，更容易因个人生命的结束而终结，也会因居住地距离拉远而终止。由此，虽然与内部者和外部者之间进行的交换都遵循“相欠相还”的原则，但是由于参与交换单位的不同，内部者之间的人情交换更具有延续性，就使得“同村人”这个关系范畴更长久得以延续和保持。

依照“相欠相还”交换模式展开的人情交换建构了“同村人”这个关系范畴，在内部者之中，人们以家户为单位展开交换，便使得村落内部的人情交换能更为长久地存续下去；在家户之间展开的人情的“欠”与“还”，并不受个体生命限度的影响，由此，这种在家户之间进行的人情交换使得“相欠相还”的周期随着家户代际的延续而不间断。基于家户而完成的人情交换更具生命力，避免了个体生命循环对人情交换体系的冲击与侵蚀。

在人情交换中，“同村人”是作为“内部者”的一种存在，村民以内外的区分确立了“同村人”与其他人之间的差异性，他们用“同村人”的参与来构建办事活动的特殊性，并且到目前仍在坚守，“同村人”参与与否在办事成功问题上所具有决定性意义，正是由于“同村人”的意义无法被替代，从而实现了对人情交换范畴的保护。坚持并维系着“同村人”这一特殊的关系类型，使得关乎村落再生产的领域不被现金冲击，从而也透过对“同村人”这一关系范畴的坚守，维系和强化了村民彼此之间的关系，使得村落秩序的延续得以可能。由此，也表明了办事活动中“内部者”与“外部者”区别的有效性。

四、“同村人”与社会秩序

随着铅锌矿开发被不断卷入资本主义市场体系之中，当面对大量现金的涌入，“家乡的沦陷”[①] 这一看似广大中国乡村无法避开的命运却没有被金甲邑村民遭遇。在这个村落中，达到人生“圆满”依然作为人们生活的最终目标，他们终其一生追求的是“过得好”和“走得好”的评价；而“过得好”和“走得好”又被关联于是否成功地举行婚礼和葬礼，于是，被称为办事活动的婚礼和葬礼也就成为了村民最终走向“圆满”的关键。在村落中他们总是以同村人是否积极参与办事活动来判定主人家的成功与否，只有同村人积极来“闲”，尤其是积极来帮忙的办事活动才算成功，如此也就使得钱被排除在村民关于人生“圆满”的评价体系之外，亦即钱暂时还未成为衡量一切的标准，金钱也没有所向披靡地取代村落中的原有价值体系与权威结构。同村人的参与成为他们实现成功办事活动的关键，且这种同村人的参与是一种基于日常活动中的交换积累，这就“迫使”村民在日常生活中积极不断地参与同村人的办事活动，从而形成了“同村人”这一具有特殊意义的关系类型。

美拉尼西亚以“飞地化”的方式将核心交换范畴保护起来，进而透过在社会再生产、个体能动性和认知这三个领域中对钱的操控来维系特殊的关系类型，从而使得社会秩序得以可能；而金甲邑村则是以交换范畴三个层次的操控来强化“同村人”这一关系类型。于金甲邑村民而言，“同村人”就是一个内部者的范畴，它是一种友好、有序和阳的象征（Steven Sangren），[②] 表征着村落秩序；金甲邑村民就是透过办事交换范畴三个层面的区分，来不断强化和明晰内部者的认

① 熊培元：《一个村庄里的中国》，北京，新星出版社，2011。

② Sangren, Steven. History and Magic Power in a Chinese Community. Stanford, California: Stanford University Press, 1987.

同与边界，亦没有村民会轻易跳脱出这种“同村人”关系范畴。此外，我们需要注意到，即使这种“同村人”关系范畴是透过礼物交换建构而成的，但它却在内涵和边界上与阎云翔所阐述的人际关系网络有些出入。[①]

阎云翔看到下岬村的私人关系网络分为实在亲戚、靠得住的和一般亲友三个层次。他指出，实际上很少有人能把整个村庄纳入他们的私人关系网络之中，因此村民通常把乡村社区视为私人关系的外围。如此，我们可以看到，私人关系网络它是以个人为中心扩展而成，它不是一个铁板一块的实体，毋宁说，它的结构是根据亲属和友谊关系的距离而高度分化的，它的范围是根据个体村民在继承亲属关系方面和朋友关系方面的成就而高度变化的。[②] 而于金甲邑村民而言，虽然他们在礼物交换中会因亲戚关系、邻里和友谊等因素做出不一样的投入，但是“同村人”始终是他们在办事场合礼物交换的边界；在他们的礼物交换过程中，“同村人”并不倚赖村民个体的变化而出现边界的变动，相较于可以随意扩展或收缩的私人关系网络，它更像一个具有清晰、明确边界的“组织”，只是，它并不是切实存在的社会实体组织，而是在村民认知和意识中用以区分内外的范畴。因此，在金甲邑村，“同村人”是一个关系范畴，而非一个关系网络；它是金甲邑村民在面对外来变化之时所坚守的关系类型，是村落秩序得以延续的核心。在村民的生活中，它发挥着类似于社会实体组织的作用，即以同属于“内部者”的这种身份认知来规范和约束村民的行动，但它并不具备实体性，更多的只是村民心理上的一种认知边界。

金甲邑村的40年铅锌矿开发历程表明，在这个缺失了制度性组织的村落中，人们之间更多是倚靠办事场合的人情交换来彼此连结。也就是说，在对金甲邑村落秩序结构进行理解的脉络中，不再是将个体作为社会组织实体成员的存在，而是从村民个体的日常实践着手——办事活动中展开的人情交换。

作者简介：杨梅，玉溪师范学院法学院教师，上海大学社会学院人类学专业博士，主要从事区域文化研究。

---

① 阎云翔：《私人生活的变革：一个中国村庄里的爱情、家庭与亲密关系（1949—1999）》，龚晓夏译，上海，上海书店出版社，2006。

② 阎云翔：《礼物的流动：一个中国村庄中的互惠原则与社会网络》，李放春、刘瑜译，217页，上海，上海人民出版社，2000。

“非遗”视角下的大理民族团结和谐关系研究

李学龙　罗金丽

素有“文献名邦”美誉的大理，在历史的长河中，各民族利用大理得天独厚的自然优势，发挥各民族的聪明才智，创造出了绚丽多姿的民族文化。这些文化遗存经过历史的积淀，大部分流传至今，组成了大理白族自治州（简称“大理州”）丰富多彩的文化万花筒。大理的非物质文化遗产是大理州各族人民世代相传，并与人民群众生产、生活息息相关的各种传统文化的表现形式和文化空间，它是大理州各个民族的古老的记忆和文化基因，是大理州各族人民重要的发展资源，是大理州经济发展的重要条件，同时也是大理文化更基本、更持久的力量。从民族团结进步的视角看，大理的非物质文化遗产以其绵绵不绝之势，以自己独特的魅力引起广泛的关注，影响着人们的生产和生活，并不断走向世界。

大理非物质文化遗产项目有民间文学、传统音乐、传统舞蹈、传统戏剧、传统体育、游艺与杂技、传统美术、传统技艺、传统医药、民俗等，囊括了中国非物质文化遗产的所有类别内容。大理州共有非物质文化遗产项目 404 项，县级以上保护名录 264 项，其中国家级 16 项、省级 56 项、州级 68 项、县市级 264 项。各级代表性传承人总 965 人，其中国家级 6 人，在世 5 人；省级 94 人，在世 72 人；州级 81 人，在世 72 人；县市级 725 人。此外，还有传统文化保护区 22 个，民族文化艺术之乡 18 个，非物质文化传习所 8 个，国家级传统村落 57 个。门类广泛，内容丰富，地域性、民族性兼具。[①]

① 大理非物质文化遗产中心提供。

大理各民族的非物质文化遗产是与各民族的文化、生产和生活息息相关的，是各民族日常生活的重要组成部分。各族人民在生产、生活中保留自己本民族的优秀文化的同时，也吸收了其他民族的优秀文化，从而形成了极具地方特色的多民族文化融合，是中国民族文化的重要瑰宝。这些丰富的文化遗产，民族团结和谐的发展起了十分重要的作用。

一、民族交流的场所

大理州有13个世居民族，形成了“大杂居、小聚居”的特点。它们或村寨相连，或隔村相望。共同的地域，彼此的需求，使各民族之间和谐相处，互通有无，共同发展进步。例如大理三月街、洱源渔潭会、鹤庆松桂会，一直是各民族进行贸易的重要场所。其中尤以三月街极具代表性，“一街赶千年，千年赶一街”。三月街始于唐朝永徽年间（650—655年），由传统的庙会演变而成。据白族宗教故事《白国因由》记述：隋末唐初，恶魔罗刹久据大理，人民深受其害。唐贞观年间，从西天而来的观音制伏了罗刹，使百姓安居乐业，自是“年年三月十五日，众皆聚集，以蔬食祭之，名曰祭观音处。后人于此交易，传为祭观音街，即今之三月街也”。尽管这是神话，不足为据，但可窥见三月街的产生与佛教传入大理有密切的联系。当时南诏是云南政治、经济和文化中心，与东南亚各国又素有来往，来自古印度的僧人赞陀崛多在苍山麓讲经传教，收纳信徒，形成观音街，实为佛教活动的庙会。后来，随着朝代的更迭，社会经济发展的需要，逐渐演变为具有浓厚民族特色的贸易集市和民族文化交流的盛会。

三月街期间，大理各县、市的兄弟民族从四面八方汇聚一起，开展丰富多彩的民族文艺体育活动；身着民族节日盛装的各族男女舞着彩色巨龙、敲着金钱鼓、打着霸王鞭，将风光秀美的苍山洱海装点成一片歌舞的海洋。全国各地和国外的客商也从天南海北云集而来，进行物资交易、文化交流等活动。三月街上除保留有传统的药材、大牲畜、日用百货交易外，还新辟了“洋人街”、地方民族食品一条街等街市，扩大了地方名特优新产品的市场规模，增设了珠宝玉器、电脑产品、电信器材、汽车、石油、钢材、金融等交易市场。人们一边赶街，一边在街旁的山坡、广场和集市里举办山歌对唱、民族器乐演奏、灯展、花展、民族服饰表演以及射弩、秋千、摔跤、赛马、龙舟、民族歌舞比赛等一系列异彩纷呈的文体活动。三月街期间，大理古城张灯结彩、装饰一新，各户置花木于门前，搭“花山”于街市，将集风花雪月和人文地理为一体的大理，装扮成花的世界、人的海洋。

大理三月街因其悠久的历史、丰厚的内涵、广泛的影响而具有非凡的杰出价值。首先，它集白族历史、民俗、宗教、经济、文化交流为一体，对研究大理白族经济文化、宗教发展史有着不可替代的作用。其次，三月街规模盛大的经贸交流、文化交流、民族交流活动紧密联接着中国西南三省乃至东南亚地区，对促进地区交往、民族团结，乃至与周边邻国的睦邻友好关系，都有着不可估量的作用，充分彰显了大理作为亚洲文化十字路口的重要地位。再次，三月街民族节的长盛不衰，极大地促进了白族与各兄弟民族的交流，不断增强了民族的自信心和凝聚力。同时，还有力地推动了当地经济文化的发展，促进了地区民族关系的和谐与发展。[①] 在很多民族地区，民族间的交流往往通过商品交易的场所进行，进而上升到文化的交流，成为民族间进行交流的稳定而长期的场所。

二、民族交往的媒介

非物质文化遗产作为一种独特的艺术，她根植于人民大众的生活之中，汇聚了人民大众的集体智慧，凝结着一代又一代人的文化情愫，生动诠释了中华五千多年历史的绚丽多彩和博大精深、源远流长的文化底蕴，是我们应当珍惜的宝贝。非物质文化遗产来源于生活，形成于生活，回归于生活，相当一部分“非遗”项目是或者曾经是人们谋生的重要手段。这一特征在民族交往过程中，通过互通有无，取长补短，成为各民族之间交往及相互了解的重要媒介，在民族和谐关系的构建中起到了无可替代的作用。

以国家级非遗项目鹤庆银器锻制技艺为例。新华银制品的生产和经营过程，就是一个民族文化交流的过程。技艺精湛的新华白族手工艺人，活跃在滇川藏一带的广大藏区，活动范围很广，以前多为走村串巷，以即时加工为主，现在基本处于定点状态，在西藏拉萨还形成新华工艺一条街，新华银器也成为西南少数民族地区一重要品牌。新华白族艺人与不同的民族打交道，因此，新华艺人的生产

① 大理市非物质文化遗产保护管理所提供。

及加工，要能体现当地的民族特点，更适合当地民族的审美情趣，这对艺人们来说，更是一个学习和提高的过程。可以说，几乎每一件成品，都是民族文化交流和学习的结晶。而白族工艺美术大师们，通过行走四方，增进了技艺，传播了友谊。例如，民族工艺大师蓄豪，年轻时走南闯北，几乎走遍云南省各县、各个民族地区；工艺美术大师母炳林在四川甘孜藏族自治州和藏族老工艺师交流，建立了深厚的友谊，也建立起融洽的关系。①

从小区域上来说，新华白族民族工艺的发展，亦是白族和汉族相互学习、交流的结果。在长期的发展中，新华民族工艺从铜器、铁器及其他金属器等制作加工中，慢慢发展为金、银、铜及精细产品为主的工艺体系。新华银铜器制作发展成当地的一个产业链，新华成为这个产业链的重要一环，而周边的各村也各有主打工艺，形成了基本的产业分工，新华手工艺各个环节上的村寨、民族，在这种分工合作中和谐发展。在鹤庆县，围绕银铜器加工制作这一市场主体，在新华村的附近，还有从事银器加工工具及部件生产的市场主体，如母屯、田屯的铁工艺业，秀邑、坡头邑的铜器工艺。

新华工艺所表现出来的民族文化交流，不仅表现在国内兄弟民族之间，也表现在国际交流上。作为外向型的产业，新华民族工艺以前就已出口到南亚及东南亚的一些国家，受到这些地区人们的好评。近几年，随着旅游业的发展和国际交流的增多，新华白族工艺不但在全国有了一定名气，在国际上也有了一定的知名度。除了传统地区，新华民族工艺品也出口到韩国、日本、美国等国，在民族文化交流中发挥了积极的作用。② 这种长期形成的民族间交流的媒介以及对民族关系的积极影响，是其他方式难以替代的。

三、民族交融的平台

大理各民族有着丰富的民俗活动，构成非物质文化遗产的重要组成部分。这些民俗活动所体现的民族文化的交流与交融，既体现在各民族群众的广泛参与上，也体现在“非遗”项目的丰富文化内涵及文化的相互渗透上。

---

① 李学龙等:《新华白族手工银铜器制作》，昆明，云南出版集团公司，2009。

② 李学龙等:《新华白族手工银铜器制作》，昆明，云南出版集团公司，2009。

有的节日为单一性、小区域性的节俗活动，仅在于某一群体或民族内进行。如白族本主节，但大多数公共节俗是复合性或开放性的，允许各个民族参与的。例如白族绕三灵，虽然有固定的程序和参加团体，但是并不排斥其他信众的参与。而大理州众多的歌会，均系某个民族或地域为主体的各民族祈求幸福、祈求平安的民俗活动。如弥渡彝族铁柱歌会、剑川白族石宝山歌会、祥云天峰山歌会。歌会既有宗教仪式、娱神娱人的内容，更重要的是为各地区、各民族之间交流提供了很好的平台。同时，这些节俗历史悠久，具有深厚的历史文化底蕴和广泛的群众性，具有极大的感染力和广泛的亲和力，深受大众的喜爱，且有广泛的影响力。这些活动也融合了各民族的音乐、舞蹈，服饰，更是各民族间进行交流的重要场所，成为各区域间、各民族间交流和交融的绝佳平台。

又如火把节，既有着早期人类的生殖崇拜和自然崇拜等内容，同时又是人们消灾祈福、驱秽去邪的民俗活动。在白族、彝族、纳西族、拉祜族等民族中都有这项民俗活动。虽然每个民族对于火把节的来源传说不甚相同：白族有“火烧松明楼”“火迎诸葛亮”“祭奠阿南”的传说，彝族有“喜鹊姑娘”“阿细人的火把节”“撒尼人的火把节”等传说，纳西族和拉祜族他们也有关于火把节的传说。时间上有部分民族于农历六月二十四日举行，有部分于农历六月二十五日举行，但在活动中都融合音乐、舞蹈、宗教仪式等活动，来表明人们祈求丰收、迎来光明、迎接福瑞的心愿，是各民族互相交流和交往的结果。

大理州很多文化遗产都是相互渗透的，这是民族文化互相交流和交融的结果。例如，吹吹腔据记载是由明朝初期的江南汉族移民带入白族地区，距今五百年的历史，在后来的发展过程中，不断融合了白族的文学、歌舞艺术、民族传统礼俗，逐渐发展成为白族的民族传统戏剧，在云龙、鹤庆、洱源等白族居住的部分地区得以传承下来。其中白族吹吹腔又称“唢呐戏”，以唱、吹为主，唢呐为剧种特色乐器。白剧发展到今天主要包括吹吹腔戏和大本曲剧，不仅渗透了白族的民间歌舞“打歌”，大本曲、唢呐、文学作品，甚至还吸收了花灯、京剧、滇剧等内容。“力格高”是云龙山地白族人民在村寨中有人举办婚、丧、嫁娶等民俗活动时，晚上围绕火堆打歌跳舞的一种形式，其中舞蹈多以模仿家禽或野兽，或反映人们生产生活时的动作，来表达喜悦的心情或者是冲散哀伤的心情。可见，这些文化遗产中的制作技艺、歌舞表演、民间文学、民俗活动等相互渗透，互相汲取所长，避开所短，不但文化价值大为提高，民族文化交互与交融也体现得淋漓尽致。

大理的历史，是各族人民团结奋进的历史，是各族人民和谐共荣、共强的历史。大理各民族不仅用自己的勤劳智慧创造了独特的本土文化，并以开放包容的胸襟主动接受外来文化，进而形成博大包容的和谐文化，大理丰富的非物质文化遗产正是这种历史积淀的产物。我们研究非物质文化遗产，不仅要研究其发展，研究其传承，更要研究他们在构建民族和谐关系、共同发展进步中的作用，这也是非物质文化传承发展研究的一个重要方面。在历史发展的进程中，各民族深入挖掘本民族的优秀文化的同时，尊重、肯定、欣赏其他民族的文化，不断地接纳、融合、吸收其他民族的优秀文化，以中华民族共同体意识，构建和谐的民族关系，不但应成为我们的意识，也应成为自觉的行动。

作者简介：李学龙，大理大学民族文化研究院文博研究馆员，主要研究方向为文化遗产保护与利用；罗金丽，大理大学民族文化研究院2018级民族学专业硕士研究生。

民族文物·考古

大理漾濞县瓦厂乡草白么自然村青铜器出土点清理调查报告

孙　健

一、概　述

瓦厂乡位于漾濞彝族自治县南部，东隔漾濞江与巍山县马鞍山乡、紫金乡相望，南接本县鸡街乡，西连龙潭乡，北连顺濞乡，面积112平方千米，总人口5200人（2006年）。民国时期属于白竹乡，1950年属于白竹区，1957年设瓦厂乡，1958年属于龙潭公社，1961年设瓦厂公社，1963年属龙潭区，1966年设瓦厂公社，1984年改设瓦厂区，1988年改设瓦厂乡至今。下辖黑马、瓦厂、入合、蛇马、瓦泥午5个村民委员会，74个自然村，49个农业合作社。全乡以彝族为主，另有白族、汉族等其他民族。瓦厂村距漾濞县城52千米，距州府下关57千米。本乡地域绝大部分在漾濞江之西，白竹山东麓，地势西高东低，最高海拔2610米，最低海拔1241米，高差达1369米。年降雨量800多毫米，属于热型地区，日照时间长，气温高，无霜期长，属于典型的山区农业乡。

2016年3月瓦厂乡政府组织施工队在瓦厂村草白么自然村一带修建蓄水池，由于工程需要取石垒砌水池，工人在青铜出土点区域用挖掘机挖坑，并将挖出的土石倒置在深坑以南坡上，石头随着地势滚落到深坑围，而泥土堆积则遗留在缓坡上，施工队取掉落的石块使用。3月17日，当时刁某某等村民搬石块时发现了文物，在现场发现8件；之后村民又在水池边倒出的乱石中捡到杖首1件。出土的9件青铜器中，开挖机师傅吴学东要走青铜剑1件，后吴学东将情况报告乡政府并将青铜剑进行了移交。刁绍标本人收藏2件，其余6件被同伴分别收藏。5月26日，大理白族自治州文管所和漾濞县文管所组成的联合调查队在上来调查时，州文物管理所杨长城研究员在出土点现场表土发现1件铜钺，经过州县乡调查组做工作，村民刁绍标、左建荣、刁娟将手中的8件文物全部上交县文物管理所。草白么村青铜文化点出土的青铜器共计10件。这批青铜器整体保存较好，制作较为精美，器类主要有矛、剑、钺、杖首等。在报告上级有关部门同意后，7月18日大理州文物管理所、漾濞县文管所、瓦厂乡文化站组成联合考古队，对草白么自然村青铜器点及其周围区域进行文物调查、勘探，调查工作共进行了15天，主要在文物出土点及周围区域开挖探方和探沟进行调查。（图1）

图1　现场调查

二、地理环境

草白么自然村青铜器点位于瓦厂乡瓦厂村委会草白么自然村西北约2000米处，为白竹山延伸之半山腰缓坡台地，东经99°35′56″，北纬25°29′26″，海拔为1842米。该台地平面坐南朝北，呈“凹”字形，南北长30米，东西宽10—15米，周围环境湿润，植被茂盛，松树及灌木丛长于整个缓坡。往下1500米就是吐鲁河，河边有村民居住，吐鲁河向东流约2000米汇入漾濞江。凹形地开口处前有缓坡和一条2011年修建的东西向土路，可通越野车、拖拉机、三轮车等，便于当地村民种地出行。靠近公路边有3座由石块垒成的近代坟墓，除西边一座坟墓坍陷外，其余两座保存较好。其中东边体积较大的坟墓前有块封门石，询问民工得知这些坟墓可能是客家人的，现在后人无存，一座墓顶部生长有径为30多厘米的高大松树。由凹形缓坡开口处往南约20米处，即为青铜器点第一批青铜器出土位置，表面大量石块回填土堆积，经过一个雨季，表土上已经长出杂草。铜器出土点周围缓坡上散落着若干大小不等的石头，可见当地村民经常在此开山取石，青铜点往南为60度、70度的陡坡。

三、工作经过

（一）文物清理

考古队到达现场后，工作人员在出土青铜器区域布长宽5米的探方3个，基本涵盖凹地整个区域。探方清理结束后，又在出土点周围布下探沟4条进行探查。（图2）

探方布好后民工先对表土进行清理，表土多为腐殖土，土色黑褐色，夹杂有大量石块，石块上有被火烧过的痕迹（经调查，得知为自然发生大面积山火的原因），由于被翻动，土色较花。刚好在雨季，土中夹大量水分，土质较黏。清理T2东北角表土10厘米多后发现青铜器露出，经过小心清理发现青铜器基本集中在一起，位置被扰动，有一定变化，但仍可看出原来是成捆状摆放。8把青铜剑周围有的土质较为细腻，似为有机质腐朽物，是否就是包裹青铜器的有机物腐烂形成不好推断，另外在泥土中发现有呈颗粒状的绿色锈蚀物。在青铜器堆以南约0.8米处发现一段青铜残剑尖，经过对比，该残剑编号16YWC采：12，青铜剑剑身缺失部分，两者相吻合。在清理青铜器物时，发现夹砂碎陶片1片，青铜器下的泥土中，有少量黑色炭块出土。这8件青铜器照相绘图结束后，继续清理过程中，又发现1把铜戈，至此出土的青铜器物共计9件。除两件青铜剑受到后期挖掘机挤压变形、折断外，这批青铜器均锈蚀较轻，刃部锋利，揭去泥土时有的器物呈现金黄、银白色光泽，保存较为完好。青铜器及泥土石块层厚30多厘米，

图2　探沟位置

清理净后才露出腐殖层原生土，证明这些青铜器及泥土被挖机整体翻动搬移过，所以我们将这9件出土青铜器及原来发现的10件青铜器编成采集号。

（二）探方探沟堆积情况

青铜器出土位置所共布探方3个即T1、T2、T3，位置往北呈直线排开，规格均为5米×5米，其中青铜器在T2东北角发现。根据土质、土色的不同，地层可大体划分为3层。以T2举例介绍，①现代扰土：土色较花，土质疏松、中间夹杂有少量浅黄色小土团，包含物中夹杂有较多的石块（含红褐色石块）、树根和少量现代生活垃圾，遍布全方，厚0—0.54米。该土层为原生土被人为翻动到上面而形成的堆积，青铜器就这该层中发现。②腐殖土：土色呈浅黑色，土质黏性重，包含物中夹杂有大量的石块、树根、沙土和少量红褐色石块粉末等，未见人工包含物。主要分布于探方东、西、北三壁中，南壁有少量分布，厚0—0.58米。③生土层：土色呈浅黄色，较纯净，结构紧密、较硬，包含物中含有少量的石块和树根，遍布全方，厚0.1—0.6米，并一直向下延伸。属于自然堆积，无任何人类遗迹或遗物发现。

探沟4条即TG1、TG2、TG3、TG4，TG1位于T1、T2西北侧缓坡上，规格为7米×1.5米，以地形所布，方向北偏东20°；TG2位于TG1北侧约10米处，规格为10米×1米，正东西向；中间以2011年修建的东西向土路为界。此两条探沟地层堆积除 TG1②层西半部有 41 米长的红色生土外，其余与 TG2 基本相同。现以 TG2 为例，根据土质、土色的不同大体划分为两层。①表土层：腐殖土，土色呈浅黑色，土质较黏，包含物中夹杂有较多石块、树根根系等，遍布全方，厚 0. 06—0. 24 米；②生土层：土色呈浅黄色，土质结构紧密，较硬，包含物中夹杂有较多小石块和树根等，遍布全方，厚 0. 06—0. 35 米。经过认真勘探，4 条探沟属于自然堆积，无人类遗物、遗迹发现。

四、出土器物

从现场抢救性清理情况看，基本可定性这批青铜器为窖藏文物。因出土现场被扰动，两批出土的文物编号均由采集号编写，编号 16YWC，即“16”表示 2016 年采集，“Y”是漾濞拼音大写的第一个字母：表示漾濞县，“W”表示瓦厂乡，“C”表示草白么自然村。出土文物分 3 批：一批为现场抢救性发掘出土 9 件，一批州县文物文物部门现场调查时现场采集到 1 件，一批为当地村民交献 9 件。除 1 件为杖首外均为兵器，现分述如下：

镂空球饰铜杖首 1 件，YWC 采：1，造型特殊，模范整体铸造，边缘未加打磨修饰身大部分加饰对称折线纹，呈两面旗帜状。其中一面边缘略残，中部饰镂空五瓣铃似北方车马器上的銮铃，铃塞缺失，靠銎部饰有两圆圈图案。另一面呈剪刀状。铃剖面为椭圆形，长径 3. 7 厘米。通长 18. 2 厘米，宽 18 厘米，銎深 10. 6 厘米。

青铜钺 1 件，YWC 采：2，保存完好，素面。刃部呈扇形，边刃锋利。后刃半弧收呈半圆形。銎体扁圆、稍短，銎口平直，断面为椭圆形。通长 118 厘米，刃长 68 厘米，刃宽 93 厘米，銎深 10. 2 厘米。（图 5）

曲刃蛇纹直内戈 1 件，YWC 采：19，保存完好，出土时金光闪闪，亮泽如新。锋椭曲刃，断面为菱形，援的一面略宽，阑两侧各有一方形穿孔，靠阑的一端凹形饰等腰长方形，内有点线纹、三角纹、圆圈纹组合的图案；长方形内，内上饰有“凹”字状点线纹、蛇纹等，内上有磨痕。通长 24 厘米，刃部长 17. 2 厘米，内长 7. 5 厘米。（图 3 –2）

双耳铜矛 3 件，保存均完好，叶呈柳叶形，前锋呈椭圆状，后锋弧收，较锋利，中央起脊，延至锋尖，两侧有凹槽，叶后部中间骸上施孔雀翎纹。部稍长，近刃部有一钉孔，中部有对称双耳，口分叉呈鸭嘴状，断面呈圆形。

YWC 采：8，刃微曲，耳部饰 7 道线状箍纹，通长 39.5 厘米，刃长 28.4 厘米。（图 4－1）

YWC 采：9，双耳处饰 5 道线状箍纹。通长 38.7 厘米，刃长 27.8 厘米。（图 4－3）

YWC 采：10，叶后部中间上施孔雀翎纹外还饰两个卷云纹，耳部饰 10 道线状箍纹。通长 28.7 厘米，刃长 20 厘米。（图 4－2）

铜剑 13 件，占出土器中的绝大部分，根据剑柄和格的差异分直柄羊首格铜剑、山叉格缑柄铜剑、束腰柄无格铜剑三种。

直柄羊首格铜剑 1 件，YWC 采：17，保存完好，锋椭圆，刃锋利，剑身平直，脊较凸，两侧有凹槽（血槽）。羊首格，羊角弯曲呈卷云状，双目圆睁，双鼻翕张，颇为传神；扁圆直柄，柄上饰有圆点、云雷、绳纹及菊花纹图案。此剑图案精美繁杂，堪为剑中精品。通长 348 厘米，刃部长 26.8 厘米，柄长 8 厘米，柄宽 2.7—5 厘米。（图 5－1、图 5－2）

山叉格缑柄铜剑出土 4 件，保存完好，山叉格。锋椭圆，刃面有细小的砍痕，剑身剖面呈椭圆形。实心短缑柄，茎上饰有凸起的绳状纹，剑首面平直，呈椭圆形，根据剑身纹饰装饰差异分两型：

Aa 型 1 件，YWC 采：7，脊较凸，并延伸至锋尖，两侧有凹槽（血槽）。通长 34.2 厘米，刃部长 25.8 厘米。

Ab 型 3 件，无脊，近格中部阴刻羽翎纹图饰。YWC 采：5，通长 37.7 厘米，刃部长 299 厘米。（图 6）

YWC 采：6，通长 36.4 厘米，刃部长 28.6 厘米，柄长 7.8 厘米，柄宽 1.9 厘米—4.7 厘米。（图 6）

YWC 采：18，有锈斑，通长 36 厘米，刃部长 28.6 厘米，柄长 7.4 厘米，柄宽 1.7 厘米—4.6 厘米。（图 6）

束腰柄无格铜剑 8 件，锋呈椭圆状，剑身起脊，脊部较突出，断面呈菱形，刃面有细小的砍痕；无格，有的格部空隙略大，无打磨痕，似加嵌其他材质为剑格；束腰空心柄，柄上两面均有对穿通孔，多数剑首面略凹。

YWC 采：14，剑身侧面有镶补痕（长 1.1 厘米、宽 0.3 厘米）。通长 42.6 厘米，刃部长 30.7 厘米，格部长 0.8 厘米，柄长 11.1 厘米，柄宽 2.3 厘米—6.8 厘米。（图 7）

YWC 采：15，保存完好，剑首中部有成排凸起齿状纹。通长 42 厘米，刃部长 32.5 厘米，格部长 0.8 厘米，柄长 86 厘米，柄宽 2.2 厘米—6.6 厘米。（图 7）

YWC 采：12，剑尖折断，通长 47 厘米，刃部长 37.5 厘米，格部长 0.8 厘米，柄长 8.7 厘米，柄宽 2.2 厘米—7 厘米。（图 7）

YWC 采：16，保存完好，剑首面平直，通长 35.2 厘米，刃部长 25 厘米，柄长 10.2 厘米。（图 7）

YWC 采：3，保存完好，通长 42 厘米，刃部长 31 厘米，格长 1.2 厘米，柄 9.8 厘米，柄宽 19 厘米—6.7 厘米。（图 8）

YWC 采：4，保存完好，格部空隙略小，通长 42.4 厘米，刃部长 31.5 厘米，柄 109 厘米。（图 8）

YWC 采：11，保存完好，通长 46.6 厘米，刃部长 37.4 厘米，格部长 0.8 厘米，柄长 84 厘米。（图 8）

YWC 采：13，剑尖缺失，格部有镶补痕（长 14 厘米、宽 0.4 厘米），残长 31.4 厘米，刃残长 22.2 厘米，格部长 0.4 厘米，柄长 8.8 厘米，柄宽 2.3 厘米—6.9 厘米。（图 8）

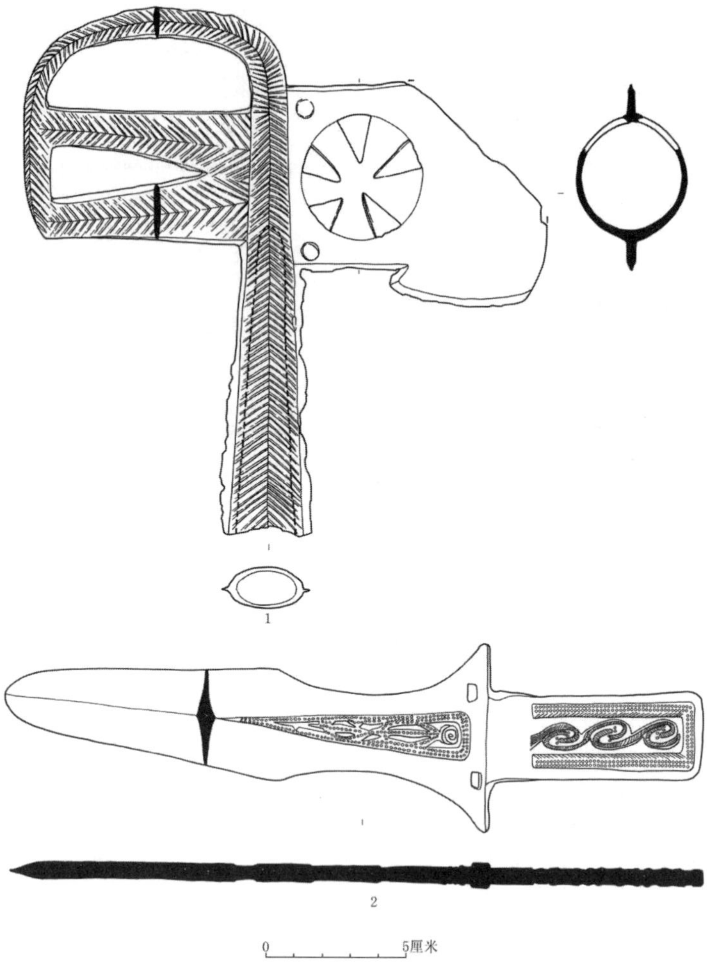

1. 镂空球饰铜杖首（YWC采：1）　2. 曲刃蛇纹直内戈（YWC采：19）

图3　铜器

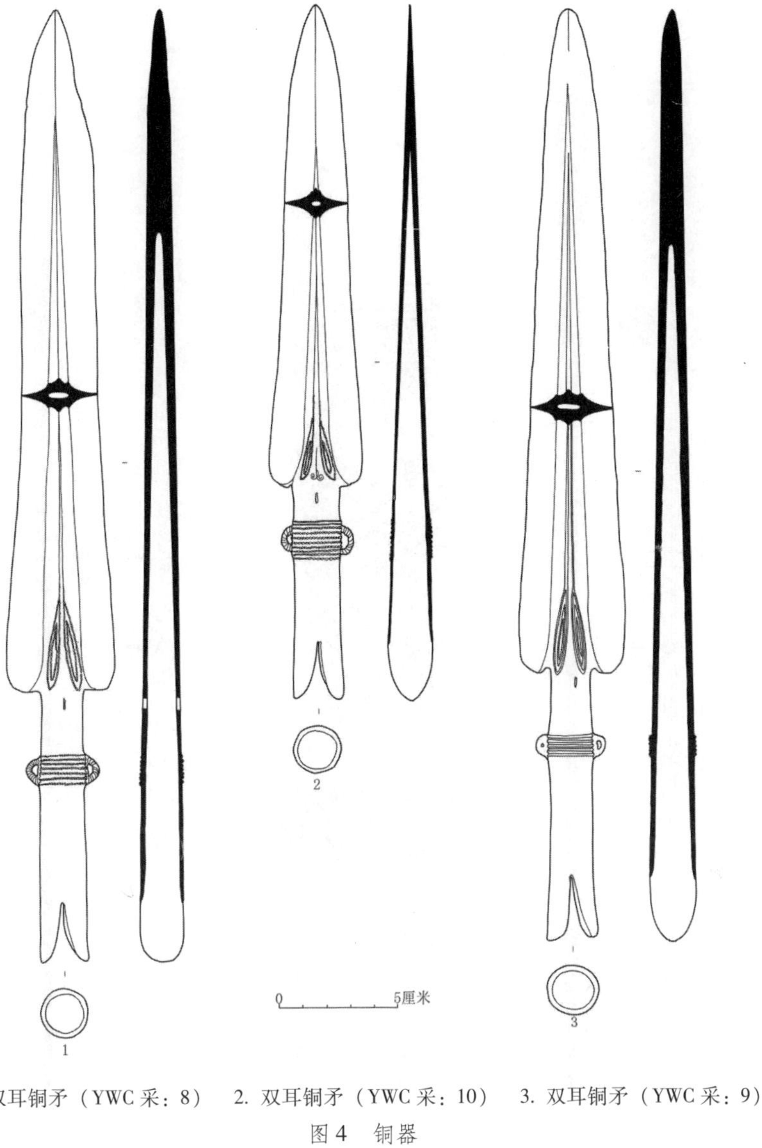

1. 双耳铜矛（YWC采：8） 2. 双耳铜矛（YWC采：10） 3. 双耳铜矛（YWC采：9）

图4 铜器

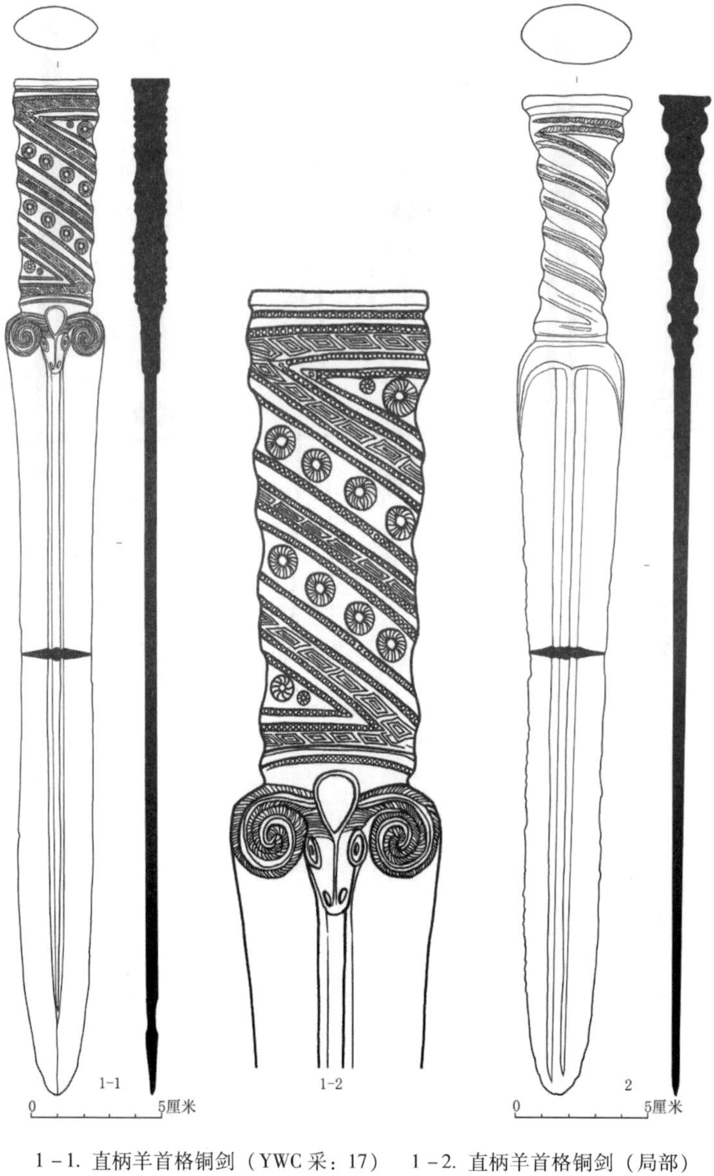

1-1. 直柄羊首格铜剑（YWC 采：17） 1-2. 直柄羊首格铜剑（局部）
2. 山字格镔柄铜剑（YWC 采：7）
图 5 铜剑

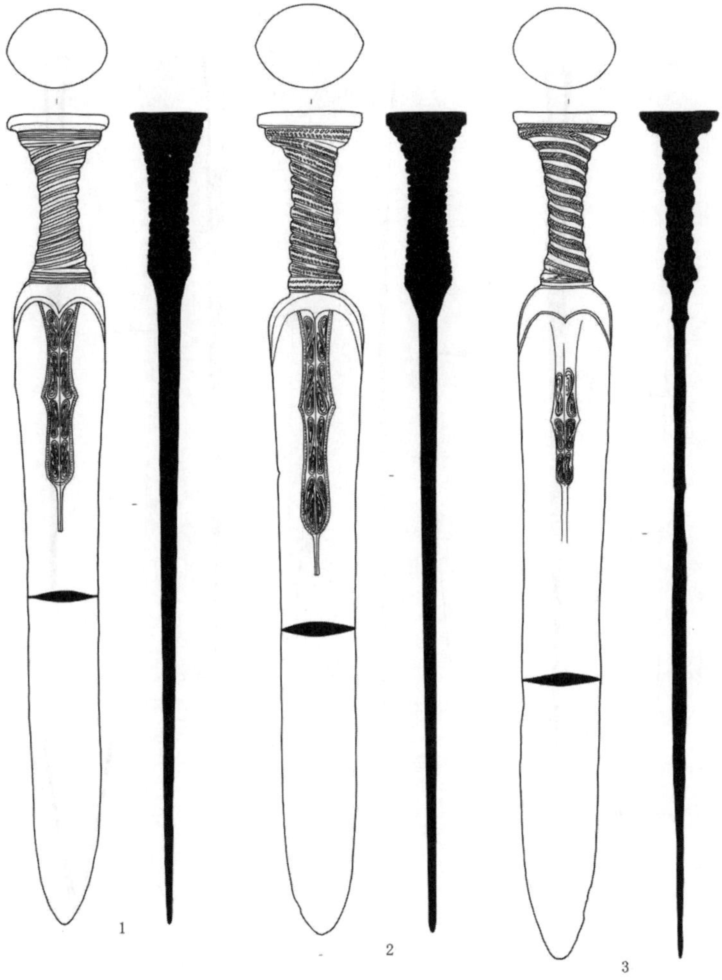

1. 缑柄铜剑（YWC 采：18） 2. 缑柄铜剑（YWC 采：6） 3. 缑柄铜剑（YWC 采：5）

图6 铜剑

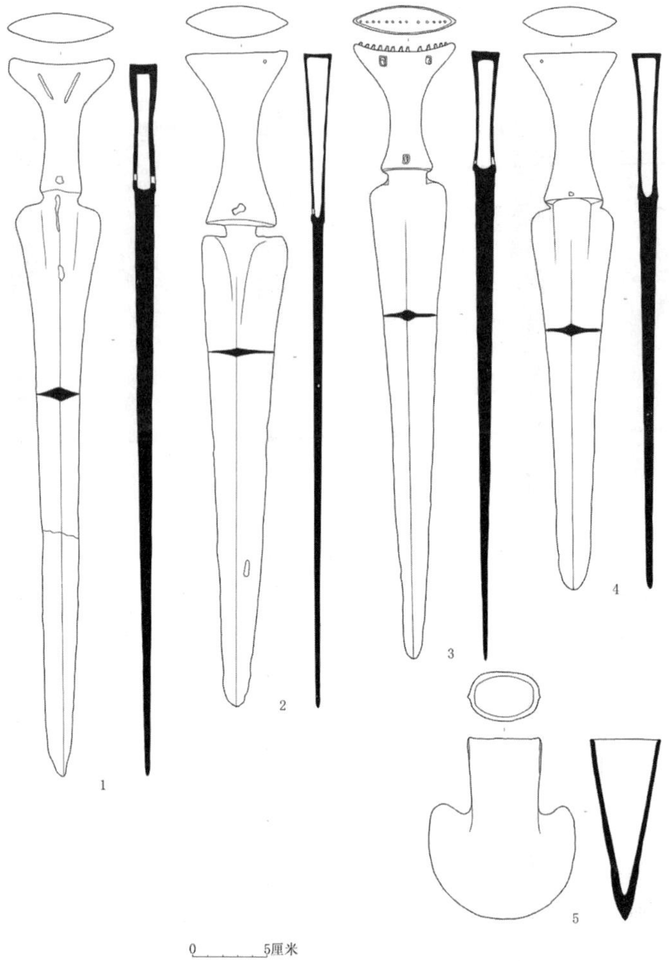

1. 束腰柄无格铜剑（YWC 采：12）　2. 束腰柄无格铜剑（YWC 采：14）
3. 束腰柄无格铜剑（YWC 采：15）　4. 束腰柄无格铜剑（YWC 采：16）
5. 铜钺（YWC 采：2）

图 7　铜剑

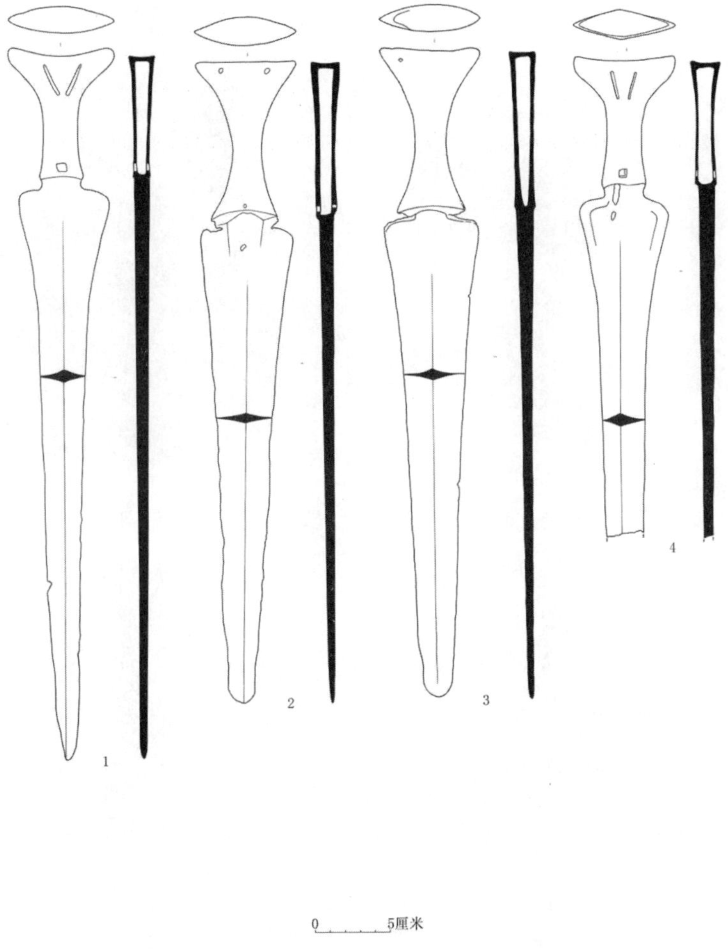

1. 束腰柄无格铜剑（YWC 采：11） 2. 束腰柄无格铜剑（YWC 采：3）
3. 束腰柄无格铜剑（YWC 采：4） 4. 束腰柄无格铜剑（YWC 采：13）

图 8 铜剑

YWC采：1 镂空球饰铜杖首

YWC采：2 青铜钺

YWC采：3 束腰柄无格铜剑

YWC采：4 束腰柄无格铜剑

图9 铜器

YWC采：5 山叉格缑柄铜剑

YWC采：6 山叉格缑柄铜剑

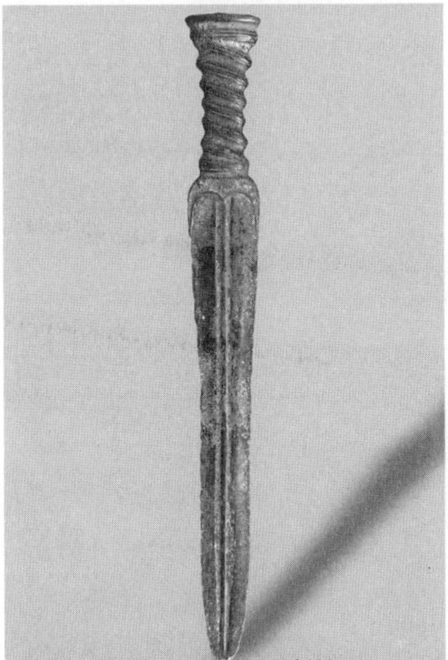

YWC采：7 山叉格缑柄铜剑

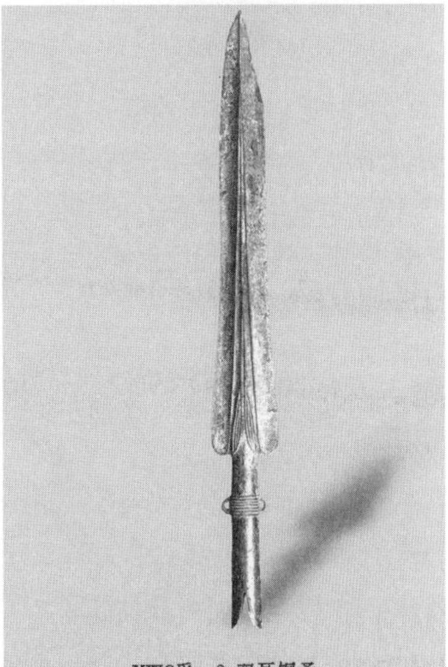

YWC采：8 双耳铜矛

图10　铜器

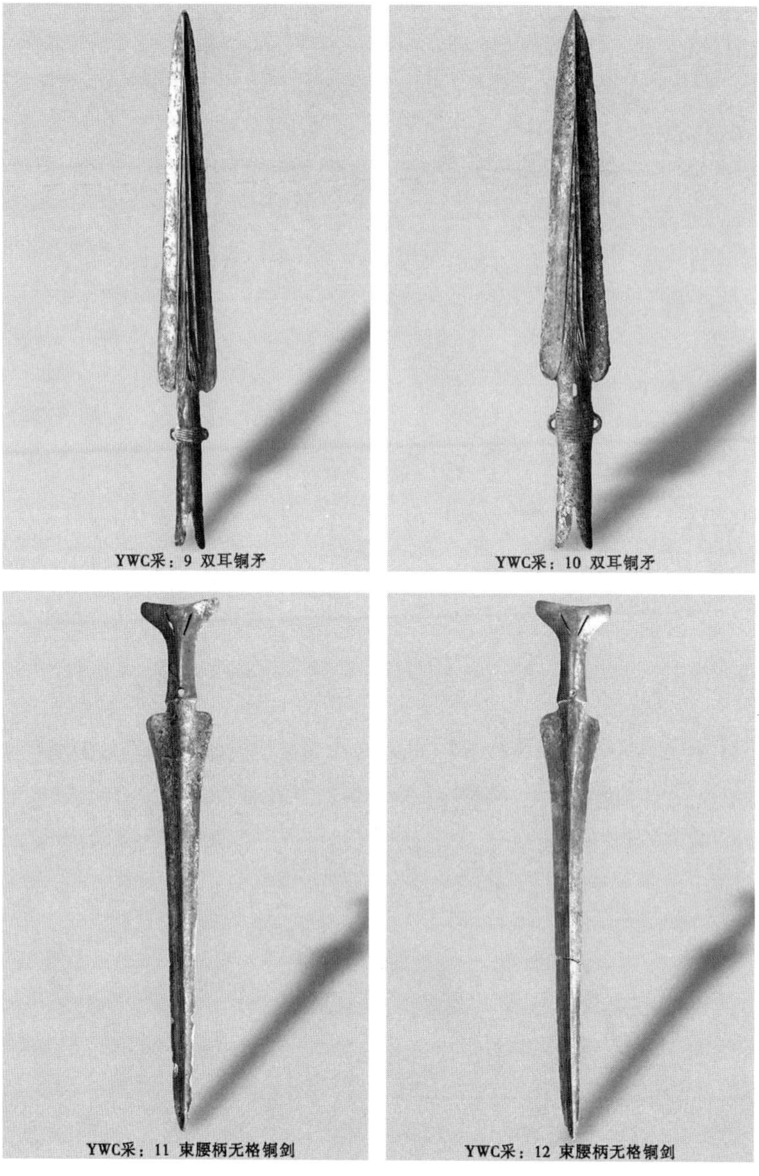

YWC采：9 双耳铜矛　YWC采：10 双耳铜矛

YWC采：11 束腰柄无格铜剑　YWC采：12 束腰柄无格铜剑

图11　铜器

YWC采：13 束腰柄无格铜剑

YWC采：14 束腰柄无格铜剑

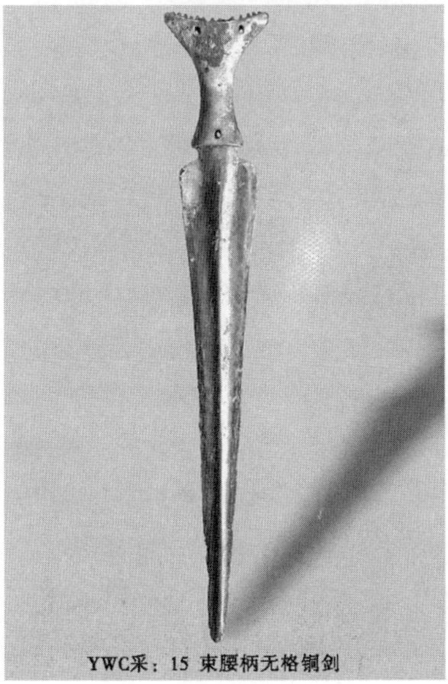
YWC采：15 束腰柄无格铜剑

YWC采：16 束腰柄无格铜剑

图12 铜器

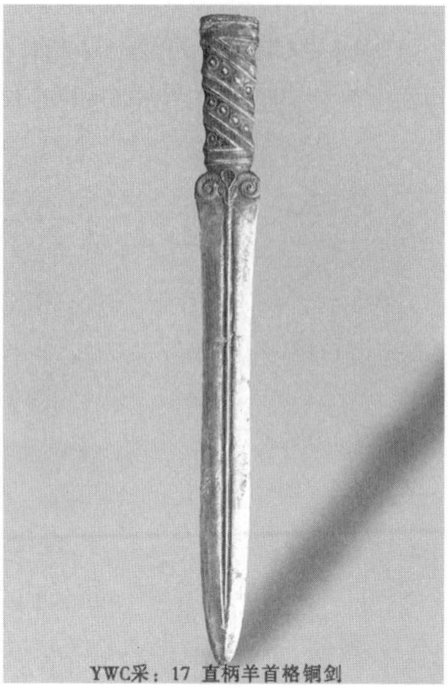

YWC采：17 直柄羊首格铜剑

YWC采：17 直柄羊首格铜剑（局部）

YWC采：18 山叉格缑柄铜剑

YWC采：19 曲刃蛇纹直内戈

图 13　铜器

五、结　语

（一）青铜器出土点的性质问题

由于该处早期被扰动，当地村民取石建水池时对现场扰动更大，这两次青铜器的出土点是否为同一位置不好推测，但从出土的器物、器型看，应为同一批、同一时代。从村民介绍及现场清理器物集中堆放的情况看，探方发掘时未见墓葬残留痕迹，我们推测该处为窖藏文物点；但村民描述该处石块较多，发现铜器时是在石块间等现象看，也不能完全排除墓葬的可能。当然，这批器物制作精美，看起来规格较高，特别是铜杖，首制作好后未曾使用，甚至未打磨，似乎是为某种特殊意义的仪式制作。该出土点又在白竹山中部，我们也可以推测该处早期人类为了举行某种祭祀或表达其他的某种目的而有意埋存。

（二）族属时代问题

这次出土的器物中山叉格缑柄铜剑、柳叶形铜矛、曲刃戈为洱海区域，鹤庆黄坪、宾川夕照寺、宾川古底、祥云红土坡、祥云检村、弥渡苴力、大理洱海沿岸甚至丽江永胜、楚雄万家坝等地的极为相似，这种文化类型一直延续到保山的昌宁等地，它们之间应该有一定渊源关系。其中发现的直柄羊首纹铜剑制作精美，上面羊首表达对羊崇拜寓意也十分明确，所以我们认为这批器物的主人应属氐羌族群范畴。洱海区域其他点出土的年代一般认为是战国至西汉时期，我们也认为这批文物的年代不应超出这一年代。这批出土的器物中，直柄羊首纹铜剑和束腰柄无格青铜剑，在洱海区域属首次发现，在周边地区出土文物中也未见相类似的器物。束腰柄无格青铜剑的剑身较长，制作工艺上有一定难度，其来源和制作工艺等方面尚作进一步调查研究。漾濞多为山区，但澜沧江的重要支流漾濞江穿越其境内，漾濞江的小支流延伸到洱源、剑川、大理、云龙等地，其应为早期民族生活居住和迁徙的重要地点。这批文物的发现丰富了漾源县的馆藏文物，更重要的是为我们提供了早期民族生产生活及迁徙的重要实物证据。

作者简介：孙健，大理州文物管理所副所长兼大理州考古研究所所长，副研究馆员，主要从事大理地区文物考古发掘保护和研究工作。

从汉代滇国贮贝器的型式变化见其普遍性与独特性①

［日］梶山胜

前　言

贮贝器是西汉时期中国西南部繁盛的滇文化的代表遗物。在司马迁的《史记·西南夷列传》中有关于滇国的记录：元封二年（公元前 109 年），武帝赐予滇王王印。

贮贝器是用于贮藏海滨地区传来的子安贝的容器，为了更方便地使用而开始改良。在艺术上的进化发展、生活方式的变化等影响下，产成了多样的变化。本稿的目的在于阐明前稿②中尚未完成的、以型式和装饰物的变化为中心，来说明贮贝器的型式划分和贮贝器变化的重要因素等问题。

文章先回顾研究史，立足于近些年的成果，通过贮贝器的型式划分、墓葬的编年和贮贝器的内部型式变化，探讨各系列贮贝器的型式。另外再以墓葬为单位，讨论各种型式内部的纹样和立体装饰物的变化以及共存资料对贮贝器的影响

---

① 本文原载于季刊《古代文化》65 卷第 2 号（日本·京都 2013 年 9 月）。译者：刘西诺、魏煜民；校订：李昆声、黄德荣。

② ［日］梶山胜：《贮贝器考（上）》，载《古代文化》第 34 卷第 8 号，京都，1982。［日］梶山胜：《贮贝器考（下）》，载《古代文化》第 34 卷第 10 号，京都，1982。后译本：蔡葵译：《贮贝器考》，载《云南文物》，1983（13）。

等外部因素带来的变化。提取两处墓葬间共通的型式变化的普遍性与独特性，表明它们的地域特色。

一、贮贝器的研究史

基于近年来再度调查的石寨山墓葬①、李家山墓葬②、天子庙墓葬③、羊甫头墓葬④等调查成果，与贮贝器相关的研究正持续进展，但仍有许多未解决的问题。不同学者对贮贝器的概念也有不同的见解。在此，本文比对各学者对贮贝器所下的概念和各种分类，对研究史略作概观。

1955 年，在对石寨山墓葬的调查发掘中出土了贮藏子安贝的容器⑤。桶形的容器被称为虎耳四足器，铜鼓形的容器被称为鼓形飞鸟四耳器。这时候还没有贮贝器的说法。

1956 年，在石寨山墓葬二次调查发掘中，出土了多件贮藏子安贝的容器，调查报告中开始称它为贮贝器，并将其分类为圆桶形、铜鼓形、叠鼓形、七牛锥顶形等。⑥

1972 年，在李家山墓葬的调查中，从多处墓葬里出土了贮贝器，贮贝器与铜鼓一同成为了石寨山文化的代表性遗物。⑦

1982 年，笔者尝试集成贮贝器的资料，使用石寨山墓葬报告中的桶形、铜

---

① 云南省文物考古研究所、昆明市文物管理委员会、晋宁县文物管理所：《云南晋宁石寨山第五次抢救性发掘简报》，载《文物》，1998（6）；蒋志龙：《云南晋宁石寨山 M71 出土的叠鼓形贮贝器》，载《文物》，1999（9）；云南省文物考古研究所、昆明市博物馆、晋宁县文物管理所编著：《晋宁石寨山——第五次发掘报告》，北京，文物出版社，2009。

② 云南省文物考古研究所、玉溪市文物管理所、江川县文化局：《云南江川县李家山古墓群第二次发掘》，载《考古》，2001（12）。云南省文物考古研究所、玉溪市文物管理所、江川县文化局编著：《江川李家山——第二次发掘报告》，北京，文物出版社，2007。

③ 昆明市文物管理委员会：《呈贡天子庙滇墓》，载《考古学报》，1985（4）。

④ 云南省文物考古研究所、昆明市博物馆、官渡区博物馆：《云南昆明羊甫头墓地发掘简报》，载《文物》，2001（4）。昆明市官渡区博物馆编：《昆明羊甫头文物精粹》，昆明，云南人民出版社，2002。云南省文物考古研究所、昆明市博物馆、官渡区博物馆：《昆明羊甫头墓地》，北京，科学出版社，2005。

⑤ 云南省博物馆考古发掘工作组：《云南晋宁石寨山古遗址及墓葬》，载《考古学报》，1956（1）。

⑥ 云南省博物馆：《云南晋宁石寨山古墓群发掘调查报告》，北京，文物出版社，1959。

⑦ 云南省博物馆：《云南江川李家山古墓群发掘简报》，载《文物》，1972（8）。张增祺、王大道：《云南江川李家山古墓群发掘报告》，载《考古学报》，1975（2）。

鼓形等名称。这些之外的都暂定为特殊形，概览各个贮贝器并尝试进行若干考察。[①] 聚焦于桶形贮贝器盖与器身组合技法的差异及器腹部的耳（把手）的变化，进行型式划分，再就铜鼓形贮贝器上纹样与立体装饰物进行探讨。但是，与各个资料相关的情报量较少，只能在不进行型式划分的情况下，将其作为阐述个人见解后的判断准则。作为贮贝器的代用品，容器内贮藏贝壳表明铜鼓可作为容器使用。笔者认为，铜鼓形贮贝器的概念，只有为了贮藏贝壳这一目的而被改造的铜鼓和新制作的铜鼓形容器才能被当做铜鼓形贮贝器。而未经改造就作为贮贝器代用品使用的铜鼓就排除于铜鼓形贮贝器的基本概念之外。因为特殊形贮贝器只有两件，在此就不加讨论。此外，正如本稿后文所述，特殊形贮贝器与铜鼓一样被划为贮贝器的代用品，也不包含在贮贝器的基本概念之中。关于各型式的年代，就援用笔者的研究成果[②]，保留已确认的各型式使用分期。若所有的贮贝器要进行型式学的讨论进行型式划分的话，情报资料太少，未完成的型式划分和编年工作就留待作为今后的课题。

1989 年，李伟卿基于石寨山墓葬和李家山墓葬、天子庙墓葬的器物资料发表了与贮贝器相关的论文[③]。他将贮贝器的概念分成五类：天子庙墓葬的器物为铜提桶，石寨山墓葬与李家山墓葬的器物为细腰筒形铜贮贝器、虎耳细腰筒形铜贮贝器、铜鼓形贮贝器、异形贮贝器。他又将铜鼓形贮贝器划分出铜鼓作为贮贝器代用品被使用的阶段、改造铜鼓使用的阶段、新铸造铜鼓形的贮贝器的阶段。作为代用品使用阶段的铜鼓并不包含在贮贝器一览表之中。李伟卿认为天子庙 41 号墓中的铜提桶和异形贮贝器是代用品，而为了贮贝目的制作的贮贝器出现于石寨山墓葬和李家山墓葬早期墓阶段，即战国后期到西汉初期。李伟卿在 2004 年添加新的资料又发表了一篇论文[④]，但分类和年代观都承袭自前稿。

---

① ［日］梶山胜：《贮贝器考（上）》，载《古代文化》第 34 卷第 8 号，京都，1982。［日］梶山胜：《贮贝器考（下）》，载《古代文化》第 34 卷第 10 号，京都，1982。后译本：蔡葵译：《贮贝器考》，载《云南文物》，1983（13）。

② ［日］梶山胜：《我对云南青铜文化的一点看法——作为对石寨山古墓群再次研究的浅索》，载《小林知生教授退职纪念考古学论文集》，名古屋，1978。后译文：樊少骥译：《我对云南青铜文化的一点看法——作为对石寨山古墓群再次研究的浅索》，载《民族考古译丛》（第二辑），1982。

③ 李伟卿：《贮贝器及其装饰艺术研究》，载《云南民族学院学报》，1989（4）。后再录于：云南省博物馆编：《云南青铜文化论集》，昆明，云南人民出版社，1991；张公瑾、王锋主编：《云南民族美术史论丛》，昆明，云南人民出版社，1995。

④ 李伟卿：《云南民族美术史·第六章·滇贮贝器独特的立体饰物》，昆明，云南美术出版社，2004。

1997 年，张增祺基于以往的研究成果，将贮贝器分为提桶形贮贝器、束腰筒状贮贝器、铜鼓形贮贝器、铜鼓贮贝器、异形贮贝器 5 种类型。① 翌年，张根据石寨山墓葬第五次调查成果，以石寨山墓葬的贮贝器及其器形、图像和制作工艺的差异为线索，将贮贝器划分为束腰圆筒形、铜鼓形、铜鼓、异形 4 种类型。② 他限定铜鼓贮贝器是作为贮贝器代用品使用的铜鼓，其判断基准是器内是否贮藏有贝。笔者将他的铜鼓贮贝器作为本稿中铜鼓形贮贝器的前期器物，即属于贮贝器代用品的范围内，不包含于贮贝器的基本概念之中。

1999 年，佟伟华将贮贝器区分为 A 型—E 型共 5 种型式，又将 A 型—C 型细分为 2 式。③ 桶形贮贝器根据高体、矮体的情况被细分为 A 型、B 型。然而细分后的Ⅰ式、Ⅱ式中含有和 A 型、B 型共通的特征，区别两式的基准较为模糊，且贮贝器细分过程的说明也略有不足。关于各型、各式的年代，佟伟华援用了蒋志龙的研究成果④，判定 A 型Ⅰ式为战国中晚期—西汉早期，A 型Ⅱ式为西汉中晚期，B 型Ⅰ式为战国中晚期—西汉早期，B 型Ⅱ式为西汉中晚期。C 型Ⅰ式、Ⅱ式，D 型、E 型均为西汉中晚期。

2002 年，蒋志龙在其著作中就贮贝器进行了深入讨论⑤。他基本承袭张增祺的见解，将桶形贮贝器分为细腰桶形贮贝器和虎耳细腰桶形贮贝器。关于各型的年代，铜提桶形最早，大概在战国中期再稍早一些的时期，然后是细腰桶形为战国晚期，而后的虎耳细腰桶形和铜鼓贮贝器、鼓形贮贝器为西汉初期到西汉中晚期。接着特别就鼓形贮贝器进行论述，他将鼓形贮贝器区分为 3 种类型：其一，在铜鼓的足部内面添加底；其二，去除铜鼓的鼓面加上盖与底，在盖和腰足部配上立体像；其三，模仿铜鼓的外形铸造新的鼓形贮贝器，增加纹样和立体像。

正如已提及的关于贮贝器代用品的观点，蒋志龙和张增祺与笔者，对铜鼓贮贝器（笔者的铜鼓）的处理方法各异。笔者的铜鼓形贮贝器与张增祺和蒋志龙的鼓形贮贝器相当，分类方法虽有不同但角度上有共通的部分。特别是蒋志龙对鼓形贮贝器的分类，石寨山墓葬与李家山墓葬出土贮贝器的年代相关问题，与笔

---

① 张增祺：《滇国与滇文化》，第六章第四节“一、滇国的贮贝器”，昆明，云南美术出版社，1997。

② 张增祺：《随葬器物》，见张增祺：《晋宁石寨山》，昆明，云南美术出版社，1998。

③ 佟伟华：《云南石寨山文化贮贝器研究》，载《文物》，1999（9）。本篇论文执笔时李家山墓葬的第 2 次调查和石寨山墓葬第 5 次调查报告都还未刊行，资料分类的依据主要靠简报的成果。另外，本篇论文中将天子庙 33 号墓出土的铜桶（M33：1）看作贮贝器。

④ 蒋志龙：《再论石寨山文化》，载《文物》，1998（6）。

⑤ 蒋志龙：《滇国探秘——石寨山文化的新发现·第六章·铜鼓、贮贝器、铜俑、扣饰》，昆明，云南教育出版社，2002。

者后述的见解有许多共通的部分。

2004 年，肖明华将贮贝器分为铜鼓、铜鼓形、叠鼓形、桶形、洗形五类，其中桶形贮贝器又被细分为 3 式。[①] Ⅰ式为笔者前稿中的桶形贮贝器；Ⅱ式为特殊形贮贝器；Ⅲ式为李伟卿提出的铜提桶，其中一件（天子庙 M41：301）为佟伟华的 A 型。笔者认为Ⅱ式、Ⅲ式原本并不专用于贮贝，而是代用品。铜鼓贮贝器与张增祺的铜鼓贮贝器重复。肖明华将作为贮贝器代用品使用的铜鼓也当作铜鼓贮贝器包含进贮贝器的基本概念之中。他认为这种现象属于一种功能上的借用，滇人把作为礼乐器的铜鼓直接用来装贝，体现出滇文化中权力和财富相统一的观念。因此他将这类铜鼓也视为贮贝器[②]。肖将这五类的贮贝器件数，在论文中的表 2 中再区分为春秋晚期—西汉晚期 6 个阶段。这种阶段划分主要依据碳十四测年和四铢半两等开始制造年份明晰的遗物。但遗憾的是，该论文没有附载贮贝器集成表，要是有的话，就更容易查明与他所做表 1、表 2 数据相符的器物资料了，也能加强表的可信度。

2008 年，黄德荣与李昆声共著的书中讨论到了贮贝器[③]，将贮贝器从形状上分为提桶形、束桶形、铜鼓形、异形 4 种类型。提桶形和异形数量较少，在形状上不具有普遍性，从这点上考虑，典型的贮贝器就是束桶形和铜鼓形。在铜鼓研究这本著作的特点上，对贮贝器的讨论只限于铜鼓形贮贝器。黄德荣认为，最简单的铜鼓形贮贝器是将不经改造的铜鼓直接用来装贝，这种贮贝器根据容器内有无贝，有可能是贮贝器也有可能是铜鼓。两者没有严格的界线，因为真正的贮贝器就是对铜鼓加以改造后在容器内储贝的东西。另外又将铜鼓形贮贝器划分为 5 型。认为 A 型和 B 型是铜鼓形贮贝器的祖型。A 型是改造铜鼓后，装有器底并在盖上设投贝用的圆筒。B 型也是改造铜鼓后倒置使用的，在足部添加了圆形的盖子。C 型是正置使用的，盖上无立体像，中央有圆孔，盖子和器身装饰着精美的纹样。D 型是正置使用，盖上装饰有立体像。E 型为叠鼓形，盖上也装饰有立体像。

正如以上所述，众多研究者正进行着贮贝器相关的研究。回顾研究史可以发现，贮贝器的概念多种多样，但在型式学上的探讨也不能说已十分充分。关于制

---

① 肖明华：《论滇文化的青铜贮贝器》，载《考古》，2004（1）。

② 贮贝的铜鼓也具备原形容器的特征，在同一墓葬内存在作为乐器随葬的铜鼓和作为贮贝器代用品随葬的铜鼓，就意味着要如何去区别理解这两者意义上的差别这一基本问题。

③ 李昆声、黄德荣：《中国与东南亚的古代铜鼓》，昆明，云南美术出版社，2009。

作、使用年代也没有统一的见解。自前稿以来，通过论及贮贝器的文章[①]与出版书籍[②]，已发表的墓葬调查报告[③]和关于贮贝器未报告的细节部分越发明晰，但也绝不充分。笔者希望在近些年内，为了贮贝器研究的进展，以李昆声、黄德荣共同写作的书籍[④]中已尝试集成的铜鼓资料作为基础资料，有更多使用照片和实测图的贮贝器资料能够集成出版。

---

① 李伟卿：《贮贝器及其装饰艺术研究》，载《云南民族学院学报》，1989（4）。

② 参照文后参考文献1～10。

③ 云南省博物馆考古发掘工作组：《云南晋宁石寨山古遗址及墓葬》，载《考古学报》，1956（1）。云南省博物馆：《云南晋宁石寨山古墓群发掘调查报告》，北京，文物出版社，1959。云南省博物馆：《云南晋宁石寨山第三次发掘简报》，载《考古》，1959（9）。孙太初：《云南晋宁石寨山古墓第四次发掘简报》，载《考古》，1963（9）。马德娴：《云南晋宁石寨山古墓群出土铜铁器补遗》，载《文物》，1964（12）。云南省博物馆：《云南江川李家山古墓群发掘简报》，载《文物》，1972（8）。张增祺、王大道：《云南江川李家山古墓群发掘报告》，载《考古学报》，1975（2）。

④ 李昆声、黄德荣：《中国与东南亚的古代铜鼓》，昆明，云南美术出版社，2009。

表1 贮贝器型式比较表

<table>
<tr><th>云南省博物馆（1959）</th><th>梶山胜（1982）</th><th>李伟卿（1989）</th><th>张增祺（1997）</th><th>佟伟华（1999）</th><th>蒋志龙（2002）</th><th>肖明华（2004）</th><th>李昆声、黄德荣（2008）</th><th>本稿（2013）</th></tr>
<tr><td>圆桶形贮贝器</td><td>桶形贮贝器Ⅰ式</td><td>细腰筒形铜贮贝器</td><td rowspan="5">束腰圆筒形贮贝器</td><td>A型Ⅰ式（LM17:2）
B型Ⅰ式（SM15:6，SM14:2）</td><td>细腰桶形贮贝器</td><td rowspan="5">桶形贮贝器Ⅰ式</td><td rowspan="5"></td><td>桶形贮贝器Ⅰ式</td></tr>
<tr><td>圆桶形虎耳细腰铜贮贝器</td><td>桶形贮贝器Ⅱ式</td><td>虎耳细腰筒形铜贮贝器</td><td>A型Ⅱ式（SM10:53）
B型Ⅱ式（SM13:5，SM12:26）</td><td rowspan="2">虎耳细腰桶形贮贝器</td><td>桶形贮贝器Ⅱ式</td></tr>
<tr><td rowspan="3">无（当时未发现）</td><td>无（未发现）</td><td>虎耳铜提桶形铜贮贝器（LM51:263）</td><td>A型Ⅱ式（SM71:133，LM69:139）</td><td>桶形贮贝器Ⅲ式（SM71:133，LM51:263，LM69:139）</td></tr>
<tr><td>桶形贮贝器Ⅲ式（LM22:21）</td><td>细腰筒形铜贮贝器（LM22:21）</td><td>B型Ⅰ式（LM22:21）</td><td rowspan="2">细腰桶形贮贝器</td><td>桶形贮贝器型式外（LM22:21）</td></tr>
<tr><td>无（当时未发现）</td><td>无（当时未发现）</td><td>对应器物资料（一览表中无）</td><td>桶形贮贝器型式外（LM27:85，LM85:77）</td></tr>
</table>

续表

云南省博物馆（1959）	梶山胜（1982）	李伟卿（1989）	张增祺（1997）	佟伟华（1999）	蒋志龙（2002）	肖明华（2004）	李昆声、黄德荣（2008）	本稿（2013）
铜鼓形铜贮贝器（SM:2，SM6:120）	铜鼓形贮贝器	铜鼓形贮贝器	铜鼓形贮贝器	C型Ⅰ式	鼓形贮贝器	铜鼓形贮贝器	铜鼓形贮贝器A型	铜鼓形贮贝器Ⅰa式
铜鼓形铜贮贝器（SM20:1）							铜鼓形贮贝器D型	铜鼓形贮贝器Ⅰb式
叠鼓形铜贮贝器（SM6:1）					叠鼓形贮贝器	叠鼓形贮贝器	铜鼓形贮贝器E型	铜鼓形贮贝器Ⅰc式
无（当时未发现）	无（当时未发现）			对应器物资料（LM47:22，LM68:287不在一览表中）	鼓形贮贝器	铜鼓形贮贝器	铜鼓形贮贝器B型	铜鼓形贮贝器Ⅰd式
铜鼓形铜贮贝器（SM12:1，SM12:2）	铜鼓形贮贝器			C型Ⅰ式			铜鼓形贮贝器C型（SM12:1，SM12:2）	铜鼓形贮贝器Ⅱa式（SM12:2）
								铜鼓形贮贝器Ⅱd式（SM12:1）
无（未发现）							铜鼓形贮贝器D型	铜鼓形贮贝器Ⅱb式

续表

云南省博物馆（1959）	梶山胜（1982）	李伟卿（1989）	张增祺（1997）	佟伟华（1999）	蒋志龙（2002）	肖明华（2004）	李昆声、黄德荣（2008）	本稿（2013）
叠鼓形铜贮贝器（SM13:2）	铜鼓形贮贝器	铜鼓形贮贝器	铜鼓形贮贝器	C型Ⅱ式	叠鼓形贮贝器		铜鼓形贮贝器E型	铜鼓形贮贝器Ⅱc式
无（未发现）	无（当时未发现）							铜鼓形贮贝器Ⅱe式（LM69:163·164）
洗形铜贮贝器盖（SM13:356）	特殊形贮贝器（SM13:356）	异形贮贝器（SM13:356）	异形贮贝器（SM13:356）	D型（SM13:356）	异形贮贝器（SM13:356）			符合代用品的器物资料（SM13:356）
七牛锥顶形铜贮贝器（SM18:2）	特殊形贮贝器（SM18:2）	异形贮贝器（SM18:2）	异形贮贝器（SM18:2）	E型（SM18:2）	异形贮贝器（SM18:2）	桶形贮贝器（SM18:2）		符合代用品的器物资料（SM18:2）
代用品（贮藏贝的铜鼓）	代用品（贮藏贝的铜鼓）	代用品（贮藏贝的铜鼓）	代用品（贮藏贝的铜鼓）	铜鼓贮贝器（贮藏贝的铜鼓）	代用品（贮藏贝的铜鼓）	铜鼓贮贝器（贮藏贝的铜鼓）	代用品（贮藏贝的铜鼓）	代用品（贮藏贝的铜鼓）

表2　墓葬的编年与所属墓

<table>
<tr><th rowspan="2">年　代</th><th colspan="2">石寨山墓葬</th><th colspan="2">李家山墓葬</th></tr>
<tr><th>时期</th><th>所属墓</th><th>时期</th><th>所属墓</th></tr>
<tr><td>战国晚期（暂定）—</td><td>1期</td><td>SM14・15・16・17</td><td rowspan="2">1期</td><td rowspan="2">LM17・18・21・22・23・24</td></tr>
<tr><td>西汉前期（暂定）文帝五年（B. C. 175）—</td><td>2期</td><td>SM1・2・3・10・11・12・13・18・19・21・22・71</td></tr>
<tr><td>西汉中期（暂定）元狩五年（B. C. 118）—</td><td>3期</td><td>SM4・6・7・20・38・40・43</td><td>2期</td><td>LM1・3・47・51・57・68・71</td></tr>
<tr><td>西汉中后期（暂定）始元元年（B. C. 86）—</td><td>4期</td><td>SM5・8・23・32</td><td>3期</td><td>LM26・27・50・53・69・76・85</td></tr>
<tr><td>东汉前期（暂定）建武十八年（A. D. 42）—</td><td></td><td></td><td>4期</td><td></td></tr>
</table>

※所属墓根据资料的共存关系仅表示笔者能够确定时期的墓葬。

此外，各期的（暂定）上限年是以墓葬出土的四铢半两和五铢钱、铜镜、《史记》《汉书》等文献记录为依据由笔者设定。

二、型式的划分

本章将对青铜贮贝器的型式进行划分。以石寨山墓葬的贮贝器作为基本对象，重点把握桶形和铜鼓形这一贮贝器器身形态的共通性，将其分为桶形贮贝器和铜鼓形贮贝器两类。本章需要根据几乎同时期、两种形式的贮贝器各出土3件以上的条件来选择作为研究对象的墓葬。满足这一条件的就是李家山墓葬。讨论这两处墓葬的桶形贮贝器和铜鼓形贮贝器，尝试分别进行型式划分。作为型式划分依据的各贮贝器主要特征如表3所示。该表作为本章和第三、四章讨论结果的基础，为了表示各墓葬时期的贮贝器，因而表的位置放在了后面，但它包含了本章所有涉及的贮贝器，还敬请各位读者参照。

（一）桶形贮贝器

桶形贮贝器基本上为中央狭窄的圆筒形，由器身和盖组成。探讨贮贝器的制作手法与前稿[①]相同，构成容器的各要素中：器身和盖的组合技法；耳（把手）；足。主要注重这三要素进行基准型式划分。在划分时，判断各要素中相同型式的器物有3件以上的可能性很高的话，那就将其作为基准型式。本节将以该基准型为中心，在笔者划定的各阶段中对诸要素进行说明。

①器身和盖的组合技法：第一阶段的基准型是在器身与盖接合的外层面上铸造出平叠的盖子，这种组合技法中的盖子被称为印笼盖或药笼盖。后文中均将这种技法表达为子母口盖。第二阶段的基准型则组合使用了与器身的口缘部分几乎同等直径的平置盖。

②耳（把手）：这与器身和盖的组合技法有着密切的关系，为了紧缚住器身和盖子，第一阶段的基准型式为小耳。器身和盖子两处安有上下一对的半环状小耳。耳孔位置有横有纵，都能用孔紧缚住器身和盖子。第二阶段的基准型式为虎形耳。在耳（把手）上新增装饰，器身两处铸有虎形立体像。

③足：第一阶段的基准型式为无足或扁平足，往后的基准型新增了作为装饰的兽爪形足。

上述①至③点要素，现按以下组合尝试讨论型式划分。

a. 盖与耳（把手）

子母口盖，在石寨山墓葬有6件，李家山墓葬有9件[②]，几乎都为小耳，有3件是虎形耳（SM71：133[③]、LM51：23、LM69：139）。LM69的虎形耳与小耳一样是由上下一对的耳（把手）构成。缺少从这类小耳向虎形耳转变的连续性。

---

① ［日］梶山胜：《贮贝器考（上）》，载《古代文化》第34卷第8号，京都，1982。［日］梶山胜：《贮贝器考（下）》，载《古代文化》第34卷第10号，京都，1982。

② 云南省博物馆考古发掘工作组：《云南晋宁石寨山古遗址及墓葬》，载《考古学报》，1956（1）。云南省博物馆：《云南晋宁石寨山古墓群发掘调查报告》，北京，文物出版社，1959。云南省博物馆：《云南江川李家山古墓群发掘简报》，载《文物》，1972（8）。张增祺、王大道：《云南江川李家山古墓群发掘报告》，载《考古学报》，1975（2）。等等论文、书籍。在以下的本文中若无特殊注记，这些文献就为石寨山墓葬、李家山墓葬的参考资料。此外，本文中的盖和耳的总件数除报告和论文等公示的数字外，型式未报告的器物资料由笔者推定，在表（表3）中附加“（　）”的器物资料也计入各型式的总件数中。如若笔者的推断有误烦请指出，同时也希望正确的报告公布。

③ S表示石寨山，M表示墓葬。因此SM71：133就表示石寨山71号墓出土的遗物编号为133的器物资料。而后记录的LM51：263中的L表示李家山，LM51：263就表示李家山51号墓出土的遗物编号为263号的器物资料。此外，后出的SM6·16表示对应器物资料的出土墓葬为石寨山6号墓和16号墓。LM的情况也相同。文章往后中的标记都以此为准。后文频繁出现的石寨山墓葬、李家山墓葬就都省略墓葬，直接称为石寨山、李家山。

耳（把手）采用虎形的原因也尚不明晰①。另外仅有 1 件无耳的桶形贮贝器，但有人形的 3 足。

b. 围绕耳（把手）及盖与足

带小耳的器物共 11 件，均为子母口盖。足部几乎都是扁平 3 足，无足的有 2 件（SM6・16）。虎形耳有 17 件，盖子主要为平置盖，有 3 件子母口盖（SM71、LM51・69）。平置盖的虎形耳代替子母口盖的小耳，失去了紧缚的功能而被限制为用于移动的把手。在石寨山这类虎形耳桶形贮贝器有兽爪形足的件数较多，但李家山的贮贝器则不使用兽爪形足。在李家山有两件大耳的器物（LM57・88），但因未满足三点基准条件而不能视作基准型式。在李家山，这类大耳、虎形耳贮贝器均为子母口盖和 3 足。

按上述过程可将贮贝器尝试分为 3 种类型。与基准型式的分类同样，需要附加一定的条件，若判断同种基准型的组合器物很可能有 3 件以上的话，那么满足该条件的 3 类型组合就分为一种型。以下对桶形贮贝器的各种形式特征进行整理，合并显示了石寨山与李家山中相符器物的出土墓葬。

Ⅰ型：子母口盖与小耳［SM6・11・14・15・16・18、LM17（图 1－1）②・18・21・47］

Ⅱ型：平置盖与虎形耳［SM1・3・6・7・10・11・12（图 1－2）・13・17・19・20・22］

Ⅲ型：子母口盖与虎形耳［SM71、LM51・69（图 1－3）］。

---

① 汪宁生认为滇人对虎有特殊的信仰，虎是尊崇的对象，在特定的宗教仪式中扮演着非常重要的作用。（汪宁生：《“滇”人的经济生活和社会生活——晋宁石寨山文物研究之一》，见《云南青铜器论丛》，北京，文物出版社，1981）。笔者同意汪宁生的观点。

② 以下展示的贮贝器的照片与拓本等，笔者大多都在前稿（［日］梶山胜：《贮贝器考（上）》，载《古代文化》第 34 卷第 8 号，京都，1982。［日］梶山胜：《贮贝器考（下）》，载《古代文化》第 34 卷第 10 号，京都，1982）中进行了说明，本稿中为了极力避免重复，主要就只展示其型式。请配合参照各份报告书以及前稿。

表 3　贮贝器一览表(石寨山墓葬、李家山墓葬)

No.	时期	墓号	遗物 No.	型式	盖	耳(把手)	足	纹样	立体像	贝	随葬位置
1	石 1 期	石寨山 M14(SM14)	SM14:2	桶形Ⅰ	子母口盖	小耳	3 足扇形	无	盖:1 牛	器内	后端
2	石 1 期	石寨山 M15(SM15)	SM15:6	桶形Ⅰ	子母口盖	小耳	3 足半圆形	盖:类似铜鼓鼓面纹样	无	器内	后端
			SM15:105	桶形Ⅰ	不明	不明	不明	器身:几何纹	不明	不明	
3	石 1 期	石寨山 M16(SM16)	SM16:2	桶形Ⅰ	(子母口盖)	(小耳)	无	器身:栉纹、云纹、锯齿纹、变形雷纹等 7 圈	无	器内	西部
4	石 1 期	石寨山 M17(SM17)	SM17:1	桶形Ⅱ	平置盖	虎形耳	3 足兽爪形	无	盖:8 牛	器内	后端
5	石 2 期	石寨山 M1(SM1)	SM1:2	桶形Ⅱ	平置盖	虎形耳	4 足	器身:〈线刻〉带状云纹、虎	盖:中央小铜鼓 +1 牛、周围 6 牛	器内	后端
			SM1:3	铜鼓形Ⅱb	平置盖	有	无	腰部:〈线刻〉孔雀纹	盖:纺织场景,腰、足部:4 孔雀	器内	
			SM1:4	铜鼓形Ⅱb	平置盖	有	无	腰部:〈线刻〉持兵器人物 8 人	杀人祭祀场景	器内	

续表

No.	时期	墓号	遗物 No.	型式	盖	耳（把手）	足	纹样	立体像	贝	随葬位置
6	石2期	石寨山 M3（SM3）	SM3:1	桶形Ⅱ	（平置盖）	虎形耳	3足	无	盖:5牛	器内	后端
7	石2期	石寨山 M10（SM10）	SM10:53	桶形Ⅱ	平置盖	虎形耳	3足兽爪形	无	盖:中央镀金骑士,周围4牛	器内	后端
8	石2期	石寨山 M11（SM11）	SM11:4	桶形Ⅱ	平置盖	虎形耳	3足兽爪形	无	盖:中央1柱〈上部分缺失〉,周围5牛	器内	后端
			SM11:7	（桶形Ⅰ）	（子母口盖）	小耳	3足	无	盖:〈残〉牛	器内	
9	石2期	石寨山 M12（SM12）	SM12:1	铜鼓形Ⅱd	下盖:子母口盖	不明	无	下盖:〈阴纹〉放牧场景,器身腰部:〈阴纹〉上仓场景	无	器内	西端
			SM12:2	铜鼓形Ⅱa	平置盖	有	无	盖:〈阴纹〉打鼓、舞踏场景,器身胸部:〈阴纹〉放牧场景,器身腰部:〈阴纹〉前往初耕仪式的行列	盖:无〈出土时俑上置〉	不明	
			SM12:26	桶形Ⅱ	平置盖	虎形耳	3足兽爪形	无	盖:杀人祭祀场景	器内	

续表

No.	时期	墓号	遗物 No.	型式	盖	耳（把手）	足	纹样	立体像	贝	随葬位置
10	石 2 期	石寨山 M13（SM13）	SM13:1	桶形Ⅱ	平置盖	虎形耳	5 足兽爪形	器身:〈线刻〉孔雀、鸡、马、牛	盖:中央小铜鼓 + 铜板 + 1 牛，周围 7 牛	器内	后端
			SM13:2	铜鼓形Ⅱc	缺损不明	有	无	器身:〈线刻〉锯齿纹、同心圆纹、蟠龙纹	下鼓口缘部:纳贡场景，上鼓足部:4 蟠蛇形，下鼓足部:4 牛	器内	后端北角
			SM13:5	桶形Ⅱ	平置盖	虎形耳	3 足方形	无	盖:7 牛	器内	后端
			SM13:6	桶形Ⅱ	（平置盖）	虎形耳	3 足	无	盖:7 牛	器内	
11	石 2 期	石寨山 M18（SM18）	SM18:3	桶形Ⅰ	（子母口盖）	小耳	3 足	无	盖:7 牛	器内	后端
12	石 2 期	石寨山 M19（SM19）	SM19:13	桶形Ⅱ	（平置盖）	虎形耳	3 足	无	盖:7 牛	器内	后端
13	石 2 期	石寨山 M22（SM22）	SM22:3	桶形Ⅱ	（平置盖）	虎形耳	3 足	无	盖:7 牛	器内	后端

续表

No.	时期	墓号	遗物 No.	型式	盖	耳（把手）	足	纹样	立体像	贝	随葬位置
14	石 2 期	石寨山 M71（SM71）	SM71:133	桶形Ⅲ	子母口盖	虎形耳	4 足兽爪形	盖侧面上部和器身下部:〈线刻〉连续螺旋纹	盖:动物斗争的场景	器内	头端
			SM71:142	铜鼓形Ⅱc	平置盖	有	无	器身:〈线刻〉鸟、动物、狩猎的场景等	盖:狩猎的场景,上鼓足部:4鹿,下鼓足部:4 牛	器内	
15	石 3 期	石寨山 M6（SM6）	SM6:1	铜鼓形Ⅰc	平置盖	有	无	器身:〈阴阳不明〉鸟人、船、牛、舞人、锯齿纹、同心圆纹	盖:战争场景	器内	西北角
			SM6:2	铜鼓形Ⅰa	无(鼓面)	有	无	器身:〈阴阳不明〉同 SM6:120	无〈出土时俑上置〉	器内	东南角
			SM6:5	桶形Ⅱ	(平置盖)	虎形耳	3 足	无	盖:5 牛	器内	西北角
			SM6:7	桶形Ⅰ	(子母口盖)	[小耳]	无	器身:〈阴阳不明〉纹样不明	无	器内	
			SM6:120	铜鼓形Ⅰa	无(鼓面)	有	无	器身:〈阴阳不明〉胸部:同心圆纹、船纹,腰部:牛、舞人	无〈出土时俑上置〉	器内	
16	石 3 期	石寨山 M7（SM7）	SM7:17	桶形Ⅱ	平置盖	虎形耳	3 足	无	盖:中央小铜鼓	不明	西端

续表

No.	时期	墓号	遗物 No.	型式	盖	耳（把手）	足	纹样	立体像	贝	随葬位置
17	石 3 期	石寨山 M20（SM20）	SM20:1	铜鼓形ⅠЬ	平置盖	有	无	器身:〈阳纹〉锯齿纹	盖:杀人祭祀场景	不明	后端
			SM20:4	桶形Ⅱ	平置盖	虎形耳	3 足扁平形	无	盖:5 牛	器内	
18	李 1 期	李家山 M17（LM17）	LM17:2	桶形Ⅰ	子母口盖	小耳	3 足扁平形	器身:〈阴纹〉双旋纹、锯齿纹、菱形纹	盖:中央小铜鼓 + 1 牛、周围 4 牛	在器内一带	东端
19	李 1 期	李家山 M18（LM18）	LM18:7	桶形Ⅰ	子母口盖	小耳	4 足扁平形	盖:〈阳纹〉衔蛇孔雀	盖:中央 1 牛	外部	不明
20	李 1 期	李家山 M21（LM21）	LM21:66	桶形Ⅰ	子母口盖	小耳	3 足扁平形	器身:〈阴纹〉双旋纹、锯齿纹、菱形纹	盖:中央 1 牛	器内	西南端
21	李 1 期	李家山 M22（LM22）	LM22:21	桶形	子母口盖	无	3 足人形	器身:〈阴刻纹〉衔蛇孔雀、鹿、持斧人物与牛等	盖:中央 1 牛、周围 1 虎 3 鹿	外部	不明
22	李 2 期	李家山 M47（LM47）	LM47:22	铜鼓形Ⅰd	足部内面别盖	有	无	无	无	器内	主棺头西端
			LM47:23	桶形Ⅰ	子母口盖	小耳	3 足门字形	无	盖:中央小铜鼓 +1 牛	器内	
23	李 2 期	李家山 M51（LM51）	LM51:263	桶形Ⅲ	子母口盖	虎形耳	3 足门字形	无	盖:驯马场景	器内	东北端

续表

No.	时期	墓号	遗物 No.	型式	盖	耳（把手）	足	纹样	立体像	贝	随葬位置
24	李 2 期	李家山 M57（LM57）	LM57:85	桶形	子母口盖	大耳	3 足门字形	无	盖:中央 1 牛	器内	椁室西北中央
25	李 2 期	李家山 M68（LM68）	LM68:287	铜鼓形 Ⅰ d	足部内面别盖	有	3 足长方形	旧鼓面有锯齿纹、飞鸟纹等，器身有锯齿纹、同心圆纹等	无	器内	东南
26	李 3 期	李家山 M69（LM69）	LM69:139	桶形 Ⅲ	子母口盖	虎形耳	3 足扁平形	盖:〈阳纹〉锯齿纹、同心圆纹等，器身:〈阳纹〉双旋纹、雷纹、锯齿纹、同心圆纹、连续回旋纹等	盖:纺织场景	器内	墓坑东南
			LM69:157	铜鼓形 Ⅱ b	平置盖	有	3 足扁平形	阴纹:船纹、鸟人纹、锯齿纹、同心圆纹等	盖:播种祭祀场景	器内	墓坑东南角
			LM69:163·164	铜鼓形 Ⅱ e	无	有	3 足扁平形	阴纹:船纹、舞人纹、锯齿纹、同心圆纹等	盖:中央 1 蹲蛙	器内	墓坑东北角
27	李 3 期	李家山 M85（LM85）	LM85:77	桶形	子母口盖	大耳	3 足门字形	无	盖:中央 1 牛	器内	椁室内西北部

平置盖在石寨山有 14 件，均为虎形耳。李家山无平置盖。

图1　桶形贮贝器与铜鼓形贮贝器

1：桶形贮贝器Ⅰ型（LM17：2）　　2：桶形贮贝器Ⅱ型（SM12：26）

3：桶形贮贝器Ⅲ型（LM69：139）　　4：铜鼓形贮贝器Ⅰa式（SM6：120）

5：铜鼓形贮贝器Ⅰb式（SM20：1）　　6：铜鼓形贮贝器Ⅰd式（LM68：287）

7：铜鼓形贮贝器Ⅰc式（SM6：1）　　8：铜鼓形贮贝器Ⅱa式（SM12：2）

9：铜鼓形贮贝器Ⅱb式（LM69：157）

（二）铜鼓形贮贝器

铜鼓形贮贝器与铜鼓不无关系。按石寨山第二次发掘报告，15件铜鼓中有9件器内贮存着贝。也有通过足部将两件铜鼓组合作为贮贝器代用品使用的情况①。

铜鼓形贮贝器的制作手法可以分为两种：一种是通过改造铜鼓，加铸上底和盖来制作铜鼓形贮贝器的技法；另一种是模仿铜鼓形状，将铜鼓形的器身以及底和盖等部件全都重新铸造，另铸上独特的纹样和立体像的制作手法。笔者以制作手法的差异作为铜鼓形贮贝器分类的指标，前者改造铜鼓的为铜鼓形贮贝器Ⅰ型，后者重新铸造的为铜鼓形贮贝器Ⅱ型。

能够判断为Ⅰ型的贮贝器在石寨山有4件（SM6·20），李家山有2件（LM47·68）。Ⅱ型在石寨山有7件（SM1·12·13·71·无编号铜器残片），李家山有2件（LM69），所有贮贝器均可移动盖子作为投贝口，尝试铸上了立体像，盖和胸部②、腰部装饰有新的纹样和立体像。

再从制作手法以外的其他视角看贮贝器的使用方法，Ⅰ型的改造部分与Ⅱ型的对应部分，其使用方法在相同场合下类似，关注这一共同点就能够在两种形式内再细分为a－e 5种。

a种将铜鼓形正置使用，足部内面设底，鼓面的一部分掏出孔作为投贝口。b种在足部内面设底，将去除的鼓面部分作为投贝口，并将另外铸造的盖平置使用。c种将2件铜鼓上下叠加，去除下方铜鼓的鼓面，在足部内面设器底，去除上方铜鼓的鼓面并安装另外铸造的盖子制成叠鼓形。d种将铜鼓形倒置使用，在足部内面设投贝口兼盖子。e种使用2件铜鼓形，将其中1件倒置，从足部进行组合使用。

以下按照共通的使用方法以a－e为核心，从Ⅰa式和Ⅱa式开始直到Ⅱe式这一顺序进行说明。

---

① 云南省博物馆考古发掘工作组：《云南晋宁石寨山古遗址及墓葬》，载《考古学报》，1956（1）。

② 笔者在前稿（［日］梶山胜：《贮贝器考（上）》，载《古代文化》第34卷第8号，京都，1982。［日］梶山胜：《贮贝器考（下）》，载《古代文化》第34卷第10号，京都，1982）中，将铜鼓各部分自鼓面往下称为头部、胸部、脚部这3部分。但这几部分目前尚无统一的称呼，不同文献有不同说法。本稿为避免混乱，谨按照中国古代铜鼓研究会编集的《中国古代铜鼓》（文物出版社，1988）中的称呼作为规范，将前稿中的头部、胸部、脚部这3部分的称呼改为胸部、腰部、足部，前稿中的称呼自此往后都统一改为这一称呼。

Ⅰa 式[①]有 SM6：120。SM6：2 虽然只存留有鼓面，但也判断是Ⅰa 式。SM12：2 是正置使用，具有独特的纹样，盖子中央有作为投贝口使用的孔，因而判断其为Ⅱa 型。

Ⅰb 式有 SM20：1。SM1：3·4 事先去除了鼓面部分，安装上另外制造可自由装卸的平置盖，因此判断其为Ⅱb 式。LM69：157 也预先去除鼓面部分安装另外铸造的盖子，足部内面设器底，装有扁平的 3 足。像这种铸有足部的贮贝器也属于Ⅱb 式的范畴之内。

Ⅰc 式有叠鼓形的 SM6：1。2 件Ⅱc 式中，SM13：2 原本为叠鼓形，但缺了上鼓部分。SM71：142 也为叠鼓形，事先去除了上鼓鼓面而安装另外铸造的盖子。都有线刻文。

石寨山没有倒置使用的Ⅰd 式，李家山有符合Ⅰd 式的 LM47：22 和 LM68：287。LM47：22 在内面腰下部安装了可能是用于投贝的开闭装置的盖子。LM68：287 的足下部内面设有开闭装置以及足和套匣状的盖子，在使用时作为器底的鼓面上安装有 3 足。

笔者将石寨山的 SM12：1 当做倒置使用的Ⅱd 式。下盖为扁圆形盖，中央有孔，边缘部分能够与铜鼓形的足部外面组合使用。盖中央的孔作为投贝口使用。此外，器身残存的腰部纹样上下颠倒，以此为据判断该器物是倒置使用的。李伟卿论文中的表格提到倒置使用的相关情况[②]，肖明华的书中也提出该器物是倒置的[③]。

石寨山的器物中，标示为Ⅱ型的铜鼓形中有腰部铸着骑马人物的无编号铜器残片[④]，在铜鼓形的足部下面（倒置状态的口缘上部）也存在被盖口的部分，由此推断它与 SM12：1 一样存在上面的盖子，本器物虽然是残片，但是也推断它原本应该是Ⅱd 式。

---

① Ⅰa 型的问题在于是否有投贝口。SM6：120（图 1－4）因为有投贝口所以归作Ⅰa 型。有没有盖也很重要。根据佟伟华《云南石寨山文化贮贝器研究》（《文物》，1999 年第 9 期），SM6：120 所属的 C 型有盖有底。此外，按张增祺的说明（张增祺：《晋宁石寨山》，54～55 页，云南美术出版社，1998）“有盖”可以理解为鼓面部分上有盖。

② 李伟卿：《贮贝器及其装饰艺术研究》，附表 1，载《云南民族学院学报》，1989（4）。

③ 肖明华：《滇池畔的青铜文明——滇王及其贵族墓》，图 55，天津，天津古籍出版社，2008。

④ 原报告器物资料名为铸刻骑队铜器残腔（无号），参见马德娴：《云南晋宁石寨山古墓群出土铜铁器补遗》，载《文物》，1964（12），43 页及图 4、图 9。

LM69：163·164 为两件新铸造的铜鼓形通过足部组合使用的Ⅱe 式。它的使用方法类似于作为代用品使用的 2 件铜鼓的组合型（LM24：42a·b、SM1：1）。

如以上所述，以铜鼓形贮贝器的制作手法为依据可分为 2 型式，再将基于使用方法细分后的各型式特征加以整理，现将石寨山与李家山符合资料的出土墓葬一并罗列展示：

Ⅰa 式：在改造铜鼓的足部内面设器底，鼓面上有投贝口的器物资料［SM6（图 1－4）］。

Ⅰb 式：在改造铜鼓的足部内面设器底，去除鼓面安装平置盖的器物资料［SM20（图 1－5）］。

Ⅰc 式：将 2 件铜鼓上下叠加成叠鼓形，去除下鼓鼓面，在足部内面设器底，去除上鼓鼓面安装平置盖的器物资料［SM6（图 1－7）］。

Ⅰd 式：改造铜鼓倒置使用的器物资料［LM47·68（图 1－6）］。

Ⅱa 式：新铸造铜鼓形贮贝器，盖上有投贝口的器物资料［SM12（图 1－8）］。

Ⅱb 式：新铸造铜鼓形贮贝器，安装平置盖的器物资料［SM1、LM69（图 1－9）］。

Ⅱc 式：新铸造铜鼓形贮贝器的叠鼓形器物资料（SM13·71）。

Ⅱd 式：新铸造铜鼓形贮贝器，倒置使用的器物资料（SM12·无编号铜器残片）。

Ⅱe 式：将 2 件新铸造铜鼓形贮贝器通过足部组合使用的器物资料［LM69（图 2）］。

本章划分后型式的总体情况与以往各种分类的对比信息在表 1 表示。表中的本稿（2013）项为尝试进行新的划分后的成果。表 1 以笔者的分类型式为中心，与以往各研究中相对应的分类情况进行对比表示。相符的器物若有特殊必要就在表中以括弧表示器物编号。由于研究者分类视角各异，因而表略显繁杂。

三、贮贝器的使用分期

前章中已划分的各类型贮贝器，它们的使用分期可以援用石寨山文化①的编年进行解决。石寨山文化（含滇文化）的编年研究，若使用碳十四测年等物理化学的成果，其编年结果与出土资料分析为主的编年结果有很大差别。

代表性的论文有王大道②和米歇尔·皮拉左里（Michele Pirazzoli）③ 的论文。王大道将滇的青铜文化分成4期，考虑碳十四年代而将Ⅰ期上限划定在比战国初期更早些的时期，Ⅳ期下限为东汉初期。另一方面，Michele Pirazzoli则着眼于石寨山和李家山、天子庙、石碑村4处墓葬出土的青铜器纹样，通过纹样分析对相似关系进行综合探讨，明确4处墓葬时间上的并行关系，明确滇文化的年代是在公元前250年至公元50年之间。该方法论与笔者的方法论④在以出土资料的分析为主进行相对年代的讨论这点上一致，因而笔者支持这种方法论。

在既往研究史中涉及贮贝器年代的问题尚无统一见解定论的原因在于石寨山文化的编年。杨勇在石寨山第五次发掘报告的书评⑤中，对石寨山文化的年代有重要的论述。根据方法论下的不同年代，判定墓葬时期的情况如下文所示。

在笔者之前讨论贮贝器的论文⑥中，将LM21和LM24划定为石寨山1—2期阶段的墓葬，按历史年代说相当于西汉时期。这一时期判定是笔者基于围绕随葬品的共存关系，将石寨山古墓群划分为4期的编年方法推定出的结果⑦。另一方

① 汪宁生：《试论石寨山文化》，见《中国考古学会第一次年会论文集》，北京，文物出版社，1980。

② 王大道：《滇池区域的青铜文化》，见《云南青铜器论丛》，北京，文物出版社，1981。

③ 米歇尔·皮拉左里（Michele Pirazzoli）：《滇文化的年代问题》，载《考古》，1990（1）。

④ ［日］梶山胜：《我对云南青铜文化的一点看法——作为对石寨山古墓群再次研究的浅索》，见《小林知生教授退职纪念考古学论文集》，名古屋，1978。

⑤ 杨勇：《石寨山考古的新成果和再认识——读〈晋宁石寨山——第五次发掘报告〉》，载《文物》，2011（8）。

⑥ ［日］梶山胜：《贮贝器考（下）》，载《古代文化》第34卷第10号，京都，1982，第36、39页注释10。

⑦ ［日］梶山胜：《我对云南青铜文化的一点看法——作为对石寨山古墓群再次研究的浅索》，载《小林知生教授退职纪念考古学论文集》，名古屋，1978，第148页图13。

面，王大道以碳十四测年为线索，认为 LM21 的年代是在春秋晚期①。但 LM21 有桶形贮贝器出土。按照所依据编年法的年代差异，会影响到贮贝器的年代和时间判断，这样在考虑型式变化的时候就会出现问题。

本稿中，笔者依照的编年方法是基于改订旧编年②后的石寨山与李家山的新编年方法③。这种编年方法与旧编年法相同，不依赖物理化学的方法而根据随葬品的共存关系划分复数组别，分析各组间的变化情况，设定出时间先后关系明确的石寨山相对编年基准。在各时期的年代范围内，讨论随葬品中包含的金印、铜镜④、汉式生活用具、文献记录以及其他地域墓葬的出土资料这些能够确认其制作、使用年代的器物资料；使用四铢半两、五铢钱等铸造上限年份明确的资料，尽可能地以各期上限作为暂定年代，并在表 2⑤ 表示。

李家山也使用同样的方法。援用第二次调查的成果，根据由墓葬间重复打破

① 王大道：《滇池区域的青铜文化》，见《云南青铜器论丛》，北京，文物出版社，1981。

② ［日］梶山胜：《我对云南青铜文化的一点看法——作为对石寨山古墓群再次研究的浅索》，载《小林知生教授退职纪念考古学论文集》，名古屋，1978。

③ 笔者将石寨山墓葬进行的分期区分成果（［日］梶山胜：《我对云南青铜文化的一点看法——作为对石寨山古墓群再次研究的浅索》，载《小林知生教授退职纪念考古学论文集》，名古屋，1978）作为当时在云南省内调查墓葬的标准使用。而后省内的众多战国—汉时代的墓葬调查，各地区的特色逐渐明晰。将这一分期区分的成果在做省内全墓葬的标准进行判断，主要是当时的调查墓葬数量较少，缺乏对地域差别和时期差异的考虑，从方法论上看是有错误的。蒋志龙在其著作中指出了笔者的这一错误（蒋志龙：《滇国探秘——石寨山文化的新发现》，199 页，昆明，云南教育出版社，2002）。在此撤回用石寨山墓葬的分期区分成果作为省内全墓葬的衡量标准使用这一判断。

但是笔者认为这种分期区分的想法、包含分析方法在石寨山墓葬即使现在也是基本有效的。本稿中，使用订正旧稿的错误并加入新资料后改订的石寨山墓葬的试行方法，使用李家山墓葬第 2 次发掘调查报告的成果，尝试再探讨全体情况，制成表 2。

④ 关于铜镜的年代看法，下述文章给了笔者众多指点。雷从云：《楚式镜的类型与分期》，载《江汉考古》，1982（2）。［日］冈村秀典：《战国至秦汉纹样的发展》，载《泉屋博古馆纪要》第 7 卷，京都，1991。［日］冈村秀典：《西汉铜镜的编年与样式》，载《史林》67 卷 5 号，京都，1984。雷从云的论文请参照梶山胜译：《楚式鏡の類型と時期区分》，载《古文化谈丛》第 9 集，北九州，1982。

⑤ 该表与前记的拙论（［日］梶山胜：《我对云南青铜文化的一点看法——作为对石寨山古墓群再次研究的浅索》，载《小林知生教授退职纪念考古学论文集》，名古屋，1978）不同，将石寨山 1 期的上限暂定为战国晚期。主要依据是：1975 年，四川省简阳县糖厂发现出土铜器窖藏，在铜罍中出土的铜戈，援的后部有类似于石寨山Ⅲ式铜戈上的人形纹。该处被认为是战国晚期的窖藏（高英民：《四川简阳出土的战国青铜器》，见《文物资料丛刊·3》，文物出版社，1980）。Ⅲ式铜戈在石寨山 1 期的 SM15 中出土了 4 件，由此能够推溯这座墓葬是战国晚期的墓葬。虽然将这个器物资料所处的 1 期上限暂定为战国晚期，但即使能够上溯，也有必要通过出土遗物进行探讨。

的先后关系，制成了不同于石寨山年代范围的4期编年草案。在显示该编年草案的表2中，按照笔者的方法论，将能够确认的贮贝器出土墓葬和时期按照墓葬单位进行记录，各期的年代范围与石寨山进行比较表示，但未将各期上限作为暂定年代。

四、型式内变化与型式系列

本章将以墓葬为单位，就贮贝器功能相关的要素与装饰物的变化情况进行综合考量，以墓葬的编年和贮贝器型式内的变化为线索，探讨贮贝器的型式系列。从纹样、立体装饰物的形式内变化来看，桶形贮贝器的型式系列可在时间序列中找到根据并加以论证。铜鼓形贮贝器中Ⅰa式—Ⅰd式是经过铜鼓改造而成，Ⅱa式—Ⅱe式则是新铸造的器物。Ⅰ、Ⅱ型的时间差异无法根据制作手法的差异明确解释，在现阶段还难以确定。不过两种型式能够依照形式内的纹样和立体像的表现手法排出时间序列。

下文将按照墓葬单位，通过桶形贮贝器和铜鼓形贮贝器的纹样、立体装饰物等内部因素来说明形式内部的变化情况，展现探讨两种贮贝器型式系列的过程。此外，表3将以各时期墓葬号数、贮贝器的遗物编号为基准，记录在这节中出现的贮贝器。就型式、功能相关的要素，以装饰物为中心，在笔者能够确定的范围内制作基础资料的集成。以下部分以笔者的考察为主，各个贮贝器的主要特征在表3显示，未显示但有必要的部分将在本文的叙述中补充完整。

（一）石寨山墓葬

1. 桶形贮贝器

桶形贮贝器在石寨山1—3期①墓葬中出土有22件（参照表3）。

耳（把手）形状从无耳、各种型式的小耳到带有装饰性的器身单独的虎形耳，足的形状从无足、扁平型向带有装饰性的兽爪形变化，可用于验证Ⅰ—Ⅲ型的时间差异。

1期墓出土的Ⅰ型器身和盖上纹样可分为有纹和无纹。1期Ⅰ型的盖上大多

① 本文下述的分期表示主要根据表2所提笔者的编年方法。

没有立体像，或仅有一头牛。到 2 期时牛的数量有所增加。这种变化与足部从无足（SM6・16）到有足（SM11・14・18）的变化一致。因为这种向复数变化的方向一致，在器身与盖上的纹样方面，Ⅱ型又无纹，由此推断纹样是从有向无变化的。

1 期墓出土的Ⅱ型（SM17）没有纹样，盖上用牛的立体像装饰。牛不再是Ⅰ型（SM14）盖上体形较大、角较长的黄牛，而变成体形较小、角长而弯曲、肩部有较大瘤的封牛[①]。张增祺认为封牛是随着西北地区游牧民南迁后开始在滇国被饲养[②]。霍巍、赵德云则认为封牛出现在滇池地区是该地与北方的西域各地有所来往的证据[③]。

笔者认为，SM17 共出有 1—2 期标准遗物的铜矛 7 式[④]、铜俑、铜牛头，在 1 期中也属于较晚阶段的墓葬。铜矛 7 式除此墓葬外全都出土于 2 期墓葬，与这种铜矛共出的桶形贮贝器Ⅱ式在 2 期时迎来盛期。封牛的立体像、铜俑、铜牛头除了该墓葬外也都出土于 2—3 期墓葬，说明 SM17 即使在 1 期中也算晚期的墓葬。笔者认为 SM17 出土的Ⅱ式是比Ⅰ式更晚出的型式，这也能够说明它是在 1 期晚期建成的。

大多数Ⅱ式出土于 2 期墓葬，器身和盖在铸造时都无纹样，在器身铸造后刻上线刻纹样的器物只有 2 件（SM1・13）。

Ⅰ式的黄牛被Ⅱ式的封牛代替，出现了小铜鼓、骑士、柱和牛的组合式立体像。此外，SM12：26（图 1－2）的杀人祭祀场景也是桶形贮贝器中唯一的情况。笔者认为该场景表现的是与农耕结合的大地祭祀，支持了黄展岳所论献俘祭社仪式[⑤]的看法。

Ⅲ式在石寨山中仅出土 1 例 2 期的 SM71。盖侧面上部和器身下部有连续螺旋纹。这种线刻纹样在 2 期后的铜鼓形贮贝器上多有使用。

---

① 汪宁生：《“滇”人的经济生活和社会生活——晋宁石寨山文物研究之一》，见《云南青铜器论丛》，北京，文物出版社，1981。

② 张增祺：《滇国与滇文化》，63 页，昆明，云南美术出版社，1997。

③ 霍巍、赵德云：《战国秦汉时期中国西南的对外文化交流》，76 页，成都，巴蜀书社，2007。

④ 型式名称根据云南省博物馆《云南晋宁石寨山古墓群发掘调查报告》，北京，文物出版社，1959。

⑤ 黄展岳：《中国古代的人牲人殉》，北京，文物出版社，1990。后翻译：［日］宇津木章监译，佐藤三千夫译：《中国古代的殉送習俗——“人間犠牲”（人牲・人殉）の研究》，东京，第一书房，2000。

2. 铜鼓形贮贝器

铜鼓形贮贝器在2、3期墓葬中出土有10件（参照表3）。

Ⅰ式全都出土于3期墓葬。所有贮贝器都带有改造前的铜鼓的纹样。盖上有（Ⅰa式）或无（Ⅰb式·Ⅰc式）立体像。SM6：2只剩残片因而详细情况不明，根据报告书的说明将其归为Ⅰa式。Ⅰc式为叠鼓形，两鼓器身的纹样相同。

Ⅱ式6件全都出土于2期墓，有两种区别较大的纹样。一种是铸造时以阴纹铸造出绘画纹样的Ⅱa式（SM12）和Ⅱd式（SM12）；另一种为铸造时无纹，之后再用线刻在腰部绘制纹样的Ⅱb式（SM1）和在器身绘制纹样的Ⅱc式（SM13·71）。

Ⅱa式为正置使用，盖中央有直径4.8厘米的圆孔。腰部用阴纹铸有松本信广推测的“初耕仪式的巫祝，同时又是手握权力之人排整行列前往目的地”① 的场景。Ⅱd式为倒置使用，有两重盖子，上盖由铜锣改造，下盖表现了放牧的场景。腰部配有将谷物搬运至仓库的众多人物形象，如冯汉骥②与松本信广③所指，表现了上仓的场景。这腰部纹样是将铜鼓形的足部朝上，在上下颠倒的状态下铸造的。Ⅱb式中SM1：3在铸造时无纹，之后在腰部用线刻描绘了4只孔雀纹。SM1：4的盖子上以41个人物像展现了杀人祭祀的场景。Ⅱc式上鼓部分有缺损。现存有配置于上鼓足部四面的蟠蛇行3组。SM71的器身与上下两鼓在铸造时都无纹样，后续用线刻描绘上狩猎的场景。盖上的立体像用3人表现狩猎场景。

笔者认为在铜鼓形贮贝器的纹样与立体像的表现手法中可以看出一定的规律。

Ⅰ型的表现手法，可以分为保持铜鼓纹样的Ⅰa式、带有立体像群盖子的Ⅰb式（SM20）和Ⅰc式（SM6）。同样的，Ⅱ式的表现手法也可以分为用阴纹铸出绘画纹样的Ⅱa式（SM12：2）和Ⅱd式（SM12：1）、铸造后再描上线刻绘画纹样并与盖立体像群组合的Ⅱb式（SM1）和Ⅱc式（SM71）。通过二维的绘画手法进行场景描绘，加上三维群像的立体像进行绘画表现后，向用贮贝器全体表

---

① ［日］松本信广：《古代中南半岛稻作民族宗教思想的研究——通过古铜鼓纹样所见》，见《中南半岛研究——东南亚稻作民族文化综合调查报告（一）》，135页，东京，有邻堂出版，1965。笔者同意松本信广的观点。

② 冯汉骥：《云南晋宁石寨山出土铜器研究——若干主要人物活动图像试释》，载《考古》，1963（6）。

③ ［日］松本信广：《古代中南半岛稻作民族宗教思想的研究——通过古铜鼓纹样所见》，见《中南半岛研究——东南亚稻作民族文化综合调查报告（一）》，135页，东京，有邻堂出版，1965。

现场景描绘的方式转变。

Ⅰ、Ⅱ型的纹样与立体像的表现手法能够排列出时间序列。但关于制作手法不同的两种形式的时间差异，在型式学上却没有明确的判断依据，在现阶段还难以确定。不过与新铸造的Ⅱ型在2期阶段开始被制作并随葬相对，改造时期不明的Ⅰ型全都出土于3期，说明在此阶段有可能铜鼓被改造为了Ⅰ型贮贝器。其他视角的探讨也有必要，就留待作为今后的课题。

（二）李家山墓葬

1. 桶形贮贝器

桶形贮贝器在1—3期的墓葬中共出土9件（参照表3）。

Ⅰ型在1期墓出土3件，2期墓出土1件。LM17：2（图1－1）、LM21：66出土于1期墓，器身上均用阴纹铸有几何纹样①。2期墓出土的LM47：23没有纹样。

Ⅲ型在2、3期墓葬中各有1件出土。3期墓出土的LM69：139（图1－3）在器身和盖的两边都有纹样，用10个人物构成的盖上立体像群展现了纺织的场景。

除上述型式以外，同型式的器物中还有3件无法充分判别。不好划分型式的桶形贮贝器如下所示：两件大耳、子母口盖的桶形贮贝器（LM57·85）器身上都没有纹样，盖上中央配有1头巨大的牛。在第Ⅱ章提到有人形足的LM22：21没有和它类似的情况，从功能构成要素、纹样、盖上的装饰物和墓葬的共存器物资料综合判断，它应该是1期后半段的器物。

构成桶形贮贝器的各要素也同石寨山一样尝试进行推断。Ⅰ型的小耳向大耳、虎形耳变化。Ⅲ型中LM69：139在盖和器身的上下相对位置配有一对虎形耳。足形为扁平形、门形、人形等。在石寨山，与虎形耳组合的多为兽爪形足，但在李家山墓葬中并不存在。足数为3—4足也可见其试作的痕迹。器身与盖的组合方法全都采用了桶形贮贝器最后3期的子母口盖组合方法。

纹样上，1期的贮贝器器身和盖都有纹样，2期的大耳和虎形耳贮贝器有无纹的倾向。3期Ⅲ型的LM69：139在器身和盖的两边都有纹样，盖上同时还配有立体像。

---

① 云南省博物馆：《云南江川李家山古墓群发掘简报》，载《文物》，1972（8），132页。

盖上的立体像方面，自Ⅰ型公认有单独的牛、小铜鼓上的牛、复数的牛等各种形式。以盖上的牛和无纹的器身为线索，可以推断有大耳的器物（LM57・8）是在比Ⅰ型（LM47）稍晚一些时期被制成的。Ⅲ型（LM51・69）通过盖上所有的装饰物来表现特定的场景。这类盖上装饰物的变化，与器身从小耳到大耳、虎形耳的变化相对应，从Ⅰ型向拥有大耳的贮贝器和Ⅲ型两个方向分化。

2. 铜鼓形贮贝器

铜鼓形贮贝器在2期墓出土2件，3期墓出土2件，共计4件（参照表3）。

Ⅰd式（LM47・68）内面设有盖子。在其他墓葬中无类似情况，富有独创性。

Ⅱb式是新铸造的铜鼓形贮贝器，纹样均为阴纹，器身部分纹样以几何纹带为主，与铜鼓的纹样构成类似。盖上表现有播种祭祀的场景（图1－9）。与石寨山Ⅱb式的不同点在于，足部器底下带有3足。

Ⅱe式（LM69）的鼓面纹样为阴纹。上鼓（LM69：163）胸部和腰部的纹样构成类似于上述的Ⅱb式。下鼓（LM69：164）的纹样构成与上鼓有许多相似点，但因倒置使用也有不同之处。下鼓对应在上鼓胸下部鸟人划船场景的位置上颠倒表现了水鸟形象，腰部的鸟人也被颠倒表现（图2）。从上鼓鼓面中央的蛙形立体像，器底（鼓面）配有3足判断，在制作时考虑到使用形态而在下鼓的胸部和腰部的一部分铸出了颠倒的纹样。

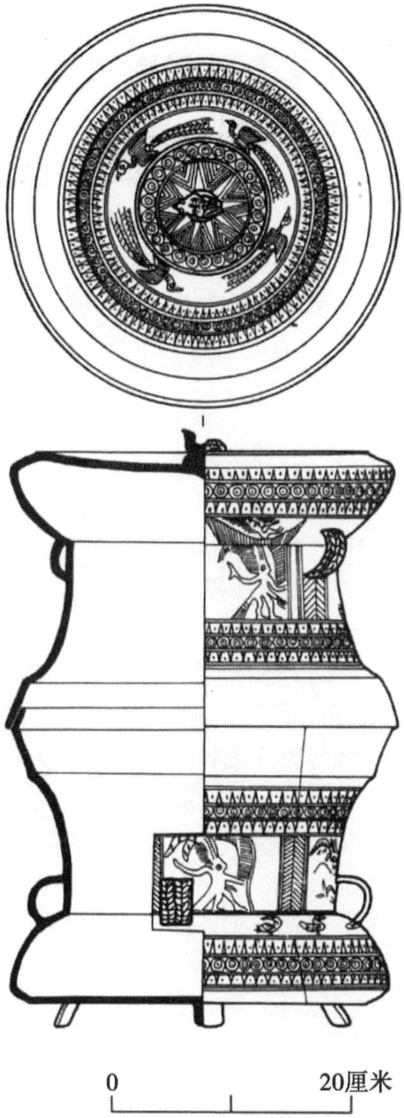

图2　铜鼓形贮贝器Ⅱe式（LM69：163·164）

五、外部因素引起贮贝器的变化

（一）贮贝器的共出资料

贮贝器的型式和装饰物的变化，除了内部因素外，共存资料的诸要素等外部要素也有一定的影响。在此按各墓葬的时间差别来说明作为贮贝器代用品使用的共存资料情况。

1. 石寨山墓葬

9 基墓中一共出土铜鼓 17 件。第二次调查报告的记录中，属于石寨山 1 期与 2 期的 15 件铜鼓中有 9 件倒置①，器内贮藏有贝。就是说，铜鼓在石寨山 1 期阶段不作为原先的乐器使用，而是作为贮贝器的代用品，作为一件容器使用。2 期 SM1 中出土的 2 件铜鼓（SM1：32A、SM1：58）② 通过足部组合，在器内贮贝。

除铜鼓以外，还有笔者在前稿③中提到的特殊形贮贝器（本稿中视作贮贝器代用品）2 件（SM18：2、SM13：356）。前者（SM18：2）在圆锥顶盖的顶端有孔，周围配有 7 头牛。盖为子母口盖，器身腹部呈圆柱形，以腹下部的棱边为界向方形的底部收束，底有 4 足。在后文提到的李家山中有 3 件几乎同形式的器物，器内收纳有针、线团、线等，作为针线盒使用。从这些收纳物可推断出它原先是被制作成针线盒，后来转用成为贮贝器的代用品。后者（SM13：356）器身呈洗形，无纹样，下部有 3 足。器身也并非原本的器物而是代用品。盖上配有 13 人物等表现战争的场景。

这些器物是否是代用品，只能依据器内是否有贝出土来判断。若贮藏有贝就

---

① 云南省博物馆：《云南晋宁石寨山古墓群发掘调查报告》，79 页，北京，文物出版社，1959。

② SM1 出土的 2 件铜鼓，笔者依照李昆声、黄德荣的铜鼓研究书籍（李昆声、黄德荣：《中国与东南亚的古代铜鼓》，80 ~ 81 页，昆明，云南美术出版社，2009）的标记，上鼓标记为 SM1：32A，下鼓标记为 SM58。

③ ［日］梶山胜：《贮贝器考（上）》，载《古代文化》第 34 卷第 8 号，京都，1982。［日］梶山胜：《贮贝器考（下）》，载《古代文化》第 34 卷第 10 号，京都，1982。

能认定它是贮贝器的代用品，但改造后或新铸造的用于贮贝的容器就不是代用品[①]。本稿中规定贮贝器的概念是“以贮贝为目的改造的或新铸造的器物”。前稿中提到的特殊形贮贝器都被当做贮贝器的代用品处理，这将在以后进行讨论。

2. 李家山墓葬

9 基墓中一共出土铜鼓 14 件。其中 LM24 出土的 2 件铜鼓（LM24：42b、LM24：42a）与 SM1 出土的 2 件铜鼓一样，前者正置，后者倒置，通过足部将两鼓组合作为贮贝的容器并在器内贮贝。除了这 2 件外，1 期墓出土的 6 件铜鼓虽然鼓面有孔，但因为没有与贝相关的记录，无法明确判断是否是贮贝器代用品。2—3 期墓出土的 6 件铜鼓中，LM50：89 鼓面是否有孔不明，其他 5 件[②]无孔。没有提到贝，是否被作为贮贝器代用品使用也不明晰。

1 期墓葬中出土有 3 个针线盒（LM18・23・24）[③]。均为子母口盖，盖与器身上下有一对小耳，器身腹部呈圆柱形，腹下部以棱边为界，向方形的底部收束，底有 4 足。LM18：4 盒内有 3 根竹针、1 卷线团；LM23：6 内残留有线。这些针线盒与前文提到石寨山的 SM18：2 形式几乎相同，根据石寨山的器物为贮贝器代用品使用来推断该器物应该也是相同用途。

2—3 期的墓葬中出土了 2 件既不属于铜鼓也不属于贮贝器的铜鼓形器物。

呈铜鼓形的 LM51：262（图 3）鼓面中央有光芒纹，但没有飞鸟纹等铜鼓都有的纹样，外围 3 处配有骑马人物和 1 处牛的立体像。这些立体像是用马蹄、牛足下的榫头嵌入鼓面的卯眼内进行固定。这些立体像的存在使得鼓面难以敲击，同时对音色也有影响，要是作为打击乐器的铜鼓使用会很困难。如果作为贮贝器使用的话，因为鼓面上有立体像所以不好倒置使用；但正置使用的话，不去除鼓面又没有投贝口。足部内面也没有器底，作为贮贝器使用也很困难。

① 并非青铜制品，从 4 期的 SM23 开始就发现了木质贮贝器的痕迹（参见李伟卿：《贮贝器及其装饰艺术研究》，载《云南民族学院学报》，1989（4）。云南省博物馆：《云南晋宁石寨山古墓群发掘调查报告》，北京，文物出版社，1959）。

② 有 LM47：21、LM57：84、LM68：285、LM69：171、LM9：192 这 5 件。

③ 张增祺、王大道：《云南江川李家山古墓群发掘报告》，载《考古学报》，1975（2），127 页。

图 3　铜鼓形祭器（LM51：262）

呈铜鼓形的 LM69：162 和上述 LM51：262 一样，鼓面中央有无光芒的太阳纹，外围有一圈凹形沟，外周部 4 处配有乐舞人物立体像。人物的安装也是用足下的榫头插入卯眼内进行固定。与 LM51：262 的原因相同，无论它作为铜鼓还是贮贝器都很难使用。

李家山第二次调查报告认为这两件器物为铜鼓[①]，而李昆声、黄德荣判断是祭器[②]。笔者同意李、黄的观点。如上所述，它在铜鼓形的鼓面上添加了铜鼓形贮贝器盖上的立体像。并不具备铜鼓和贮贝器的功能，而是用于表现墓主生前所掌管事迹相关的立体像的铜鼓形祭器。这类祭器在石寨山墓葬中无法确认，应该是李家山墓葬独创的祭器。

（二）外部因素引起的变化

若说型式变化的内部因素是改良已有要素的话，那么外部因素引起的贮贝器变化，就是导入其他形式的贮贝器和共存资料等具有的不同要素产生的变化。通过探讨各个贮贝器的变化后能够确认给贮贝器的功能、纹样、立体像等带来变化的具体案例。在此，按各个墓葬分项记录受到影响的贮贝器和带来影响的器物，并说明各项的具体内容。

1. 石寨山墓葬

一般认为桶形贮贝器自1期，铜鼓形贮贝器自2期开始变化，值得关注的有以下3项：

（1）导入铜鼓的几何纹样

桶形贮贝器Ⅰ型（SM15：6）盖上的纹样如李伟卿所指[③]，铜鼓鼓面装饰有星形光芒、飞鸟纹带、锯齿纹带等公认的几何纹样。这些是模仿铜鼓的纹样引入的要素。

（2）导入线刻纹样的表现手法

桶形贮贝器Ⅱ型2件（SM1：2、SM13：1）、铜鼓形贮贝器Ⅱ型3件（SM1：3、SM1：4、SM71：142）器身上都绘制有线刻纹样的表现手法，同时期的青铜制品也多有使用。例如铜锄（SM12：104）、铜斧（SM71：198①）、铜剑（SM13：233）、铜戈（SM71：150）、刻纹铜片（SM13：67）等均有线刻纹。此外，SM13出土的铜鼓片（SM13：3）胸部上的船纹部分，也用线刻追刻了表演舞踏和奏乐的人物、鸟和鱼等纹样。贮贝器的纹样表现在此时期也广泛引入并使

---

① 云南省文物考古研究所、玉溪市文物管理所、江川县文化局编著：《江川李家山——第二次发掘报告》，117~118页，北京，文物出版社，2007。

② 李昆声、黄德荣：《中国与东南亚的古代铜鼓》，174~176页，昆明，云南美术出版社，2009。

③ 李伟卿：《铜鼓的几何纹样》，见李伟卿：《铜鼓及其纹饰》，昆明，云南科技出版社，2000。

用了线刻的表现手法。

(3) 铜鼓形贮贝器导入了桶形贮贝器立体像的表现手法

桶形贮贝器Ⅱ型［SM12：26（图1－2）］是在同型式中唯一一例用整个盖上的立体像表现出特定的场景。铜鼓形贮贝器的盖上的表现手法在此影响下形成，完成了用同样的手法进行多种多样的场景表现这一变化。

2. 李家山墓葬

一般认为桶形贮贝器自1期开始变化，铜鼓形贮贝器则始于3期。值得关注的有以下4项：

(1) 导入铜鼓的几何纹样

2件桶形贮贝器Ⅰ型［LM17：2（图1－1）、LM21：66］的器身纹样公认使用了铜鼓的几何纹。此外，Ⅲ型［LM69：139（图1－3）］器身和盖上也有几何纹。与石寨山的桶形贮贝器相同，都是模仿导入了铜鼓的几何纹样。

(2) 导入石寨山的铜鼓形贮贝器立体像的表现手法

2期墓出土的桶形贮贝器Ⅲ型（LM51：263）盖上的装饰物用10个人、7匹马等构成的整个立体像表现了驯马的场景。3期的Ⅲ型（LM69：139）盖上也用整套立体像展现了纺织的场景。铜鼓形贮贝器Ⅱb式（LM69：157）盖上的装饰物中，中央放有圆柱，周围有人物35人、马2匹等，这些立体像表现了巡游播种祭祀的场景。像这样通过立体像来进行情景表现的手法，全都是在石寨山3期并行往后的时期里受到石寨山贮贝器的影响后出现的。

(3) 将铜鼓和桶形贮贝器的功能导入铜鼓形贮贝器Ⅱe式

铜鼓形贮贝器Ⅱe式［LM69：163·164（图2）］，是在模仿改造了作为贮贝器代用品而通过足部将两件铜鼓（LM24：42a·b）组合使用的型式之后，作为新型的铜鼓形贮贝器铸造而成。上鼓鼓面中央铸有蛙形立体像，这点与器身纹样受到铜鼓纹样的影响相同，也受到了铜鼓鼓面上放置的蛙形立体像的影响。并且，作为该器物的改良之处，下鼓足部与上鼓被制成套匣状，下部铜鼓形的器底（鼓面）安有3足。3足一般认为是铜鼓形贮贝器Ⅰd式（LM68：287）、Ⅱb式（LM69：157）。在李家山倒置使用的3足铜鼓形的类似情况也较多，应该是采用了桶形贮贝器的器足并安装在器底（鼓面）上。

(4) 以独特要素构成的桶形贮贝器

桶形贮贝器（LM22：21）器身的纹样和立体像、用三足支撑器底的人物像的表现等都十分特殊，是同时期的器物中唯一的实例。关于盖上的立体像，在针线盒盖上用立体像装饰的表现手法也只能找出少数的类似情况。

六、贮贝器变化的普遍性与独特性

在石寨山、李家山这同一文化领域内地理上又有所分离的两处墓葬内，通过前一章节确认过的贮贝器型式与型式变化的具体案例，从两处墓葬的共通变化与独特变化两个视角出发，展现了贮贝器构成要素中超出墓葬框架的普遍性与每处墓葬的独特性，阐明了贮贝器的地域特色。

（一）型式与型式内部变化的具体例子

本节按照以下顺序分项予以说明：两处墓葬共通的型式和装饰物的变化；石寨山独特的型式和装饰物的变化；李家山独特的型式和装饰物的变化，这一顺序分项进行具体内容的说明。

1. 两处墓葬共通的型式和装饰物的变化：

（1）铜鼓形贮贝器Ⅱb 式的铸造。（2）桶形贮贝器上导入了铜鼓的纹样。（3）将桶形贮贝器立体像的表现手法导入铜鼓形贮贝器。

2. 石寨山墓葬独特的型式和装饰物的变化

（1）构想出桶形贮贝器Ⅱ式。（2）构想并改造铜鼓形贮贝器Ⅰa 式、Ⅰb 式、Ⅰc 式。（3）构想并铸造出铜鼓形贮贝器Ⅱa 式、Ⅱb 式、Ⅱc 式、Ⅱd 式。（4）导入贮贝器同时期的青铜制品上线刻纹样的表现手法。

3. 李家山墓葬独特的型式和装饰物的变化

（1）构想出铜鼓形贮贝器Ⅰd 式，构想并铸造Ⅱe 式。（2）将铜鼓与桶形贮贝器的功能导入铜鼓形贮贝器Ⅱe 式。（3）用独特要素铸造出桶形贮贝器（LM22：21）。

上述两处墓葬共通的型式与装饰物的变化，显示了超出墓葬（地域）范围却同样的变化方向，意即变化的普遍性。通过与共存资料组合中讨论两处墓葬共通的、普遍性的变化，能够作为墓葬间的时间差与地域差的比较基准。另一方面，各处墓葬独特性的变化则能够表现其地域特色。

（二）贮贝器的地域特色

分形式整合前一节所示墓葬独特变化的结果，能够得出两处墓葬贮贝器带有的地域特色。

桶形贮贝器的盖，在石寨山Ⅱ式阶段时采用平置盖，而在李家山最初的子母口盖一直被持续使用到最后①。李家山未制造Ⅱ型。在现阶段无法明确得知不制造Ⅱ型的理由，但在李家山墓葬中，器身与盖的组合技法始终使用子母口盖，与石寨山墓葬的这一差异可以说是同一文化领域内的地域特色。

再看铜鼓形贮贝器，石寨山改造后的Ⅰ型全都正置使用。与此相对，李家山全都倒置使用。另外，叠鼓形的贮贝器不论是改造（Ⅰc 式）还是新铸造（Ⅱc 式），在石寨山上下两鼓都正置使用。李家山则有通过两处足部将新铸造的铜鼓形组合使用的Ⅱe 式（LM69：163 · 164）。

装饰物方面，石寨山在贮贝器上引入线刻纹样的表现手法便是其地域特色。李家山在新铸造的铜鼓形贮贝器Ⅱe 式上引入蛙型立体像和铜鼓纹样、安装三足，这点也可称为地域特色。在李家山，贮贝器多用的足部中不使用兽爪形也是其地域特色，反映了各地域工坊的差异或者说是偏好的差异。不仅限于贮贝器，独创了既非铜鼓也非贮贝器的铜鼓形祭器这点也是李家山的地域特色。

结　语

本文就桶形贮贝器与铜鼓形贮贝器进行了型式划分，前者划分为 3 型式；后者划分为 2 型式，其中又细分为 5 种。并且展示了两处墓葬的编年方式，明晰了贮贝器的使用分期。

桶形贮贝器中，根据墓葬的编年和贮贝器型式内部的变化可以推断出Ⅰ型早于Ⅱ、Ⅲ型的结论。铜鼓形贮贝器中可通过两类型式内部纹样与立体像的表现手法排出时间序列。但是，制作手法相异的铜鼓形贮贝器Ⅰ与Ⅱ型之间的时间差异，由于没有型式学上明确的根据，因此在现阶段还难以确定。有必要从其他角

① 子母口盖的耳在Ⅲ式阶段时采用了虎形耳。这一采用有可能受到包含分期较早的石寨山墓葬在内的地域影响。

度进行讨论，就留待作为今后的课题。在贮贝器装饰物型式内部的变化之外，还需要探讨共存资料等外部因素引起的贮贝器变化。以两处墓葬中贮贝器型式、装饰物等共通的变化为基础，再讨论普遍性和墓葬的独特性，表明贮贝器的地域特色。

笔者认为促进贮贝器型式变化的另一个重要因素是，权力者的财富和权力、权威等彰显象征意义的事物。关于权力者与象征化的贮贝器之间的关系将在另外的文稿中讨论。

参考文献

[1] 玉溪地区行政公署. 云南李家山青铜器. 昆明：云南人民出版社，1995.

[2] 李昆声. 云南艺术史. 昆明：云南教育出版社，1995.

[3] 云南省文物考古研究所. 云南考古文集——庆祝云南省文物考古研究所成立十周年. 昆明：云南民族出版社，1998.

[4] 李昆声. 云南考古学论集. 昆明：云南人民出版社，1998.

[5] 中国国家博物馆，云南省文化厅. 云南文明之光——滇王国文物精品集. 北京：中国社会科学出版社，2003.

[6] 香港历史博物馆. "猎鹿与剽牛——云南古滇国文物展". 香港，2004.

[7] 霍巍. 西南天地间——中国西南的考古、民族与文化. 香港：香港城市大学出版社，2006.

[8] 霍巍，赵德云. 战国秦汉时期中国西南的对外文化交流. 成都：巴蜀书社，2007.

[9] 云南省博物馆. 滇国寻踪——青铜铸成的史诗. 昆明：云南民族出版社，2008.

[10] 姚钟华. 古滇青铜器画像拓片集. 昆明：云南美术出版社，2008.

引用图出典目录

图1－1引自中国国家博物馆、云南省文化厅《云南文明之光——滇王国文物精品集》（中国社会科学出版社，2003）；图1－2引自云南省博物馆《云南晋宁石寨山古墓群发掘调查报告》（文物出版社，1959）；图1－3引自云南省文物考古研究所、玉溪市文物管理所、江川县文化局《江川李家山——第二次发掘报告》（文物出版社，2007）；图1－4引自中国古代铜鼓研究会：《中国古代铜鼓》（文物出版社，1988）；图1－5引自云南省博物馆《云南晋宁石寨山古墓群发掘调查报告》（文物出版社，1959）；图1－6引自云南省文物考古研究所、玉溪市文物管理所、江川县文化局《江川李家山——第二次发掘报告》（文物出版社，2007）；图1－7引自中国国家博物馆、云南省文化厅《云南文明之光——滇王国文物精品集》（中国社会科学出

版社，2003）；图1－8引自张增祺《晋宁石寨山》（云南美术出版社，1998）；图1－9引自云南省文物考古研究所、玉溪市文物管理所、江川县文化局《江川李家山——第二次发掘报告》（文物出版社，2007）。

图2引自云南省文物考古研究所、玉溪市文物管理所、江川县文化局《江川李家山——第二次发掘报告》（文物出版社，2007）。

图3引自云南省文物考古研究所、玉溪市文物管理所、江川县文化局《江川李家山——第二次发掘报告》（文物出版社，2007）。

作者简介：梶山胜，日本名古屋市博物馆调查研究员；刘西诺，南京审计大学博物馆（审计文化与教育研究院）讲师；魏煜民，台湾政治大学历史系硕士生；李昆声，云南大学民族考古研究中心主任、教授、博士生导师；黄德荣，云南省博物馆研究员。

明代云南洱海卫城城市形态分析

——兼论其军事结构下的城乡关系

曹洪刚

洱海卫与云南县同城，这是卫所和州县治所城市之间关系类型的一种表现。[①] 洱海卫城在明朝西南边疆的城市中，是非常重要的一座城市，占有重要的地理位置，在管控西南边疆方面具有重要的意义，同时也是兵站的枢纽处。在今天所能看到的关于洱海卫城描写的文献中，其中有一条是值得我们重视的，就是洱海卫城具有完备的水道体系，在今天我们的城市中不断发生洪灾，是值得借鉴的。由于明代卫所军户在卫城内及周边进行屯驻，形成了一种具有军事结构的城乡关系，这在以往的研究中常常被忽视。这种军事结构的城乡关系，不仅对城市的发展提供必要的供给，也对城市周边进行开发，本文将以洱海卫城为例进行说明。

一、明初对洱海卫城的修筑

明朝初期，明中央王朝对云南的军事重镇进行筑城，洱海卫城的修筑就是其重点之一。在《明太祖洪武实录》的记载中，我们可以清晰地看见明王朝对云南品甸（今祥云县）的筑城，即后来的洱海卫城。在洪武十五年（1382 年）对云南基本掌控后，明王朝在西南边疆进行了大规模的军事筑城，品甸所在的地方

---

① 从明代云南卫所城市与行政区划城市的关系看，明代云南卫所城市有四个类型，即云南会城与六卫同城，卫所与府治所同城、卫所与州县治所同城，重要军事战略位置进行单独卫所筑城。

是滇西重要的军事重镇，也是一个重要的交通要道，是控制滇西北和滇西南的咽喉要地。洪武十五年（1382 年）闰二月征南左副将军永昌侯蓝玉和右副将军西平侯沐英成功拿下大理，就是因为占据了品甸这一要地。“征南左副将军永昌侯蓝玉、右副将军西平侯沐英进兵攻大理克之。大理城倚点苍山，西临洱河，为固土酋叚世。闻王师且至聚众扼下关以守，下关者南诏皮罗阁所筑龙尾关是也，号为险要。玉等至品甸，遣定远侯王弼以兵由洱水东趋上关，为犄角势。自率众抵下关，造攻具。遣都督胡海洋，夜四鼓由石门间道渡河绕出点苍山后，攀木援崖而上。立我旗帜。昧爽我军抵下关者望之，踊跃讙噪酋众警乱。英身先士卒，策马渡河，水没马腹，将士随之，莫敢后，遂斩关而入，山上军望见亦下攻之，酋兵腹背受敌，遂溃拔其城，叚世就擒。乃分兵取鹤庆、略丽江、破石门关、下金齿，由是车里平缅等处相率来降诸夷悉平。”① 永昌侯蓝玉等将士驻扎在品甸，制定进攻大理的策略，分兵进攻，拿下大理。大理被攻克后，鹤庆、丽江、石门关、金齿和车里平缅等处都相继攻克。在攻打大理的这次战役中，品甸作为蓝玉、沐英进攻大理的基地。品甸是一个至关重要的战略进攻点，为后面顺利夺取滇西打下了基础。随着明王朝在云南建立统治，开始全面建设，筑城立池，保护进入云南的军事移民及其家属，守疆拓土。品甸洱海卫城也在这时修缮城池，洪武十六年（1383 年）五月丁卯，“命六安侯王志、安庆侯仇成、凤翔侯张龙，督兵往云南品甸缮城池、立屯堡、置邮传、安辑其民人”②。在修缮城池的同时，也进行屯堡，设置驿站，对进入的移民进行安置。其实在攻克云南后，设卫立所的军事重镇都进行了筑城和城池的修缮。洪武初期攻下云南，在云南众多的城市中，《明太祖洪武实录》中就只有对云南品甸城进行记载，这说明了，中央王朝对品甸城修筑的重视。

为了防备麓川平缅宣慰使思伦发的侵袭，对滇西重要城市进行修筑城池，洱海卫城就是修筑的一个重要的军事城市。品甸作为滇西战略要地，明中央王朝对其非常重视，洱海卫在洪武十九年（1386 年）才正式建立，但官军在洪武十七年（1384 年）春征南军班师以前已驻留下来，至少有 5 个千户所的兵力。③ 洱海卫正式建立的时候，再一次对洱海卫城进行修缮。

---

① 《明太祖洪武实录》卷一四三，洪武十五年（1382 年）闰二月癸卯。

② 《明太祖洪武实录》卷一五四，洪武十六年（1383 年）五月丁卯。

③ 陆韧：《变迁与交融——明代云南汉族移民研究》，10 页，昆明，云南教育出版社，2001。

"置云南洱海卫指挥使司，并左右中前后五千户所，以赖镇为指挥佥事。洱海，本品甸地，经兵之余，人民流亡，室庐无复存者。镇至修浚城隍、建谯楼、创庐舍、分市里、立屯堡、筑隄防、严斥堠，又开白盐井，以通课利，民始安辑。"①当洪武十九年（1386年）夏四月癸丑正式建立洱海卫，而此时，正值思伦发对滇西侵扰。洪武十八年（1385年）十二月，滇西发生战事，平缅宣慰使思伦发叛乱，思伦发率领百夷十万余众，侵袭景东。"平缅宣慰使思伦发反，率百夷之众寇景东，土官知府俄陶，奔白崖川。都督冯诚率师击之，值天大雾，猝遇蛮寇，我师失利，千户王昇死之。"②"遣通政使司经历杨大用，齐白金五百两，文绮二十疋，往赐景东府知府俄陶。初百夷思伦发叛，率众十余万攻景东之者吉寨，俄陶领千百夫长，他当等二万余人击之，为所败。思伦发进攻景东，俄陶力战，不胜率其民千余家避于大理府之白崖川，事闻。上嘉其忠特赐白金文绮以旌之。"③从这两段史料的记载，我们可以得知洪武十八年（1385年），平缅宣慰使思伦发反叛，进攻景东，紧逼楚雄，云南西部岌岌可危，分裂因素急剧增长，边患陡起。④

针对云南西部形势危急，明王朝积极做出应对，洪武二十三年（1390年）打退思伦发的叛乱，在景东建立卫所，筑城。在品甸建洱海卫，修浚城隍，其中也有防缅保民之意，这在洪武二十年（1387年）五月庚申《明太祖洪武实录》中的一则材料中可以得到佐证："遣使赍敕谕西平侯沐英、吉安侯陆仲亨、平凉侯费聚、南安侯俞通源、四川都指挥使甯正、楚雄卫指挥袁义、大理卫指挥郑祥、品甸卫指挥赖镇、金齿卫指挥李观储杰等曰：近御史李原名归自平缅，朕听其所陈，知百夷谲诈之详，虽百千万言无一言可信，由是观之，蛮夷反欲窥伺中国，为我边患，符至可即葺垒金齿楚雄品甸及澜沧江中道，须高城深池，固其营栅，多置火铳，为守备，贼来勿轻与战，相机乃动。往岁云南军中，遣人至百夷，多贪财货，不察事势轻重，张威贾勇贻笑诸蛮。又因靖江王不才，以大理印行令旨，皆非道理，致其侮慢上累朝廷，继今不许一人往平缅，惟静以待之。彼若有文移则大略答之，否则勿答应有职贡之物。皆不得取如是数年之后，则麓川之地可入版图矣，卿等固守朕言毋怠。"⑤因为蛮夷反叛窥伺中国，这里蛮夷当

① 《明太祖洪武实录》卷一七七，洪武十九年（1386年）夏四月癸丑。

② 《明太祖洪武实录》卷一七六，洪武十八年（1385年）十二月癸丑。

③ 《明太祖洪武实录》卷一八〇，洪武二十年（1387年）春正月丙子。

④ 陆韧：《变迁与交融——明代云南汉族移民研究》，14页，昆明，云南教育出版社，2001。

⑤ 《明太祖洪武实录》卷一八二，洪武二十年（1387年）五月庚申。

指麓川平缅宣慰使思伦发等百夷。为防边患，在金齿、楚雄、品甸及澜沧江中道，筑高城，挖深池，这些举措都是为了防御思伦发等蛮夷的侵扰。金齿、品甸洱海卫、楚雄、景东、澜沧江中道等城市，构成了滇西的半圆形防御线。洪武中期，对西南边疆云南城池修缮筑城，主要是为了防御平缅宣慰使思伦发叛乱。洱海卫城的修筑对滇西防御系统的稳固起到重要的作用。

二、水道系统完备的洱海卫城及其城市形态

洱海卫城处在一个山区地理环境中，四周是山，中间是坝子。龙兴和山在县西二十五里。宝泉山在县西北二十里，又名九皙山。九峰相并，望之簇如青莲，石穴崆峒，盘折而升。梁王山在县北三十里。青华山，在县治南八里。南华山在县南四十里，又名天花山。南山在县南三十里，崖壁奇峭。水目山，在县南二十五里，上有水目寺。东山在县东十里。天马山，在县东南二十里。青龙海，在县东南十里。周官箩海，在县东北十五里。莲花渠，在县治东和甸，广二十里，中有二岛。龙洞，在县东五十五里。溪沟，在县西三里，源出宝泉山下。龙池，一名清湖，在县西南一里，其深不测。珍珠泉，在县南四十五里。叶镜湖，在县南三十里。温泉三所：一在和甸，一在黄矿场，一在云南驿。① 这里的县就是云南县，即洱海卫城，这是洱海卫城的微地理环境，是一座在山地环境中生长起来的军事卫所城市。

洪武十六年（1383 年），遣六安侯王志，安庆侯仇成、张龙等督兵一万到品甸修缮城池，立屯堡，置邮传，安辑人民。指挥赖镇、曹政及千百户等官，督建洱海卫城池，上砖下石，高二丈三尺，池阔四丈，深二丈，周围四里三分，四正四隅，楼堞整齐。又建钟鼓楼于北首（即今米市），上有铜壶滴漏。街分五街十三巷，为四纵五横之形。天启三年（1623 年），楼堞毁于地震，惟南郭楼仅存迨。② 云南县治，旧在洱海卫城外，洪武二十二年（1389 年）迁城中。内有典历厅，其泰安仓、养济院在县治西，旌善、申明二亭在县前，所领有安南坡、你

---

① 嘉靖《大理府志》卷二“地理志·山川”，62～63 页，大理州文化局翻印，1983。此书作为云南大理文史资料选辑地方志之一。

② 乾隆《云南县志》卷一“元集·城池”，见云南省祥云县人民政府办公室整理：《云南县志》，58 页，北京，中华书局，1998。

甸、楚场、赤石崖四巡检司。洱海卫在云南县治西，洪武二十二年（1389 年）建。内有经历司，所领卫镇抚一。左、右、中、前、中左、中右、洱海七千户所，每所又各领所镇抚一，百户十。[1] 洱海卫城有四座门，东曰镇南，南曰镇海，西曰清平，北曰仁和。其上各有楼，其教场在西门外[2]。除了文献中记载的云南县治和洱海卫署外，从嘉靖《大理府志》中关于云南县的城市图来看，洱海卫城内还有布政司、兵备道、洱海道、儒学、城隍庙，在城外有演武场。洱海卫城四城门有角楼。

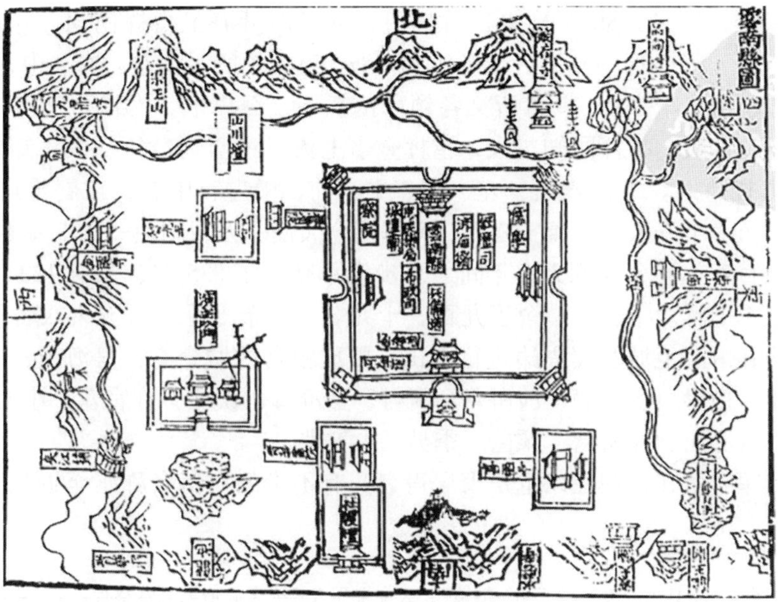

图 1　洱海卫城图[3]

---

① 正德《云南志》卷三“大理府”，见方国瑜主编：《云南史料丛刊》第六卷，139 页，昆明，云南大学出版社，2000。

② 正德《云南志》卷三“大理府”，见方国瑜主编：《云南史料丛刊》第六卷，139～140 页，昆明，云南大学出版社，2000。

③ 嘉靖《大理府志》，见杨世钰、赵寅松主编：《大理丛书 · 方志篇》，卷四，北京，民族出版社，2007。

在洱海卫城内有完善的水道布局，“水道由正北一进，东北一进，西南一进，正南一出，东南隅一出，呈三进二出之势”[①]。水道从正北、东北和西南进入洱海卫城内，从正南和东南两处流出卫城，呈现一种三进二出态势。可见这个卫所城市，有非常完善的下水道体系。

三、军事结构下的城乡关系

洪武十九年（1386年）夏四月癸丑，置云南洱海卫指挥使司，并左、右、中、前、后五千户所。[②]到洪武二十年（1387年），领所七：左、右、中、前、中左、中右、洱海千户所。[③] 每所又各领所镇抚一，百户十。[④] 到万历年间，洱海卫有指挥使四人，指挥同知二人，指挥佥事七人，经历司经历一人，知事一人，镇抚司镇抚一人。千户六所：左、右、中、前、中左、中右，正副千户二十五人，百户伍六十五人，所镇抚六人，洱海卫仓大使一人，副使一人。军数三分马步旗军三百五十七名（到天启年间，马步旗军减少了235名，只剩122名），只剩七分屯军七百六十三名，舍丁九百一十九名，军余七千三百五十八名[⑤]。这些卫所军户在洱海卫城及其周边进行屯田。囤放粮食的城仓有：洱海卫，屯仓有：小云南川、白崖川、宾居、前所营、新村、金沧海、铁柱、许官营、小西庄、小仙女庄、其心庄、左所营、粟邑、季吴、大坡那。[⑥]

明代军屯所在，往往以屯户聚居得名，有不少的村落名称延至近代。明代，

---

① 乾隆《云南县志》卷一“元集·城池”，云南省祥云县人民政府办公室整理：《云南县志》，58页。

② 《明太祖实录》卷一七七，洪武十九年（1386年）夏四月癸丑。

③ 景泰《云南图经志书》，275页，李春龙、刘景毛校注，昆明，云南民族出版社，2002。

④ 正德《云南志》卷三“大理府”，见方国瑜主编：《云南史料丛刊》第六卷，139页，昆明，云南大学出版社，2000。

⑤ 万历《云南通志》卷七“兵食志·第四”，见方国瑜主编：《云南史料丛刊》第六卷，587页，昆明，云南大学出版社，2000；天启《滇志》卷七《兵食志第五》，见方国瑜主编：《云南史料丛刊》第七卷，111页，昆明，云南大学出版社，2001。

⑥ 万历《云南通志》卷七“兵食志第四”，见方国瑜主编：《云南史料丛刊》第六卷，587页，昆明，云南大学出版社，2000；天启《滇志》卷七“兵食志第五”，见方国瑜主编：《云南史料丛刊》第七卷，111页，昆明，云南大学出版社，2001。

云南汉族姓氏地名[①]命名的基本条件逐渐成熟，主要源于从明初开始大规模的汉族移民，特别是以长期在云南镇戍屯垦为目的大量军事移民进入云南。[②] 在明清及民国时期保存的地方志中都有关于明代军屯屯驻地名的记载。在村落地名中带有"所""堡""营""屯""旗""庄""哨"等，这些地方是明代卫所军队进入云南屯驻时命名的。现在云南各县，凡明代设军屯之处，多有以军屯得名的村落名称。[③] 从乾隆《云南县志》村屯条目下对村屯地名的记载中，我们可以看出一大部分是明代卫所在此屯田驻军的地方，如：高伍屯、刘官屯、于官屯、马军屯、草脚屯、王伍屯、陶官屯、孙家屯、叶伍屯、张伍屯、钱家营、吴家营、罗家营、张家营、孔官营、青海营、李官营、中所营、钟官营、任官营、姚家营、崔罗营、卢唐营、何官营、谢官营、上坡营、杨官营、陈官厂、袁章营、周家庄、阿室庄、青龙庄、云排庄、银牌庄、灰窑庄、七百庄、下毕庄、大香果城、小香果城、红瓦房、杨家房、小马房、水井防前所、周官中右所、朱家营、云南驿白屯、傅旗营、季五营、前所营、罗营、刘营、王彦营、王家庄、胡家庄、余家庄、张官厂、刘官厂、下左所、前所、大仓、小仓、后所、旧所、新哨、冷水哨、罗汉厂、鲁家庄、左所营、朱家庄、何家庄、史家营、王家营、杨保庄、卜所庄、司家庄、新庄、孔新庄、新街、上大罗厂、下大罗厂、前所营、铁索营、广南营、冷官营、小西庄、鲁家庄、洱海营、沙沟庄、马官庄、仙女庄、上坝厂、老龙厂、周力士营、舒凤伍、陆家营。[④] 在今天祥云县还保留了很多明代卫

---

① 云南汉族姓氏地名：它发展历程是始兴于明初的军屯，发展于明朝中叶的屯田扩大，普及于明末清初以后，在淡化军事特征的同时，汉族姓氏地名代表的地理空间，具有日趋缩小和聚族定居的特点，并向坝区边缘和半山区、山区发展，成为云南新增居民点的重要命定方式，表现了汉族移民定居的扩散特点。参考陆韧：《云南汉语地名发展与民族构成变迁》，载《云南民族大学学报》（哲学社会科学版），2005（6），66 页。

② 陆韧：《云南汉语地名发展与民族构成变迁》，载《云南民族大学学报》（哲学社会科学版），2005（6），65 页。

③ 方国瑜：《明代在云南的军屯制度与汉族移民》，见《方国瑜文集》（第 3 辑），248～249 页，林超民编，昆明，云南教育出版社，2003。

④ 乾隆《云南县志》卷一"元集·城池·村屯"，见云南省祥云县人民政府办公室整理：《云南县志》，60～63 页，北京，中华书局，1998。

所屯田时留下的地名，如封家营[①]、李家营[②]、孔伍营[③]、孔官营[④]、褚家营[⑤]、姚家营[⑥]，等等。由此可见，当时在洱海卫城周边由军户进行大规模的屯驻生产，供给城市，形成一种具有军事结构下的城乡关系。

万历年间洱海卫军堡有白崖、小云南、普淜三堡，军哨有金鸡庙、安南坡、四望、桥头、乌木树、火雷坡、阿求河、北关、长湾、五里坡十哨。到天启年间军堡不变，军哨有所改变，北关、长湾、五里坡三哨撤销，增阿自、白关、五色土三哨。洱海卫（云南县）铺的屯田地点有：县前铺在云南县治，波犬铺在县南八里，清淜尾铺在波犬东南三十五里，沐滂铺在云南驿东二十里，水盘铺在沐滂铺十五里，矣江铺在县治西二十里，俱云南县。[⑦] 这些军堡、军哨和铺所在地都有卫所军户进行屯田。明代洱海卫城，是重要的军事战略要地，在洱海卫城周围有众多的军事卫所屯田，从而形成具有明显的军事结构城乡关系。这种具有军事结构的城乡关系在明代的卫所城市都有所体现。

明代的卫所城市与府州县行政区划城市有密切关系，一种类型是与府州县同城，另一种类型是卫所单独筑城。卫所城市与府州县同城占多数，这在明代的文献中有相关记载。[⑧] 也就是说在明代的城市中，绝大多数城市具有军事结构下的

---

① 封家营：属城南办事处，在祥城镇驻地南0.2千米，坝区，明代封姓军户在此屯田扎营，故名，村舍沿祥香公路北侧呈不规则的块状聚落。见祥云县人民政府：《云南省祥云县地名志》（内部资料），26页，1987。

② 李家营：别名白严寺，属黄家田办事处，在黄家田北部0.8公里，坝区，明洪武年间李姓军户在此扎营屯田，故名，村舍呈不规则块状聚落。见祥云县人民政府：《云南省祥云县地名志》（内部资料），27页，1987。

③ 孔伍营：属黄家田办事处，在黄家田东北1.2公里，坝区，明朝时祖上随军征滇，落籍于孔官营村旁建村，故名，村舍呈块状聚落。见祥云县人民政府：《云南省祥云县地名志》（内部资料），28页，1987。

④ 孔官营：属黄家田办事处，在黄家田东南1公里，坝区，始祖洪武年间，奉旨征滇，落籍此地扎营屯田，故名，村舍沿水塘呈块状聚落。见祥云县人民政府：《云南省祥云县地名志》（内部资料），28页，1987。

⑤ 褚家营：原名任官屯，褚家办事处驻地，在祥城镇驻地南2公里，坝区，明代任姓军户屯田于此称任官屯，清朝时褚姓人口增多改称褚家营，村舍呈块状聚落。见祥云县人民政府：《云南省祥云县地名志》（内部资料），28页，1987。

⑥ 姚家营：属褚家办事处，在褚家营东0.2公里，坝区，明洪武年间姚姓军户在此扎营屯田，故名，村舍呈块状聚落。见祥云县人民政府：《云南省祥云县地名志》（内部资料），29页，1987。

⑦ 正德《云南志》卷《大理府》，见方国瑜主编：《云南史料丛刊》第六卷，140页。

⑧ 关于卫所城市与府州县同城的相关史料一般在地方志中多有所记载。

城乡关系，这在以往明代城乡关系的研究中是一个薄弱环节。

明代洱海卫城是西南边疆一个卫所城市，国家对洱海卫城的修筑非常重视。洱海卫城城市形态结构完整，特别是对洱海卫城内部水道的记载，体现了西南边疆一个卫城具有完备的水道体系。通过对乾隆《云南县志》中村落对屯田点的地名分析和对今天《云南省祥云县地名志》中地名的分析，我们可以从中清晰地看到明代洱海卫城城乡关系的一种态势，具有鲜明的军事结构化城乡关系，明代绝大多数的卫所城市都具有这一种特点。

作者简介：曹洪刚，吉林省辽源市人，贵州日报报刊社主任编辑，研究方向：西南边疆史地、历史城市地理研究。

谈基层文物保护工作的现状及应对策略

张　松

基层文物工作者是贯彻执行国家文物法律法规的带头人，是做好当地文物保护管理工作的责任人。一个地区文物保护工作做得如何，群众的文物意识怎么样与文物工作者的工作开展情况有着直接联系。本文以永平县文物保护管理工作为例，剖析基层文物管理工作存在的问题，并就如何做好基层文物管理工作提出几点看法。

一、基层文物保护工作存在的问题

（一）文物保护意识淡薄

基层许多公民对文物的保护认识不到位，认为文物保护是文物部门的事，与己无关，甚至毫不顾忌地占有出土文物，随意破坏文保单位周边环境风貌。在基层还广泛存在着“重经济建设、轻文物保护”的思想，只重眼前利益、局部利益，不顾长远利益，视文物保护为包袱，缺乏文物保护法律法规意识。少数基层干部甚至缺乏“守土有责”的责任意识，不能与文物保护部门形成合力。

（二）文物保护经费缺乏

基层文物保护单位财政每年只保证人员工资，很少投入其他保护经费。文物保护管理工作是一项社会公益性事业，主要经费来源于政府财政预算。这一点在《文物法》中明确规定，也是国务院要求的“五纳入”内容之一，然而在现实中很难落实。以永平县为例，曲硐村为国家级历史文化名村，杉阳镇为省级历史文化名镇，名村、名镇辖区内原有的几处有待维修保护的古建筑，由于缺乏足够的经费保护荡然无存。所以这些使得我们的文物保护工作面临着进退两难的境地。由于资金的不足和观念的不到位，有的文物虽然受到保护，但是严重有违文物保护的修缮规则，如使受保单位由原来的“土木”结构改扩建成了“砖混”结构。比如地处杉阳镇博南古道上的西翠楼，就是一个典型的例子。当然，就目前地方经济的现状无法拿出很多资金来保障各项文保事业的发展，但文物保护事业有其自身特点，文物是不可再生资源，如果目前不对文物保护进行最低限度的经费投入，那么即使今后经济发达了，文物的损失也无法挽回。

（三）政策法规间的协调问题

从这几年的操作过程来看，存在政策法规间的不协调情况。现有的一些政策措施在执行的过程中与文物保护政策相抵触的情况时有发生。按照《中华人民共和国文物保护法》的规定，凡公布为各级文物保护单位的，必须依法划定相应的保护范围与建设控制地带，任何单位和个人都不得在保护范围内“进行其他建设工程或者爆破、钻探、挖掘等作业”。但在新农村的建设中，建新房必须拆老屋才能获得经费补助。与基本建设中普遍进行地下文物考古调查勘探的做法不同，建房中一些有重要价值的建筑在未进行文物价值评估、未进行级别认定或登录的情况下就被拆除，永远失去了文物价值认定的机会。事实上，很多有价值的文物点如果再不进行相应的工作，仍将难逃被拆除的厄运。

（四）文物保护工作难以适应形势发展的需要

近年来，社会发展变化很快，文物保护工作有时难以适应形势发展的需要。以永平为例，在历时五年的全国第三次不可移动文物普查工作中，永平县全体普查队员不畏艰辛，严格按照国家、省、州普查要求，圆满完成了永平县不可移动文物的普查任务。普查结束后，县政府以永政发〔2011〕37 号文件公布普查结果，最终确定永平县不可移动文物点 96 项。同时以永政发〔2011〕36 号文件公布了永平县第二批县级重点文物保护单位 40 项；永平县先后公布了两批文物保护单位，目前达 49 项。在已公布的文保单位中，有国保单位 1 项（博南古道），省保单位1项（霁虹桥），州保单位5项（金光寺、曲硐清真寺、古道上的万马归槽、杉阳西山寺和杉阳锁水阁），县保单位42项。县政府这一有力措施的出台，使得永平县的一些文物点，特别是新增加的一些不可移动文物在一定程度上得到依法保护。但目前永平县还没有正规的博物馆，现有的一些可移动文物存放困难，存在着一定的安全隐患，藏品不能产生社会效益，目前永平县可移动文物藏品2800余件（套），仅存于50平方米左右的库房之中，保管条件难以适应需要。

二、基层文物保护工作的应对策略

基层文物保护工作任务繁重艰巨，全面推进文物事业的发展，根本在于更新观念、强化领导，关键在于采取有力措施，按照《文物法》明确规定的文物工作“五纳入”（纳入经济和社会发展计划、纳入城乡建设规划、纳入财政预算、纳入体制改革、纳入各级领导责任制）的要求狠抓落实，重点要做好以下几项工作。

（一）加大宣传力度，提高文物保护意识

保护好文物是功在当代、惠及子孙的千秋事业，文物是体现城市文明程度以及综合实力的重要标志，全社会必须关注这项事业。以永平县为例，曲硐村、花桥村、杉阳镇是历史文化名村、名镇，县城及周边有新光遗址、曲硐清真寺、永国寺、博南古道、凤鸣桥、江顶寺门楼、霁虹桥（被喻为世界上最古老的铁索桥）等重要文物资源。为此永平县文化积蕴浓厚，旅游资源丰富。

按照大理州文化大区建设目标，各级政府应进一步认识文物保护的紧迫性，进一步增强文物保护的责任感，要通过多种形式进行宣传。如编印一些宣传文物保护方面的小册子分发给有关部门、学校、社区等；举办教育培训；召开纪念会、学习座谈会、学术研讨会等；最好能够建立一座条件完备的博物馆，通过开办特色展览，在陈列内容、主题、环境氛围方面创造渲染，充分利用文物直观、生动、真实的特点，使文物教育功能更具吸引力、感染力和说服力。通过加大宣传，强化提高公民的文物保护意识，进一步增强保护好文物的自觉性。要组织开展好宣传活动，可从以下几方面具体实施：

其一，报刊、广播、电视、手机是直接深入千家万户的新闻媒体。因为它们见效快，覆盖面广，长期与新闻媒体合作，利用新闻媒体进行宣传，可以使人民群众在潜意识当中了解到文物知识，进而提高文物保护意识。

其二，办好板报，使人们在茶余饭后的休闲中受到文物知识教育。板报是设置于公共场合或街头的直接宣传工具，人们往往在茶余饭后到公园走走，到街头聚聚时可以看得到。基层文物工作者可以根据这些情况，重视板报的力量，充分利用它来宣传文物法律、法规。板报应办得形式多样，图文并茂，集知识性和趣味性为一体，以增强可读性。

其三，采用街头宣传或广播、电影、手机短信宣传的方式宣传文物知识。所谓“上街长见识”，上街之际便了解了文物知识，这不能不说是宣传工作的好处。街头宣传是涉及面广，能收到良好效果的一种宣传方式。文物工作者应当定期或不定期组织街头宣传活动。街头宣传的方式也可以是多样的，例如，赶集之日在街头设置临时服务台，向过往群众宣讲文物法律法规，分发宣传资料；利用车辆以游街串巷的方式广播进行宣传。这类宣传活动主要针对城区和县城周边群众。此外还可以利用节假日、大型聚会之时有针对性地进行宣传活动；这类宣讲活动往往针对市民和机关企事业单位职工，充分利用农村电影放映工程资源宣传；还可以跟移动、电信、联通等部门协作采用手机短信方式宣传，无论采取哪一种宣讲活动，文物工作者都应该精心准备宣传内容，尽量使得宣传工作做到行之有效。

其四，充分利用文物考古发掘现场进行宣传。文物考古发掘现场是群众了解文物知识，接受文物法律法规教育的直接教材，此种方式趣味性浓、直观性强，最容易深入人心。因此文物工作者应抓住发掘现场这个千载难逢的机会进行讲解宣传，使群众在观看中了解知识，懂得文物保护的重要意义。比如，位于永平县城的新光遗址发掘现场以及曲硐小狮山竖井遗址勘探调查现场，发掘勘探期间观看者云集，就连从未听说过“考古”为何事的山区群众也纷纷下山观看，当时永平县的文物工作者就是抓住这一机会，适时地对围观者进行宣传讲解，现场普及文物知识及文保意识。百闻不如一见，这次发掘勘探给永平人民上了一次生动的文保知识课，使得永平人民的文物知识和文保意识得到了进一步的提高。

其五，到学校举办文物知识讲座。青少年是祖国的希望，他们除了肩负着学好文化、掌握科学知识的重任，同时也有了解社会、关心社会的责任。为了使文物保护意识更加深入人心，文物工作者可以与当地教育主管部门取得联系，每一学年到当地相对集中的校点发放宣传的小册子，组织文物知识的专题讲座。这样的活动一举多得，一来让文物知识早早就深入孩子的心灵，二来也能丰富学生的学习内容，使学生对社会，对与文物有关的法律、法规有一个深入的了解。这对培养学生的爱国主义情操，增强其文保意识具有极其重大的意义。

（二）建立市场机制，多渠道筹集保护资金

文物保护，都存在着资金缺乏的问题，但即使经费缺乏，也应保护。永平县政府应把文物保护专项经费纳入财政预算，在加大政府投入的同时，建议解放思想，进一步拓宽融资渠道，出台一些保护文物的优惠政策，鼓励引导企业、社会团体、协会、宗教和个人等，参与捐助文物保护事业；借鉴兄弟县的成功经验，在坚持《文物法》的基础上，支持和引导各方参与保护开发，并让他们从中受益。以金光寺、博南古道为例，县委、县政府可以在引进外资外企的同时，鼓励企业参与金光寺、博南古道等文物保护单位的修缮保护，并通过旅游开发手段，每年吸引大批游客游访，在做好文物保护工作的同时还实现可观的经济效益，这种做法还可以推广到其他文物保护单位中。

（三）进一步规范动地管理

在生产建设领域落实文物前置审批程序是文物得到有效保护的重要保证。要继续坚持“先申报审批后动土”的原则，凡是在文物保护地段动土，一律按程序逐级申报，规划、土地、城建等部门要大力支持和配合，实行动土申报许可制，严格履行报批程序。建设单位和施工单位要依法履行动土申报手续；文物部门要规范动土管理制度，加强违规动土的巡查监管。以确保勘探发掘工作的有效衔接，避免因生产建设导致破坏文物的事件发生。对违反规定擅自动土施工的，要严格依法查处。

（四）健全文物行政管理机构，提高管理队伍的人员素质

很多基层文物单位，存在着人员年龄老化、编制不够、体制不能适应新形势发展需要的现象。因此要做好文管体制改革，配齐相应编制和专业人员。要引进高素质的文物保护专业人才，要像引进科技、教育等方面人才一样，制定优惠政策，以此迅速提高基层文物保护队伍的素质。同时应该加强基层在职人员的培训工作，举办各种专题性的短期训练班，提高一线在职人员的专业素质，切实提高

基层文物保护工作人员的待遇，注重对后备人员的培养工作。

三、改变观念，人人参与到“文保”活动中来

文物是人类在历史发展过程中遗留下来的遗物、遗迹，是历史的见证，每件文物的产生都有着相应的历史背景，可以从不同侧面反映各个时期人类的社会活动、社会关系和意识形态，以及人们利用自然、改造自然、改善当时的生态环境的决心和意志，是人类弥足珍贵的文化遗产。

对文物而言，每一代人既有欣赏和分享的权利，又有守望和保护的责任。根据基层文物保护现状及我国现行文物保护体制，我们认为，现代社会的文物保护，构建一个以政府为主导，以法制健全为支撑，以社会的全面协调为方向，文物部门切实履行职能和全民共同参与的社会环境是至关重要的。文物的保护与管理，是国家行政管理部门的基本职能，防止他人对文物人为的破坏与损害，是文物工作者的职责。在经济飞速增长的今天，政府应当结合当地的实际状况，大力整合文化资源，建设良好的人文环境，从而使经济健康、稳定地发展。文物部门应抱着守土有责的态度，加大对《文物法》及相关条例的贯彻和执行；基层文物工作者要提升思想认识，将文物保护的有效管理与经济建设的合理开发更好地结合起来，使之互相促进，和谐发展，达到平衡。同时，要鼓励社会力量积极参与文化遗产的保护，激发人民群众保护文物的积极性，形成全社会都关心和保护文化遗产的良好氛围。文物保护不应只是文化部门的工作，文化遗产并不专属于某一个机构或某一个个体，而是归中华民族所共有。所以，做好文保工作是每一个国人义不容辞的义务。

只有这样，我们才能更好地保护和管理文物，做到对文物的合理开发和永续利用。只有这样，才能使我们基层的文物工作焕发出它应有的生机与活力！

作者简介：张松，云南省大理州永平县文物管理所馆员，主要从事文物管理和保护研究。

民族历史

文献记录中的沙溪寺登村

苍　铭

云南大理剑川的沙溪寺登村，游客称为沙溪古镇。该村有“茶马古道唯一幸存的古集市”的美誉，但受历史资料的限制，其历史发展脉络还不够清晰，许多问题还有待于史料和考古资料的发现来解决。本文依据现有可见资料对清乾隆以前沙溪寺登村事迹做简单梳理，以期读者对沙溪的历史有一个简单的认识。

一、沙溪寺登村的兴起

沙溪寺登村有人类定居的历史十分悠久，从一个农业的村落变成农商结合的集镇是什么时间，人们有不同的看法。许多研究者认为，沙溪寺登村的形成与附近弥沙盐井的开采密切相关。弥沙井在唐代人樊绰《蛮书·云南管内物产》中记载“敛寻东南有傍弥潜井、沙追井”，盐井运销要经过沙溪坝，因此唐代时沙溪集市就开始兴盛了。沙溪盆地北部山区的剑川石宝山开凿于唐代的南诏时期，是大理地区佛教圣地。石宝山佛教的兴盛，南诏与吐蕃贸易往来，促进了沙溪寺登村的繁荣。

但是，从村落名称的含义和相关的史料记载来看，沙溪古镇的寺登村是因兴教寺而得名，因庙会、香火的兴盛而发展，因食盐的交易而繁荣，时间应该在明清时期，可能非唐代。

沙溪寺登村是现代沙溪古镇的核心区域，所谓沙溪古镇，实际是指寺登村的四方街及周边民居。“寺登”一名的“寺”指古镇内的兴教寺，“登”是白族话

“地方”的意思，“寺登”就是寺院所在的地方，“寺登村”意思是寺庙所在地方的村子，“寺登街”意思是寺庙所在地方的集市。寺登村、寺登街均是汉语与白语合璧的地名、集市名。从名称来看，寺登街作为一个集市是因兴教寺得名的。因此，只要知道兴教寺建立的时间，大致可以确定沙溪古镇形成的时间。2006年5月25日，兴教寺被列入全国重点文物保护单位。兴教寺无建寺古碑记其年代，2008年云南省人民政府所立保护碑铭说兴教寺“始建于明代永乐十三年（1415年），为著名佛教密宗寺院”。碑文所确定的寺庙始建时间，应是来源于民国《新纂云南通志》卷一一九“祠寺考十一·寺观六·剑川州”的考述。其书云：“兴教寺在城南六十里，沙溪街，即杨升庵、李中溪咏海棠处，明永乐十三年建，殿宇巍峨，佛像、像龛尤精。”《新纂云南通志》的考述又是来自一本称为《剑川县采访》的调查报告，但此调查报告现已不知流散何处。此外，兴教寺正殿壁画中有“大明永乐十五年岁次丁酉夏六月，信士杨庆敬绘”及“沙退乡甸头村画匠张宝”题记。由此可以确定，兴教寺始建年代是明永乐十三年（1415年）前后较为可信。由此可知，沙溪寺登村集市的形成和繁荣应该是明代以后的事。

前往沙溪的游客多数是自助游的游客，出游时，往往都会通过网络搜索了解沙溪古镇的历史。网络上流传较多的说法是：沙溪兴教寺是明代由鹤庆府土司高兴动员10位土司共同修建的，依据是《故世守鹤庆郡知府高侯行状墓碑》。查阅《白族社会历史调查（四）》（云南人民出版社，1991）收录的碑文可知，该碑是鹤庆第四任土司高宝之妻及子女为高宝所立墓碑。又查阅明代《土官底簿·鹤庆军民府知府》可知，高宝是永乐十八年（1420年）因其兄长高兴无继承人而接替兄长担任鹤庆知府。碑文中有高宝“改造石室祝延，建兴教，重修龙华梵刹的记录”，如果这一记录是指建兴教寺，那么兴教寺的始建发起人应该是第四任鹤庆土知府高宝，而非第三任知府高兴。因此，鹤庆土司高兴建兴教寺的说法应该是误传。剑川著名文化人杨延福先生在《沙溪兴教寺大门重建记》碑文中说：“明永乐初年，鹤庆土知府高宝倡首兴建兴教寺，沙溪佛教密宗信徒协力兴建”，其历史依据应是来源于此碑刻。

佛教寺庙通常都选择在清静的地方建庙，以利僧人静修，兴教寺也应如此，不大可能是因为寺登街商业贸易兴盛，经济发展而在此建寺庙。因此认为寺登村是因茶马古道食盐的交易，村民具有较强经济实力修建寺庙的观点不尽合理。况且，康熙《剑川州志》卷五“赋役·盐课附：盐井·弥沙井”记载：“剑川原食丽江五井盐，后因五井无课，而弥沙井系本州所辖之地，改弥沙井盐。”文献记载说，剑川人所吃的盐来自于丽江“五井”，后来才吃本地弥沙井盐。另据康熙《剑川州志》卷十五“盐井”记载：“弥沙井，在西南一百二十里，出弥沙浪乡山岩，汕水成潭，居人取卤煮盐，形如弹子，今行盐于沙溪，观音山两处。”明清时期，食盐不能随意经销，不同的盐井，政府划定有严格的食盐买卖地区。弥沙的盐是清康熙时才在沙溪地区销售的，因此食盐的买卖推动沙溪古镇的发展也应该在清康熙以后。沙溪民间“先有兴教寺，后有寺登街”的传说，看来是正确。说明至少在清代初期，作为一个集市，寺登街已经存在。现在，因沙溪镇政府在此，因此人们把寺登街称为“沙溪古镇”，而当地人还是习惯称之为“寺登街”。

茶马古道从云南的普洱、临沧等产茶区出发北上，经巍山到达大理、剑川、丽江等地再进入藏区，其间又分化出若干支线。中华人民共和国成立前，滇藏茶马古道一直是云南西部重要的交通线，古道马帮交通的发展，带动了沿线村镇的兴起，催生了一系列为马帮服务的小村镇。

沙溪古镇是滇藏茶马古道支线的重要站点，沙溪坝地势开阔平坦，交通便利，便于食盐的集散，沙溪坝土地肥沃，气候温暖，物产丰富，可为马帮贸易提供良好的生活条件。历史上北来的藏族马帮带来藏区的药材、皮毛、马匹等在此出售，买走食盐、茶叶等物资；沙溪周边山区的彝族、白族下山出售土特产，换回日常生活用品。沙溪古镇由此熙熙攘攘，人声鼎沸，成为热闹非凡的集市。1973 年，从云南到西藏的 214 国道修通之后，现代汽车运输逐步替代了传统马帮运输，失去现代交通便利的沙溪古镇，经济衰落，发展停滞，但村落的传统建筑风貌和文化却意外得到保存。

二、李元阳、杨慎游沙溪

明代剑川未修地方志，因此关于明代沙溪地区的情况缺乏详细可查的记录。但因沙溪北部的石宝山是滇西著名的佛教圣地，文人墨客往来较多，沙溪坝子是石宝山到洱源的歇脚之地，有明一代，白族著名文人李元阳，著名状元才子杨慎，以及著名旅行家徐霞客都在沙溪坝子里留下了足迹。这些多少给后人留下了一些明代沙溪的历史记忆。

李元阳（1497—1580 年）是明代云南著名的白族文化人，字仁甫，号中溪，大理府太和县人。明嘉靖元年（1522 年）科举考试名列云贵乡试第二名；嘉靖五年（1526 年）中进士，选为翰林院庶吉士，曾任江西分宜县知县、江苏江阴县知县、户部主事、监察御史、荆州知府等职务。嘉靖二十年（1541 年）弃官回乡。李元阳著述丰富，在哲学、史学、文学、书法、教育等方面均有突出成就，被誉为“史上白族第一文人”。

杨慎（1488—1559 年）是明代著名文学家，字用修，号升庵，四川新都人，正德六年（1511 年）科考获殿试第一，被授予翰林院修撰。杨慎为人正直，不畏权势，嘉靖三年（1524 年）因反对嘉靖皇帝为生父封号，被廷杖充军至云南永昌卫（今保山）。杨慎在云南三十多年，遍游云南名山大川，博览群书，著述丰富，被誉为明代三才子之首（杨慎、解缙、徐渭）。著名词作《临江仙》：“滚滚长江东逝水，浪花淘尽英雄。是非成败转头空。青山依旧在，几度夕阳红。白发渔樵江渚上，惯看秋月春风。一壶浊酒喜相逢。古今多少事，都付笑谈中。”便是杨慎所作。

明嘉靖七年（1528 年）担任江西分宜知县的李元阳因母亲去世，回乡守孝而结识了流寓云南的杨慎，由此两人开启了长达三十多年的友谊。李元阳在《〈送升庵先生还蝗川客寓诗〉序》中说：“始尝得告归吾乡，闻留寓有升庵先生者，一弱冠窥天下。风节在廊庙，博闻强记，当世无比。余故疑其自峻如断崖绝壁，不可迳而造也。及见而揖之，则温然有恭，浑然无饰，退然恐先也，未必其心安于此，又十五年，余既归田，见先生之温然、浑然退然者，犹二十年前不改其度也。”

杨慎为著名的状元，官至翰林院编修，曾是皇帝近臣，且为“大礼议”案中名士，李元阳对其崇拜有加。未见面时担心其清高而不可接近，见面后发现杨慎温文尔雅、和蔼可亲，两人一见如故，惺惺相惜。嘉靖十年（1531 年）三月，两人相约游览了剑川石宝山，考察南诏历史遗迹。李元阳在《重游石宝山记》中写道：“石宝山在剑川州西南深山中，嘉靖庚寅暮春，成都杨修撰约予同游。”三月五日两人从石宝山下到沙溪坝的兴教寺住宿，适逢兴教寺内两棵海棠树正盛开，杨慎触景生情吟《咏兴教寺海棠》诗：

> 两树繁花占上春，多情谁是惜芳人。
> 京华一朵千金价，肯信空山委路尘。

繁花似锦、春意盎然的海棠花，有谁会怜惜你的美丽。若是在京城可是一朵值千金啊，谁肯相信如此绚丽的花朵，会在空旷山野委身路人和尘土。杨慎通过咏海棠花来表达自己怀才不遇的境况。

李元阳对杨慎的才学与人品一向钦佩，对其遭遇更是十分同情。见他以海棠花自喻，不因遭遇坎坷而沉沦，便吟《和杨太史咏兴教寺海棠》二首，以安慰他：

其一：

意浓姿淡浣新红，山馆相逢二月中。
区别要君重著意，山榴踯躅熳成丛。

其二：

国色名花委路旁，今年花似去年芳。
莫言空谷知音少，也有题诗玉署郎。

杨慎和白族才子李元阳在沙溪兴教寺的吟诗和对，在民间传为佳话，也演绎出许多故事。沙溪民间有传说，兴教寺的两棵海棠树种了多年都不怎么开花，杨状元来的这年就长得特别多，特别盛。李元阳、杨慎题诗之后，兴教寺的海棠年年都开得枝繁叶茂。

嘉靖四十一年（1562 年），事隔三十多年后的又一个春天，李元阳重游石宝山，再访兴教寺。风光依旧，但花开花落，人事已非，杨升庵已经故去。怀念友人，感慨万千的李元阳乃赋《兴教寺海棠感旧》一诗：

太史成都杨谪仙，昔游同赋海棠篇。
今日重来花树老，回首春风三十年。
三十年中人事改，升庵垠溪皆不在。
纵然拈笔更题诗，山水萧条失光彩。

乾隆五十八年（1793 年）冬，大理著名文化人，《滇系》编纂者师范游览兴教寺时，海棠树已经不见踪迹。师范感叹题诗：

盈盈绝世无双种，落落空山古道旁；
曾有诗人天上至，桷林捉笔互平章。
名花委去知何日，谱入新词永不磨；
好语溪南诸秀士，重培佳树得春多。

师范还为杨慎、李元阳的“兴教寺海棠诗”书写刻石，以抒发怀古之情。民国《新纂云南通志》（卷一百）考述云：

兴教寺海棠诗刻，荔扉师范撰书，高二尺，广六尺，十八行，行八字，行书，乾隆癸丑冬，咸丰丙辰春三月刊石，今在剑川县见拓片诗。

杨慎、李元阳和对的两首《兴教寺海棠诗》乾隆年间被任职剑川的官员师范书写为竖行。咸丰年间被刊刻于石。此后，寺登村村民出资将师范所书“兴教寺海棠诗词”，刊刻为木匾额悬挂于兴教寺。“文化大革命”期间，寺庙衰颓，匾牌迁移至石宝山文物管理所。现兴教寺内的海棠寺匾额为复制品。

三、徐霞客游沙溪

徐霞客为明代著名旅行家，在晚明的崇祯十一年（1638 年）到崇祯十二年（1639 年）时他游历了滇东、滇中和滇西三十多个府、州、县。明崇祯十二年（1639 年）二月十六日，徐霞客游览剑川石宝山。十七日，从石宝寺（今宝相寺）下山，过石钟山，由西北向东南穿过沙溪坝子前往浪穹（今洱源），徐霞客在其《滇游日记二十四》中详细记录了游历沙溪的过程：

十七日由石宝饭而下山。二里，度桥东上，即转东南，二里，东逾其脊，乃转而南行。渐下，转而西南，三里，又转而东，一里，循山南转。其地马缨盛开，十余小朵簇成一丛，殷红夺目，与山茶同艳。二里，过一南度之脊，里余，越岭而南，始望见沙溪之坞，辟于东麓。所

> 陟之峰，与东界大山相持而南，中夹大坞，而剑川湖之流，合驼强江出峡贯于川中，所谓沙溪也。其坞东西阔五六里，南北不下五十里，所出米谷甚盛。剑川州皆来取足焉。从岭南行又二里，峰头石忽涌起，如狮如象，高者成崖，卑矮小者为级，穿门蹈瓣，觉其有异，而不知其即钟山也。去而后知之，欲再返观，已无及矣。又一里，遂东南下，三里及其麓。从田塍间东南行，二里，得一大村，曰沙腿。遇一僧，即石宝山之主僧也，欲留余还观钟山，且言："从此西四十里，过蕨食坪，即通杨村、兰州，由兰州出五盐井，径从云龙州抵永昌，甚便。"余将从之，以浪穹何巢阿未晤，且欲一观大理，更闻此地东去即观音山，为鹤庆、大理通道，若舍此而西，即多未了之愿。乃别僧东南行塍间，三里至四屯，村庐甚盛，沙溪之水流其东，有木梁东西驾其上，甚长。度桥，又东南望峡坡而趋，二里，由峡蹑坡东向上者五里，得一坡顶，踞而饭。

徐霞客离开宝相寺向南走了十余里后，一路观赏到冬季盛开的马缨花，登上一山脊后看到了沙溪大坝，他描述沙溪坝是东西两列山脉中间的"大坞"，即四面高、中间凹下的地方，云南人称为"坝子"。剑川坝子里的剑湖流出的水与"驼强江"（今称杨岭河或桃园河）汇合之后注入沙溪盆地中，称为"沙溪"（今称黑潓江）。沙溪坝子东西宽五六里，南北长五十余里，盛产稻米，是剑川的大粮仓。徐霞客沿沙溪西北面的山区小路而下，途经石钟山石窟，但因无人导游，徐霞客不知道是著名的石钟山，等离开石钟山后才知道自己刚才路过怪石丛生的地方是石钟山。石钟山有中国西南地区最大的石窟群，徐霞客遗憾地错过，使得其游记中失去剑川石宝山石窟中最精彩部分。

徐霞客从石钟山下山大约走了四里路就到山脚的沙溪平坝。他从"田塍间东南行，二里，得一大村，曰沙腿"，"田塍"就是田间的土埂子，田间小路。徐霞客由西北向东南在田间小道中走了二里地，来到一个叫"沙腿"的大村子。许多研究者认为"沙腿"就是今沙溪古镇最早的地名，其实非也，从徐霞客的所记里程看，"沙腿"应该是今石钟山东南麓，甸头村南的"沙登"村，"沙腿"地名在石宝山石窟题记中就出现过。徐霞客在"沙腿"偶遇石宝山的住持僧人，住持盛情挽留徐霞客返回石钟寺游览石窟，并告诉他由此向西可以到达永昌（保山），徐霞客考虑到与浪穹（洱源）的朋友何巢阿有约，必须去浪穹会朋友，婉言谢绝了住持僧人的邀请，继续沿田间小路向东南行走。

他走了“三里至四屯，村庐甚盛，沙溪之水流其东，有木梁东西驾其上，甚长”。“四屯”即今沙溪寺登村，应是徐霞客依据当地人的口音，记录下的地名。“四屯”以东是沙溪河（今黑惠江），河上有木桥，这一地理特征非常明显地可以看出“四屯”就是今寺登村。徐霞客描述寺登村是一个繁华的大村子，“村庐甚盛”，当时还没有古戏台（古戏台是清代嘉庆年间建）。寺登街是定期集市，徐霞客没有遇上赶集日，因要赶路去浪穹，徐霞客没有在寺登村留宿，也就没有去兴教寺。于是经过沙溪河上长长的木桥，向东南方向山麓走去，翻过沙溪东面的大山，前往洱源。

四、康熙年间《剑川州志》中的沙溪

康熙年间《剑川州志》是清代唯一的一部剑川地方志书，由时任剑川州知州王世贵等修撰。他在该书的序言中称剑川：“山川灵异，卉木繁茂，鸟兽鱼遨游，多胜地曰，城郭完好，屯落稠密，可以樵，可以渔，可耕可读是一个比较好的地方。”康熙《剑川州志》卷四“驿馆”记录剑川有 4 个官办客栈（公馆），其中一个就在沙溪，说明沙溪是茶马古道的重要站点。同卷“仓库”一节记载剑川有 5 个储存粮食的大仓库，其中一个就是“沙溪仓”，这个仓库就坐落在沙溪公馆内，说明清康熙时沙溪坝子粮食产量较大，是官方重要的粮食储备基地。也印证了徐霞客所说“沙溪所出米谷甚盛。剑川州皆来取足焉”的描述。卷七“寺观”一节中有关于兴教寺和寺登村的记录，云：“兴教寺在沙溪寺登村”。卷十五“街市”记录剑川有五大集市，其中之一就是沙溪。

乾隆五十三年（1788 年）前，剑川州隶属于鹤庆府，康熙《鹤庆府志》中每一卷都辟有专章记剑川事。康熙《鹤庆府志》卷八“户口·剑川”一节中记录了沙溪 20 个村的村名，其中有寺登村；卷二十三“古迹·剑川州”之中也有“兴教寺，在沙溪寺登村”的记载。

五、张泓《滇南新语》中的沙溪

张泓为清代乾隆时云南官员，乾隆六年（1741 年）他任新兴州（今玉溪）

知州，乾隆十年（1745 年）调任剑川知州，十四年至十六年（1749—1751 年）先后在今怒江傈僳族自治州泸水、昆明、楚雄黑井镇等地任职，乾隆十六年（1751 年）再次回剑川任职。《滇南新语》是其云南任职期间的见闻和回忆。张泓在剑川任职时间比较长，谙熟剑川风土人情，因此《滇南新语》中有大量篇幅记述了剑川的山川、风物、地震等。其中专门记述了剑川、沙溪坝的集市贸易：

> 剑川有夜市在禁鼓初动之后，剑处滇之极西，为进藏门户，土著皆夷，州之沙溪、甸尾皆有市，悄悄长昼，烟冷街衢，日落黄昏，百货乃集，村人蚁赴。手燃松节曰明子。高低远近，如萤如磷，负女携男，趋市买卖。多席地群饮，和歌跳舞。

《滇南新语》记述剑川的集市是夜市，时间是日落后钟楼上第一次鼓声之后，剑川地处滇藏交通的门户，当地的居民都是少数民族，剑川州的沙溪、甸尾都有夜市。白天街上行人稀少，冷清。张泓认为夜市是不良风俗，因此任知州时进行了强制改革，改为白天赶集，不知是否属实。

张泓记述，太阳落山后，人们手持松明做的火把，逶迤而来，远近高低的火把，如同夜晚飞舞的萤火虫。村民、客商纷纷携带各种土特产到街上交易。赶集的人们有席地畅饮者，有欢歌跳舞者，好一派繁荣的景象。

小　结

茶马古道沿线古村落众多，一定程度上见证了历史时期滇藏、滇缅交往交流的历史，但地方志中往往较少记录村落的历史，这给后人了解古村的发展脉络带来了困难。沙溪寺登村虽为茶马古道上重要集镇，但史料记载仍然十分匮乏，因此杨慎、李元阳、徐霞客、张泓等名人的游历记录，一定程度上再现了寺登村的历史面貌。

作者简介：苍铭，中央民族大学历史文化学院教授、博士生导师、教育部新世纪人才。主要从事边疆民族史、移民史、古村镇历史文化研究。著有《云南民族迁徙文化研究》《云南边地移民史》。

风云激荡　星光灿烂

——百年前毕业的大理一中 1915 届简介

何贵荣

1915 年云南省立第二中学三届一班毕业合影

大理一中的办学肇始于清光绪三年（1877 年）成立的西云书院，清废科举制后，光绪三十二年（1906 年），大理府在西云书院旧址先后成立官立师范传习所（1906—1908）、初级师范学堂（1908—1910）、云南省第二模范中学堂（1910—1912），辛亥革命后更名为云南省立第二中学。清末民初，大理的教育，经历从传统教育走向近代教育的转型时期。

1915 年毕业的学生共四班 156 名，是民国时期毕业人数较多的一届。学生来自于今大理、丽江、保山、临沧四州市当时的 17 个县，其中生员人数多的是大理县（27 人）、腾冲县（21 人）、丽江县（14 人）、顺宁县（今凤庆，13 人）、剑川县（12 人）、祥云县（11 人），另邓川、鹤庆、凤仪、蒙化（今巍山）、宾川、云县、保山、永平、永胜、缅宁（今临沧）等县均有生员。据载，宣统二年（1910 年），清政府将云南的中学划分为三个学区，大理为第二学区，设省立第二中学堂，主要招大理、丽江、永昌、缅宁、蒙化、永北等府厅的生员。1911 年 2 月，第一届学生入学，学制分为文、实两科，学制五年。课程的设置在辛亥革命前后略有变化，体现时代的不同要求。

1915 届学生在校的五年，是中国社会大变革的时期，新旧教育思想展开博弈。入学半年后，辛亥革命埋葬了清王朝，成立了“中华民国”，蔡元培出任教育总长。1912 年 1 月，南京临时政府教育部颁发《普通教育暂行办法》和《普通教育暂行课程之标准》，其主要内容是：从前的学堂，改称学校，监督、堂长改称校长；凡各类教科书，务必合乎民国宗旨，禁用清政府颁布的教科书。9 月初公布《学校系统令》，初步确立了一套资产阶级的新教育体制，其教育宗旨规定为：“注重道德教育，以实利教育、军国民教育辅之，更以美感教育完成其道德。”其中的“道德教育”，是为了培养学生具有自由、平等、博爱的道德观念；“实利教育”，是为了进行生产和知识技能的教育；“军国民教育”就是后来的体育，是为了培养学生健全的体魄；“美感教育”包括美术和音乐，是为了培养学生的思想修养。但袁世凯为复辟帝制的政治需要，于 1912 年 9 月发出《尊崇伦常文》，支持康门弟子陈焕章发起成立孔教会，令内务部准该会立案。次年 6 月，袁世凯再发布《尊孔祀孔令》，宣扬孔子为万世师表，要求全国各地恢复祀孔以正人心；9 月 17 日，教育部通告各省定孔子生日为“圣节”，要各类学校皆恢复祀孔读经。1914 年 2 月 7 日，袁世凯以正式大总统名义，通令各省以夏正春秋两丁为祭孔日，行祀孔典礼。5 月间他又指令教育部，“于中小学修身及国文课程中采用经训，一以孔子之言为旨归”；据此，教育总长汤化龙于 6 月间向全国各地中小学发出了在修身及国文教科书中采用经训的指令。这样，之前已取消的尊孔读经又重新列入教学科目中，四书、五经、经训等各种书刊遂同以前一样流行泛滥，一时间，在文化教育领域内掀起了一股尊孔读经的复古逆流。在所设课程中既有新的反映近代科技和外语、西洋史地等内容，也有修身、读经、讲经等传统课程。

这一时期，云南省政府先后委任著名学者由云龙、杨琼、李厚本、丁其彦为校长，当时的教师也多为思想进步的留学生或名声显赫的饱学之士。例如，李藻、张肇兴、王毓嵩、马秉丰。他们宣传爱国、进步的思想，在实践中以身作则，投身于民主共和的潮流中，由云龙在大理响应辛亥革命后成立的滇西军政府中任协理，张肇兴为参事。后来他们又投身为推翻袁世凯复辟而爆发于云南的护国运动之中。事后，由云龙著《护国史稿》，张肇兴参与修编《云南光复纪要》，均成为研究云南护国运动史的珍贵史料。当时的学生顺应民主共和的潮流，剪发辫，统一穿着，打绑腿，练洋操，学科学，革命情绪昂扬。辛亥“九九”（农历九月初九），昆明光复，大理积极响应，在校师生举行游艺会，提灯晚会，演出活报剧，开展宣传活动。当时的教师在为人师表方面堪称楷模，如英语教师周忠在大理驻军持枪闯入学校，对学生开枪之危急时刻舍身挡子弹，把生的希望让给学生。事隔20年后，寸树生重回母校，他在《两年半的乡村工作》中写道：“在校园里一座大理石的桥前，我又浮起一幅血腥的记忆了，学校试验时突然发生驻军的变乱，闯入校园的五个兵士，就站在离这桥一丈远的走廊上，拿着我们七个人做射击标的。站在我前面的英文教员用生命掩护了我，我算是残存的两个人中的一个。”学校图书馆有古今中外的大量书籍，为求知若渴的学子提供了拓宽视野的精神食粮。王复生在读了古希腊哲学家柏拉图的《理想国》后对“财产公有”的主张非常赞同。他在日记中写道：“盖人类反抗，生于不平，财产不均，则贫富悬绝。富者日益骄虐，而贫者日入于愁云苦雨之社会。社会既不平等矣，革命之产尚冀其无乎？故种族不平等，则种族革命起。宗教不平等，则宗教革命起，政治不平等，则参政之革命起。”中学毕业后，王复生考入北京大学，在李大钊的影响下，宣传马克思主义，成为共产主义战士，并为人类的解放事业献出了自己的生命。当时教师中，名望较高的简介如下：

由云龙（1876—1961年），字逵举，别号定庵，1876年（清光绪二年）出生于楚雄姚安县。1897年（清光绪二十三年）考中举人。1907年（清光绪三十三年）毕业于北京优级师范科，曾游学日本，回国后被委任为学部主事，不久返回云南。1910年（清宣统二年），奉省委任令任大理模范中学堂兼完全师范学堂监督（校长），10 月到职，成为学校创办新学的第一任校长。辛亥革命中被推为滇西军政府协理。后任云南都督唐继尧的秘书长。1912 年，袁世凯窃国称帝，他与蔡锷等人一起，通电讨袁。后因护国有功，荣获二等大绶嘉禾勋章，三等文虎章，护国勋章。曾任政务厅长兼代理省长、云南省教育厅厅长、实业司长、水利总局长、盐运使等职务。中华人民共和国成立后，由云龙被选为云南省人民代表，担任云南省政协副主席，云南省文史研究馆筹委会主任委员。①

杨　琼（1846—1917 年），字叔玉，号迴楼，1846 年生于云南省洱源县邓川柿坪里，故又号柿坪先生。同治十二年（1873 年）选拔贡，光绪十七年（1891 年）乡试中举，授晋宁州学正。光绪三十年（1904 年）云贵总督丁振铎委以云南省考试院校阅院士，1905 年杨琼奉派日本考察学务，毕业于东京宏文学院速成师范班。宣统三年（1911 年）十一月，杨琼接由云龙任云南省第二模范中学第二任校长。民国元年（1912 年）五月，杨琼当选国会议员，卸任入京。袁世凯复辟帝制，杨琼愤然回滇，任三迤总会会长，创办成德中学。1917 年在上海病逝。杨琼生前著作较多，刊印的有《肆雅释词》《形声通》《小学韵语》《寄苍楼赋》《雅正录》《滇中琐记》，未刊的有《诗文集识》等。

李厚本（1885—1921 年），字培初，大理中和镇人，光绪三十年（1904 年）赴日本留学，先肄业于东京青山师范，后入东京高等师范学校普通科。民国元年（1912 年）五月，任云南省第二模范中学堂（后改省立第二中学）校长，任职期间，制订校训，开辟操场，建造礼堂，添置图书和科学实验仪器。民国三年（1914 年）调任省立第一中学教务长，旋被举为运动教育总会长。民国四年（1915 年）赴任北京国立高等师范学校及师范大学教授。民国十年（1921 年）带学生赴日本考察教育，回国后不久即病逝，年仅 36 岁。

丁其彦（1880—1938 年），字石夫，又称丁石，楚雄鹿城人。丁清宣统己酉年（1909 年），毕业于北京京师大学堂，返滇后，执教于云南省立优级师范学校，致力科学救国，讲授课程尽出所学，为师生所敬

① 详见何贵荣：《由云龙与〈桂堂余录〉》，载《春城晚报》，2019 年 12 月 3 日。

佩。民国元年（1912 年），丁其彦被委任为嵩明县知事，任期未满一年，即固请辞职，以求致力于教育。继而出任大理中学校长，治校六年，多有建树。1919 年被推为云南省教育界代表赴太原出席全国教育联合会。丁其彦书法侧重《礼器碑》，善用方笔，落笔刚劲如刀削斧劈，行草如行云流水，自成一家。其墨迹遍及邑内，被人视为珍品。省内知名学者对丁其彦有“尽瘁教育，廿年故步”“生醉于书，死乃搁笔”之誉。

张肇兴（1873—1917 年），字景中，大理人，生于清同治十二年（1873 年），光绪二十七年（1901 年）乡试领庚子、辛丑并科解员。1904 年奉派赴日本留学于弘文学院师范科，期间，受孙中山先生民主革命思想的影响，加入了同盟会。1906 年学成归国后，任楚雄师范传习所及省会两级师范教员，1911 年受聘于省立第二模范中学堂教务长，他大胆聘任留日归国者及日、英籍教师，使学校风气为之一新。他还亲自设计学校大礼堂，可容纳 800 座位的八角亭式木结构建筑，屋顶高 10 米，直径 15 米，中间不用立柱，整座礼堂中间无一障碍，被誉为最新式建筑，虽经 1925 年大地震仍安然无恙。1913 年调云南省通志馆修《云南光复史》。

李　澡（1874—1919 年），字学海，大理人，清光绪二十七年（1901 年）举人。曾留学东京宏文学院速成师范班，任省立第二师范学校国文教师，主编《云县志》，著有《大理县志稿·方言志》《亏斋诗草》。

王毓嵩（1882—1919 年），字峙（式）南，大理人。西云书院肄业，因成绩优异被保送去日本经纬学校留学。其间，参与《云南杂志》的撰稿和发行，深受孙中山思想的影响。学成归国后，成为云南省立第二中学监学、英文教员，后调到云南省立第一师范任国文教员。他勤思敏学，对政治、经济、法律、教育、艺术等多种学科均有涉猎和心得。教学之余，他还致力于著书立说，撰写发表了《人理学》《义务政府主义》等专著。其中，《人理学》在《义声日报》连载 5 个月，引发强烈反响。这些著述详尽地阐述他对于社会、政治、历史、道德、经济的看法。尤其对社会达尔文主义作了较为深刻的批判，贯穿着浓郁的民主主义色彩，在文化教育界受到非同一般的尊崇，有“王式南者圣人也”

之誉。天妒奇才，这样一位德高望重的教育家、爱国思想家竟然英年早逝，仅仅走过了 37 个春秋。①

马秉升（1886—1946 年），字东升，洱源人，19 岁中清光绪甲辰科府试第一补博士弟子员。1910 年考入云南优级师范史地班。1912 年秋，应聘任省立第二中学国文教师。1924 年任唐继虞秘书，1927 年后先后任兰坪、凤庆、永平、龙陵等县县长，1934 年应聘到阿迷（今开远市）任中学文史教员，1940 年辞职回洱源故居，不问政事。马秉升是滇西著名诗人，著有《抱霞轩诗文集》。

该届学生毕业后，考入云南讲武学校的居多。据笔者现有资料统计，计有马锳、阎旭、朱仲翔、黄汝仁、赵维熊、穆致祥、高时举、木壬林、王丙、罗为珍等十余人；孙金章考入黄埔军校第四期；寸树声考入日本东亚预科，先后在东京高等师范学校研究科和九州帝国大学读书；王濡廷（复生）、陈强华（罗稷南）、张炳翼等考入国立北京大学；和志坚考入国立北平法政大学；李浚考入国立武昌大学；其他多数回乡，或从事教育事业，或经商，或从政，为滇西经济文化建设作出贡献。如顺宁（今凤庆县）籍的杨汝炎、郑显杨（郑士樵）、戴琳（戴仁甫）、段同文等人回乡后积极兴办教育，服务于乡梓。杨汝炎当过县立小学校长、县教育科长。段同文一生专心治学，从事教育工作 46 年，桃李满天下。郑显杨曾任滇缅公路顺宁民工队长，获云南省政府奖励，授予二等金质奖章，先后任县教育局督学、建设局副局长、昆华中学文史教员。由于他出身中医世家，加上他的不断探索，以其诊断实绩，曾在 20 世纪 50 年代被列为云南省驰名的 40 名中医之一。著有《祖国医学诊断集要》《三字经证治医学集解》《国药实用概要》《伤寒论掘整稿》（合编）。腾冲籍的许奠国成为旅居缅甸的儒商，李仲德的商号“德兴隆”经营的翡翠行，享誉东南亚。毕业生中较为著名的有：

王复生（1896—1936 年），名濡廷，字正澥，祥云县人。中学毕业后考入北京大学。1920 年 3 月在李大钊的指导下，王复生与邓中夏等 19 人发起成立了中国第一个马克思主义研究团体——北京大学马克思学说研究会。1920 年 11 月李大钊建立北京社会主义青年团，王复生是

① 详见何贵荣：《复国思想家王毓嵩》，载《春城晚报》，2018 年 6 月 27 日。

第一批入团的团员之一，1921年秋转为党员。1927年初，在国共合作的形势下，受党组织派遣，王复生回云南主持建立了以共产党员和国民党左派为骨干的国民党云南省临时党部。大革命失败后，王复生按照党中央指示前往东北，在哈尔滨和齐齐哈尔等地开展革命活动。1936年8月15日，王复生在齐齐哈尔被日军残酷杀害，牺牲时40岁。遗著文稿、日记、作文、书信等63件收录《一门三杰——王复生、王德三、王馨廷烈士纪念文集》（中共云南省委党史研究室编，中共党史出版社，2009）

罗稷南（1898—1971年），原名陈强华，号陈晓航，又名陈子英。顺宁（凤庆）县人。1918年考入北京大学哲学系（后又转入中文系）。1923年，北大毕业回到云南，在东陆大学（云南大学前身）任教并应邀兼任昆明省立第一中学的国文及英语教员。1925年秋，在厦门大学任教。大革命时期，他参加了北伐，曾先后任国民革命军第四军第101师政治部宣传科长和国民革命军第三军第28师师部秘书。在“淞沪抗战”时，他是19路军的发言人，经常代表蔡廷锴军长举行记者招待会，发布战地新闻。1933年11月，19路军爱国官兵激于民族义愤，举行反蒋起义，因罗稷南与共产党人有密切关系，蔡廷锴、李济深命他作为19路军和福建人民革命政府的全权代表，率人到江西中央苏区和红军谈判联合反蒋的问题，双方签署了抗日反蒋协定。1934年，福建革命政府被蒋推翻，他转到上海从事翻译工作。1945年至1946年这段时期，为了反对蒋介石的内战和独裁阴谋，他还与许广平、周建人、马叙伦、郑振铎等著名爱国人士创办过《民主周刊》，发起组织“中国民主促进会”，与千百万民众战斗在第二条战线上。1950年，刘邓大军解放大西南后，罗稷南被党中央任命为西南军政委员会委员。此后，又调到上海任中国作家协会上海分会理事、书记处书记，当选为上海市人民代表大会代表。1950年抗美援朝战争爆发，他积极投入爱国捐献活动，捐献了全部稿费。以后，他的译著不断再版，他又将全部稿费存款购买了爱国公债。他精通俄语、英语，从1931年起开始翻译苏联文学作品，如高尔基的《幼年时代》（1931年6月由商务印书馆初版，翌年再版，1934年又编入“世界文学名著”丛书，1936年9月编入“万有文库”，1939年又出简编本），以后，又继续翻译了高尔基的名著《没落》（上海神州国光社，1935)、长篇小说《克里姆·萨姆金的一生》（分别由重庆大时代书局、香港生活书店、上海生活书店出版发行）和回忆录《和列宁相处的日子》、爱伦堡的《暴风雨》（上、下册），铁捷克的《怒吼吧！中国》，还有德国著名的马克思主义作家梅林的名著《马克思传》（上海骆驼出版社，1945)。还翻译了资本主义国家一些进步作家的名著，如英国高尔斯华绥的《有产者》、狄更斯的《双城记》、美国斯坦因贝克的《漂亮女人》等，长篇名著《安娜·卡列尼娜》也是罗稷南最早翻译的。他一生翻译的世界名作达 20 余部，共计 800 余万字，为我国的翻译事业作出了卓越的贡献。

马　镁（1893—1975 年），白族，字幼坡，洱源县人。中学毕业后入云南讲武堂第十四期、陆军大学特别班第五期。1924 年任大理镇守使署少校参谋兼警卫连长，1927 年任国民革命军第三十八军 99 师参谋长，1930 年任第十路军参谋处长，1932 年调任滇越铁路军警总局局长。1937 年抗日战争全面爆发，马镁调任卢汉任军长的第六十军军部少将参谋处长，代理参谋长。1938 年 10 月，滇军改编为第三十军团，马镁升任中将副参谋长，参加南昌战役和长沙会战。1942 年，出任总司令部参谋长，辅助卢汉卫戍滇南直到抗战胜利。1945 年初，第一集团军扩编为第一方面军，下辖第一、第九两个集团军，卢汉为第一方面军司令官，马镁任参谋长。1945 年 8 月 15 日，日本宣布无条件投降，卢汉、马镁及盟军代表等 500 余人参加了受降仪式，获杜鲁门颁发的“美国总统自由勋章”。1949 年参加云南起义。著有《云南起义经过》（《云南文史资料选辑》第四辑，1963 年 5 月)、《云南起义续闻》（《云南文史资料选辑》第二十三辑，1984 年 11 月)、《抗日战争胜利后第一方面军入越受降纪要》(《云南文史资料选辑》第四十七辑，1995 年 2 月）等回忆文章。

阎　旭（1895—1949 年），字旦夫，大理古城人，中学毕业后考入云南讲武学校第十三期。1920 年起任靖国联军总司令部中队长、区队长，1928 年后，历任第三十八军军官团第一营营长、暂编第一团副团长、第三团团长。1934 年，送陆军大学特别班第二期学习。1937 年毕业回滇，任第六十军 182 师少将参谋长，随军开赴前线，他与师长安恩溥研究行军路线及禹王山地形，后又指挥 539 旅从禹王山后山脚取道绕行李家圩进入第二防线各据点。在台儿庄战役中，182 师与其他滇军部队一起浴血奋战，重创日军精锐矶谷、坂垣师团，伤敌万余人，滇军也伤亡惨重，战役结束后，182 师整编为一个团。后奉命回滇招训新兵，任补充第四大队大队长，步兵第五团团长。1940 年任独立第三旅旅长，驻守屏力、金平。1941 年任第一集团军第一路军第三旅旅长。1942 年任滇黔绥靖公署参谋处长。1946 年任绥靖中将高级参议。编撰有《大理阎氏宗谱》六卷，内容包括：总谱世系、事略、传、墓志、墓表、像赞、图赞、哀挽章、挽联。其中卷二、卷三收录了陈荣昌、袁嘉谷、李根源、周钟岳等人的传略、墓碑等，对研究地方历史、文化均有较好的参考价值，大理市图书馆藏 1938 年抄本。另辑有《李中溪先生史记题评抄》一卷，阎旭 1934 年外游于江苏省图书馆，从明刊《史记题评》中辑出，今藏云南省图书馆。

木壬林（1892—1945 年），别字鹤九，别号雪生，丽江人，纳西族。1938 年至 1942 年，先后任预备第一师第一旅少将旅长，79 军政治部主任，湘、鄂、赣边区挺进军游击总指挥部少将副总指挥，率部英勇打击日寇，后升任远征军司令部中将高参。

寸树声（1896—1978 年），字雨洲，腾冲县人，中学毕业后，曾回乡任和顺高等小学堂教师。1918 年冬，获官费赴日本留学，1932 年在九州帝国大学获经济学学士学位。“九一八”事变后，寸树声先生毅然回国，曾先后在北平大学、西安临时大学、西北联合大学、云南大学等学校任副教授、教授。曾创办腾冲群益中学，开展乡村教育。中华人民共和国成立以后，寸树声担任过云南大学副校长、中国民主同盟云南大学分部主任委员；民盟云南省委员会副主委、代主委以及第二、三、四届主委；民盟中央委员会委员。1956 年至 1978 年，担任云南省政协第一、二、三、四届委员会副主席和全国政协第三、四、五届委员会委员、常委。1956 年，加入中国共产党。其一生致力于教育事业，是著名教育家。主要著作有《两年半的乡村工作》《农业经济学》《经济政策》等讲义。

李　浚，字濬庵，洱源县人，中学毕业后考入武昌大学生物系。1928 年 3 月，李浚回母校接任省立大理中学第四任校长，至 1937 年 8 月卸任，共 9 年，是学校在中华人民共和国成立前 14 任校长中任职最长的校长，其间改革教学，修建校舍，购置图书、仪器等均有建树。1929年，张冲平定滇西匪患，人民拍手称快，李浚约请大理12县乡绅在中学“湛园”立纪念标，购置近代科技图书近万册充实图书馆。1930年，报请云南省教育厅批准，将杨玉科家祠全部充作校舍，改善了办学条件。翌年，将大理女子师范学校并入省中，设女子部。李浚重视近代科学文化和体育教学，常不惜重金聘请专业教师。如邓川童训教官严希陵，谙熟大理历史掌故、民间文学及风土人情，人称“乡土学者”，课余常给学生讲述地方历史、掌故，徐嘉瑞《大理古代文化史稿》就得益于严氏的帮助指导。其他如语文教师大理人杨铸才、洱源花品洁、剑川李家瑞，美术教师杨杼（杨杰将军胞兄）等都是学有专长的教师。李浚校长对贫困学生关心照顾，从1930年起，每个学生每月发给伙食补助5元。1937年8月李浚调任永善县县长，1949年接任邓川县最后一任县长。1950年亡于邓川。

和志坚（1893—1951年），字万松，纳西族，丽江人。民国九年（1920年），考入国立北平法政大学，攻读法律科。民国十三年（1924年）毕业回昆明，在省立一中（昆华）任教，并兼文牍主任，同时在省立法政专门学校、成德中学等学校做兼课教师。民国十六年（1927年）与中共地下党员王复生、李鑫二人接触，经二人介绍参与建立云南国民党左派组织的活动。在国民党第三次清党运动中被捕，后保释出狱。民国十七年（1928年）回到丽江，在省立第三中学（丽江省中）任教。次年7月任县教育局长，向士绅、富商筹募教育经费，教育经费从原有6000银元增加到16000多元。从上海订购大批新课本，统一全县学校教材。在各区增建公立学堂，举办师资训练所，建立督学制，组织校董会管理学校，定期评审教学质量。三年内，县属高、初级小学由91所发展到200所。民国二十年（1931年），全省教育会议评比成绩，丽江县获甲等第一名，省政府颁以“丽水增辉”匾额，奖“万有文库”一部，对他个人颁以“宏宣铎化”匾额。民国二十一年（1932年），清理全县的学田，收回若干被蒙占公地、公产。民国二十七年（1938年），调任省立一中（昆华）初中部主任兼文牍主任，同年8月调任丽江省立第三中学校长。全省几次高、初中毕业会考，丽江中学均名列前茅，后省教育厅颁予他“平正干练”匾额。民国三十一年（1942年）

八月，调任大理省立大理中学校长，因成绩卓著，国民政府教育部颁予“勤苦实干”匾额。次年8月，又调任省立第一中学（昆华）校长。民国三十三年（1944年）后，先后任邓川、洱源、剑川三县粮政督导员、彝良县长、姚安县长等职。工书画，以画鹌鹑著名，人称“和鹌鹑”。1945年，与周霖等组织“雪社”，后“雪社”发展成为诗、书、画、乐为一体的群众文艺组织，培养了一批年轻的诗、书、画爱好者。1948年底，支持中共丽江地下党活动，协助中共开展争取习自诚的统战工作。解放后，先后任丽江政务委员会秘书主任、县人民政府秘书主任、县法政科长。1950年5月，任云南省人民法院丽江分院院长。1951年3月清匪反霸中，错处被杀。1984年9月平反，恢复政治名誉。

张炳翼（1894—1979年），字仲轸，号鲁川，大理市挖色人。1918年考入北京大学文学系预科，1919年参加了“五四”爱国学生运动。1920年转入哲学系本科，1925年毕业并获哲学学士学位。先后在云南东陆大学、高等师范、法政学校、昆华中学、昆华女中等校任教，抗战期间回宾川担任县教育局长，同时还兼任宾川中学国文教师。继又到大理中学任教。由于教学认真，受到学生欢迎。他曾把夏丏尊翻译的意大利人亚米契斯著的《爱的教育》铅印成16开本讲义式大书，免费分送每个学生一本。1948—1950年任昆明市女中校长、云南大学副教授。1950年6月至1966年“文化大革命”前任昆明市第三中学校长。1956年参加民主同盟，曾任昆明市政协第一、二届委员、常务委员。

百年风云激荡，中华民族走向独立、富强，1915届毕业生为民族的解放和振兴作出了杰出的贡献。在维护共和的护国运动中，在宣传马克思主义、创建中国共产党的伟业中，在抗击日寇的民族战争中，在云南和平起义的过程中都有他们的功绩。王复生是中国早期马克思主义的杰出宣传者，他还点燃了陕北的革命火种，引导刘志丹等一批青年走上革命的道路。抗战爆发后，他深入东北宣传中共的抗日方针，最后被日寇杀害。马锳、阎旭、木壬林等将军效命疆场，与日本侵略者展开浴血奋战，因战功显著，先后晋升为中将。在云南和平起义中，时任云南绥靖公署副主任的马锳与建水专员朱仲翔等响应中共号召协助卢汉举行和平起义，并确保了云南局势的稳定。寸树声、罗稷南、李浚、和志坚、张炳翼等在云南的教育发展中有重要的地位，罗稷南还是我国杰出的翻译家。还有一些学子走出国门成为爱国商人，享誉东南亚。正可谓：百年风云，星光灿烂。

参考文献

[1] 省立大理中学校史. 1947.

[2] 大理市大理第一中学编. 云南省大理第一中学校史. 昆明：云南科技出版社，2017.

[3] 周钟岳. 云南光复纪要. 昆明：云南人民出版社，2011.

[4] 云南省志编纂委员会编. 续云南通志长编. 昆明：云南民族出版社，2010.

[5] 洱源县教育志. 1998.

[6] 云南洱源白族马氏文史资料汇编. 1996.

[7] 大理阎氏文史资料. 1997.

[8] 凤庆县教育志. 1991.

[9] 凤庆文史资料（第三辑）. 1991.

[10] 凤庆县志. 昆明：云南人民出版社，1993.

[11] 云县地方志编纂委员会. 云县志. 昆明：云南人民出版社，1994.

[12] 腾冲文史资料选辑（第六辑）. 2008.

[13] 丽江地区教育委员会. 丽江地区教育志. 昆明：云南民族出版社，1999.

[14] 丽江政协文史组. 丽江文史资料全集（第四辑）. 昆明：云南民族出版社，2012.

[15] 寸树声的乡村教育实践. 2007.

[16] 王复生日记. 祥云文史资料（第二辑）. 1992.

[17] 百年名校大理一中文化研究文集. 昆明：云南科技出版社，2012.

作者简介：何贵荣，大理一中正高级教师、历史特级教师、教育科研处主任。

民族宗教·习俗

大理白族医药神信仰研究

董　相

前　言

有关“生命和疾病”的议题长期以来受到学界的关注。20 世纪 40 年代初，许烺光在云南西城（喜洲）的田野调查中，亲眼目睹了“村民们面对一次恶性传染病（霍乱）的侵袭，为了抵御这一灾害，村民们不惜代价，采用了宗教魔法与实际治疗结合的办法”①。他较早关注到村落宗教信仰与地方性传染病的关系问题，并在 1952 年出版了《宗教、科学与人类危机》②；此后，1975 年，他在香港沙田区，再次看到沙田人面对恶性传染病举行盛大祭祀活动。于是，许烺光对比讨论了这两次类似的田野经历，更名出版了《驱逐捣蛋者：魔法、科学与文化》③。

① 许烺光：《驱逐捣蛋者：魔法、科学与文化》，王芃、徐隆德、余伯泉合译，前言第一页，台北，南天书局，1997。

② 《宗教、科学与人类危机》：系许烺光《驱逐捣蛋者：魔法、科学与文化》（1997 年）的前身。许烺光（1909—1999 年），辽宁庄河人，行为科学家，心理人类学创始人之一；1933 年毕业于上海沪江大学社会学系，曾在上海从事国际救援活动；1934—1936 年在北京协和医院做社会工作；1937 年赴英国伦敦经济学院就读人类学，师从马林诺夫斯基（Malinowski，1884—1942 年）。之所以缘起《驱逐捣蛋者》，还因为该专著是笔者进入硕士学习的启蒙著作。

③ 许烺光：《驱逐捣蛋者：魔法、科学与文化》，王芃、徐隆德、余伯泉合译，台北，南天书局，1997。

而在许烺光之前，学术界关于大理白族古代医学研究中也有类似记载。大理白族的古代医学，不仅有传统疗法，也有经过交流传播进入大理的印度、中原唐宋王朝的疗法；但当以上医学疗法无法解释时，他们大多会通过求神祈巫实行精神疗法。此外，在现代医学①形成之前的古代社会，初民更多把“期待一个新生命”“延续一个生命”“治愈某些疾病痛苦”等战胜“生老病死”的祈愿，寄予一种意识文化的空间，或是一个神灵，或是一位祖先，或是一种图腾……随着历史发展、文化传播，这种对神灵的寄托逐渐被专职化，并塑以“医药神”具象进行崇拜。之后，笔者在洱源凤翔村的田野调查中，巧遇几次病患祭祀、求子祭祀等仪式个案。在前期调查的基础上，笔者以“大理白族‘医药神’信仰”为主题，开展了系统的民族学田野调研。

一、相关概念界定

本文主要以大理白族“医药神”为研究对象，“医药神”的界定和分类是本研究的关键。

（一）医药神

学界关于“医药神”的界定暂无专门定义，而关于“医药神”的相关解释，早期有沈雁冰提出：“关于医药，也有一些零碎的神话。……大荒之中，有灵山，巫咸，巫即，巫肦，巫彭，巫姑，巫真，巫礼，巫抵，巫谢，巫罗，十巫从此升降，百药爰在。……中国神话中司医药之神凡十。”② 可见，人类早期的医学活动，多与对巫神的崇拜、献祭仪式等神话紧密地联系在一起。

之后，清姚东升《释神》称神农、韦慈藏、岐伯为药王，并记述了他们的神话故事。③《中国大百科全书·宗教》载：“药王（道教民俗神），中国古代中

① 参考陈邦贤《中国医学史》（团结出版社，2006），陈邦贤把中国医学的发展主要分为上古医学、中古医学、近世医学、现代医学。其中，中国现代医学形成于20世纪50年代前后，并于20世纪80年代进入快速发展时期。

② 沈雁冰：《中国神话研究ABC》，78页，上海，ABC丛书社，1929。

③ （清）姚东升辑：《释神》，59页，北京，书目文献出版社，1985。

的名医，后演化为神。”[①] 此外，刘城淮先生的诸多著作、文章中，也出现“医药神话”的提法。如《中国上古神话通论》载：“医病神话，以描述发明医药、医治疾病、斗争疫神、博取长寿为主的神话。”[②] 他在《神话经典》提出：“医药神话，斗疫神话、治病神话、药物神话、延年神话、复活神话、复合医药神话……”[③] 之后，学界诸多研究则延用刘城淮先生关于“医药神话”的概念，还在他的研究基础上，根据人类的生、老、病、死，将民间敬奉的“始祖神”“生育神”“治病神”“司病神”“长寿神”等纳入医药神灵中讨论研究。

综合分析以上提法，学界关于“医药神”的解释各据一词。本文根据田野调查，收集整理大理白族村落仍有祭拜的医药神祇，界定研究对象医药神是指源于多元宗教、大理白族信仰以及包括生育、治病、司病、促进健康等医药相关的具象行业神灵，并包括全科医药神和专科医药神两大类型。

（二）全科医药神和专科医药神

根据田野调查，大理白族信奉的医药神的宗教背景十分复杂。目前大理白族村落常见、祀以医药神祭拜的神祇，主要有佛教的“药师佛”，有源于道教却供于佛教寺庙的“药王”，有本主崇拜的“药神”孟优和慈爱圣母，有源于道教祀于本主庙中的生育神、痘神、瘟神等。

但在分类上存在矛盾，若以宗教门类来区分，把它们归属道教、佛教、本主崇拜任何类别中，都多少缺乏说服力。以“药王菩萨”为例，根据田野参与观察、访谈，发现上阳溪极乐寺、喜洲大慈寺、喜洲沙村观音寺，都供奉了药王菩萨，但从神祇造像分析，它们原是道教神祇，而在大理常见置于佛教寺庙中。此外，子孙娘娘和痘二哥哥又是一例，神祇源自道教，但白族民间将其归属本主崇拜系统中。

鉴于复杂的宗教背景，本文借鉴了现代医学中全科医生、专科医生的概念，把大理白族医药神分为“全科医药神”和“专科医药神”两大类型。

全科医药神，指大理白族信仰的医药神中，寓意可祛除各种疾病、预防疾

① 中国大百科全书总编辑委员会《宗教》编辑委员会编：《中国大百科全书·宗教》，71 页，北京，中国大百科全书出版社，1988。

② 刘城淮：《中国上古神话通论》，220 页，昆明，云南人民出版社，1992。

③ 刘城淮、刘爱梅主编：《神话经典》，69 页，长沙，湖南文艺出版社，1996。

病、促进健康的综合性的具象行业神。根据田野调查收集整理，主要有佛教的药师佛、源于道教的药王孙思邈、本主崇拜的药神孟优和慈爱圣母。

专科医药神，指大理白族医药神信仰中，针对某种特殊疾病被构建的神祇，寓意可祛除某种特殊疾病、可预防患某种特殊疾病的具象行业神。如与生育相关的子孙娘娘、三霄圣母、送子观音，与小儿痘疹相关的痘二哥哥以及与瘟疫灾害相关的大黑天神等。

二、从历史记载看大理白族“医药神”的源流

从目前的文献记载来看，大理白族医药神的形成原因，大致可以追溯到南诏时期。内因主要表现为“笃信巫鬼”的传统以及高原季风气候特点，与战争、灾荒等社会矛盾，导致瘟疫、血吸虫病等传染病频频发生。外因主要因为大理地处西南要塞，交通、经济等的发展，不仅加快了亲仁善邻的白族人民接触、吸收中原汉文化、藏文化、印度文化等的速度，这些外来文化又与当地传统的笃信巫鬼的风俗相结合，并进一步促成大理白族医药神信仰的形成和发展。

（一）有关巫鬼（医）的记载

明代陈文《云南图经志书》记载今大理剑川居民风俗：“笃信巫鬼，州与浪穹接，境亦有山，后人凡有争讼，不告官，必杀鸡狗誓于神，以求平其曲直。有病不服药，亦惟祭鬼，虽死不悔。”① 后，清黄元治《大理府志》卷十二“风俗篇”也有记载：“愚民疾病辄惑于妖巫。祈祷四出。虽倾产勿恤也。民多白人。俗与太和同……”②

此外，清侯允钦《邓川州志》卷四“风俗”载：“疾病医药外，多惑于巫，邱墟丛莽间，累累跪祷半淫祀也，盖爨僰遗俗，未能悉化云。”③ 清杨琼撰《滇

① （明）陈文：《云南图经志书》卷五，见大理州白族文化研究所编：《大理丛书·方志篇》卷一，107 页，北京，民族出版社，2007。

② （清）黄元治：《大理府志》卷十二“风俗”，民国二十九年（1940 年）冬，大理严镇圭重印。见大理州白族文化研究所编：《大理丛书·方志篇》卷四，114 页，北京，民族出版社，2007。

③ （清）侯允钦：《邓川州志》卷四“风俗”，咸丰元年刊本，见大理州白族文化研究所编：《大理丛书·方志篇》卷七，505 页，北京，民族出版社，2007。

中琐记》载："此会相传起于南诏，数千百年不能禁止，盖惑于巫言，祈子嗣，禳灾病。"①

根据以上地方史料记载，人们无时无刻不在探索疾病的由来、治愈方式，但在现代医学认知缺乏的当时，人们对疾病的认识更多受传统笃信巫鬼意识形态的影响；面对疾病的威胁、子嗣繁衍等病理问题，民间民俗"感于妖巫""多惑于巫"，并以"巫觋""巫言""神解"为主要的方式和途径，认识、治疗疾病。

（二）有关疫情灾害的记载

笃信巫鬼的传统主要表现为文化群体的精神寄托，为大理白族信仰文化的形成提供了精神基础；而其主要动因可能还是明清以来高频率发生的疫灾事件。大理地貌主要以山地、高原为主，绝大部分属高原型温湿季风气候，尤自唐朝开始，不仅经济、卫生条件等发展滞后，加上频繁发生战乱，均是疫灾频发的诱因，据历史文献记载，尤其多见鼠疫、霍乱、疟疾三大病种的疫灾记载。

《吊唐天宝战士冢》载："会大疫，死者踵于道，复大败，宓父子战死，先后丧师二十万，军赀无算，海内日凋耗。"②

杨琼《滇中琐记》载："滇中自大乱平后，迤南、迤西多病瘟，有红痰、痒子二症。中红痰者，死差缓；中痒子者，更宿即死。其传染，初起及将衰时间可医治，至其盛行时，中者百难救一，死尸相藉，忖户为墟。"③

自明清以来，相关记载更是频繁。明正德九年（1514 年），"鹤庆州，大疫死者，不可胜计。"④ 明神宗万历二十五年（1597 年），"大理大疫"⑤。明熹宗天启四年（1624 年），"大理疫"⑥。清康熙二十年（1681 年），"云南府，八月已

① （清）杨琼：《滇中琐记》，见方国瑜主编：《云南史料丛刊》第十一卷，302 页，昆明，云南大学出版社，2001。

② 段金录、张锡禄主编：《大理历代名碑》，607 页，昆明，云南民族出版社，2000。

③ （清）杨琼：《滇中琐记》，见方国瑜主编：《云南史料丛刊》第十一卷，251 页，昆明，云南大学出版社，2001。

④ （清）杨金和、杨金铠：《鹤庆州志》卷二"祥异"，光绪二十年刻本，见大理州白族文化研究所编：《大理丛书・方志篇》卷八，383 页，北京，民族出版社，2007。

⑤ （清）黄元治：《大理府志》卷二十八"灾祥"，民国二十九年（1940 年）冬，大理严镇圭重印，见大理州白族文化研究所编：《大理丛书・方志篇》卷四，179 页，北京，民族出版社，2007。

⑥ （清）黄元治：《大理府志》卷二十八"灾祥"，民国二十九年（1940 年）冬，大理严镇圭重印，见大理州白族文化研究所编：《大理丛书・方志篇》卷四，179 页，北京，民族出版社，2007。

亥，圣祖谕礼部：‘闻云南官兵疾疫者多，被地苦无良医。其令太医院医官胡养龙、王元佐驰驿前往调治’”[①]。康熙二十一年（1682年），“剑川州，二十一年，兵后大疫”[②]。乾隆三十七年（1772年），“鹤庆县，鼠疫，人继之，次年又疫”[③]。乾隆五十三年（1788年），“邓川州，自乾隆五十二年沿及嘉庆年大疫，死者万计，野无人烟”。嘉庆三年（1798年），“邓川州，大疫”。嘉庆九年（1804年），“邓川州，正月地连日大震，秋，中所大疫”。[④] 嘉庆二十二年（1817年），“大姚县、剑川州、楚雄县，旱，大饥，大疫”。咸丰五年（1855年），“大理县，坝子地区鼠疫流行。云南县，弥渡一带鼠疫流行”。光绪五年至十四年（1879—1888年），“鹤庆州，松桂每居七八月间，大疫死者，不可胜计”。[⑤]

据胡蝶《清代云南省疫灾地理规律与环境机理研究》，自顺治至宣统（1644—1912年），其中涉及大理地区疫灾的史料整理达76个年份。[⑥]

根据以上材料，明清时期，战争、大旱、地震、鼠疫等灾害威胁着地方村民的日常生活，甚至造成无数人的死亡。在现代医学兴起以前，地方民众面对各大疫灾，开始探究实质性的治疗之策，但因为医疗条件相对落后，更多也是束手无策，而因此仍寄希望于“神解”，这或许也是为什么大理民间流传下来的诸多医药神话传说，基本与疫灾相关的一大原因。

（三）有关医药神庙宇的记载

信仰体系的建立，主要表现为崇拜对象和庙宇建筑的出现。根据史料文献，关于医药神信仰的记载，最早见宋时大理国宫廷画师张胜温及其弟子所创《大理国梵像卷》[⑦]，画卷的六十八至七十六开清晰呈现了“药师琉璃光佛会”药师佛

---

① 云南省历史研究所：《〈清实录〉有关云南史料汇编》，729页，昆明，云南人民出版社，1986。

② （清）王世贵、张伦纂：《剑川州志》，康熙五十二年刻本，120页，大理白族自治州文化局组织编修。

③ （清）杨金铠纂辑：《鹤庆县志》卷11，9页，大理，大理白族自治州图书馆，1983。

④ （清）侯允钦：《邓川州志》，47页，台北，成文出版社，1968。

⑤ （清）杨金和、杨金铠：《鹤庆州志》卷二“祥异”，光绪二十年刻本。见大理州白族文化研究所编：《大理丛书·方志篇》卷八，384页，北京，民族出版社，2007。

⑥ 胡蝶：《清代云南省疫灾地理规律与环境机理研究》，33~48页，湖北，华中师范大学硕士学位论文，2014。

⑦ 《张胜温画卷》又名《大理国梵像卷》，是宋代大理国时期作品，现藏于台湾故宫博物馆。

的“十二大愿”，说明宋时大理国即有“药师佛”的宗教信仰文化，并有组织性的信仰仪轨。

另外，庙宇是信仰神灵的祭祀场所，是信仰文化的符号之一，当某一崇拜对象在某文化群体中得到部分群体认可，善男信女便会为此神祇建庙祭拜；而庙宇本身既是满足文化群体的精神需求，也是文化群体物质生活的表现形式之一。故，具有祈求祛除或减轻病痛、求子嗣等文化功能的庙宇便也应需而生。

元云南诸路儒学副提举王昇撰《大灵庙记》曰：“蒙氏威成王尊信摩诃迦罗大黑天神，始立庙，肖像祀之，其灵赫然，世祖以之载在祀典。至今滇人无间远迩，遇水旱疾疫，祷之无不应者。”① 元郭松年《大理府行记》：“又山行四十里至赵州甸，即赵睑也……山州治十五里，路转峰回，茂林修竹，蔚然深秀，中而建峰神庙在焉。凡水旱疾疫，祈请有征，州人赖之。”② 明陈文《云南图经志书》卷五“大理府井泉”记载：“救疫井，在点苍山下保和乡，其水清洌，俗传有疫癘者饮之即愈。”③ 以上所载，初民遇“疫疾”，多会到村中固定的信仰场所祈神护佑。

清黄元治《大理府志》卷二十七“寺观”记：“药师光寺，已在城北二十五里莲花峰之半。其地旧有二十六庵址，岩壑奇秀，四时有佛光，莫可名状，或云是药师佛光。”④ “大理在汉，已闻西方之教，至唐宋，而愈甚琳宫，紺殿焕乎，日星飞阁，浮图矗于云汉……药师寺，治东北隅，康熙初年营兵建。”⑤《新纂云南通志》载：“名药师寺。清康熙二十三年建。《大理府志》光绪间，邑人杨高魁、张品盛等倡修。”⑥ 以上所载，则是佛教影响下，筹建的医药神殿，为医药神信仰存在的可能性。

清陈钊镗、李其馨等纂道光《赵州志》卷二“寺观”记载：“圣母殿，在卧麟山，州人于此祈嗣祀痘神，前有祥麟楼，康熙甲辰年修建，后殿圮楼毁，道光

① 李春龙、王珏点校：《新纂云南通志》卷五，281 页，昆明，云南人民出版社，2007。

② （元）郭松年撰：《大理行记校注》，14 页，王叔武校注，昆明，云南民族出版社，1986。

③ （明）陈文：《云南图经志书》卷五。见大理州白族文化研究所编：《大理丛书·方志篇》卷一，95 页，北京，民族出版社，2007。

④ （清）黄元治：《大理府志》卷二十七“寺观”，民国二十九年（1940 年）冬，大理严镇圭重印。见大理州白族文化研究所编：《大理丛书·方志篇》卷四，175 页，北京，民族出版社，2007。

⑤ （清）黄元治：《大理府志》卷二十七“寺观”，民国二十九年（1940 年）冬，大理严镇圭重印，见大理州白族文化研究所编：《大理丛书·方志篇》卷四，174 页，北京，民族出版社，2007。

⑥ 李春龙、王珏点校：《新纂云南通志》卷六，164 页，昆明，云南人民出版社，2007。

十二年重建。”[①] 亦载：“三皇宫、三教阁、三清阁、斗母阁、大士阁、魁星阁、圣母殿、接引阁、药师阁、佑圣宫、财神殿、太平寺，以上俱在弥渡青螺山。”[②] 清侯允钦《邓川州志》卷七“民祀”记载：“子孙娘娘庙，村各有之，岁以三月，念日，村人备牺醴祭，按古者必立郊，禖元鸟至之日，以太牢守祀于郊，禖今子孙娘娘之祀，或其遗意欤，若世称九天圣母名号，则杂于到家，不经之论矣。”[③]

又见，《剑川县志》载：“除水的‘神灵’替代物外，龙图腾崇拜还表现在疾病方面。1949 年以前，剑川白族将痨病、浮肿、生疮、生癞子等病视为龙作祟而产生的疾病，统称龙病。这些患者需到龙王庙、龙潭边祭祀，祈求消灾。”[④] 又如，弥渡城西南面有个村庄叫西大桥村，村东面有一条沟叫摆衣沟，沟旁边建了一庙叫“摆衣大王庙”。该庙为白族本主庙，是专管疾病的大王，“庙里面供奉这一位专门管各村各寨‘打摆子’（即疟疾病）的病人的神。过去到庙里烧香叩头，要备一份‘摆衣大王’的甲马纸，祈求消灾免病”[⑤]。

综上文献记载，大理地方早有立庙祭祀如“痘神”“药师”“子孙娘娘”等医职神祇的崇拜文化，并呈现多元宗教背景。

三、大理白族医药神的类型

大理地区的民间宗教信仰自古呈多元性，表现为一个庞大的神灵系统，既有道教信仰文化，也有佛教信仰元素，还不乏本土的宗教信仰文化，如阿吒力教、

---

① （清）陈钊镗、李其馨等纂《赵州志》卷二“寺观”，道光十八年刊本，民国三年（1914 年）凤仪县知事董莹补刊，见大理州白族文化研究所编：《大理丛书·方志篇》卷四，345 页，北京，民族出版社，2007。

② （清）陈钊镗、李其馨等纂：《赵州志》卷二“寺观”，道光十八年刊本，民国三年（1914 年）凤仪县知事董莹补刊，见大理州白族文化研究所编：《大理丛书·方志篇》卷四，347 页，北京，民族出版社，2007。

③ （清）侯允钦：《邓川州志》卷七“民祀”，咸丰元年刊本，见大理州白族文化研究所编：《大理丛书·方志篇》卷七，530 页，北京，民族出版社，2007。

④ 云南省剑川县志编纂委员会：《剑川县志》，422 页，昆明，云南民族出版社，1999。

⑤ 田怀清：《弥渡地区白族本主调查》，见大理州白族文化研究所编：《大理丛书·本主篇》（上卷），207 页，云南民族出版社，2004。

朵兮薄教、本主崇拜等。因此，多元宗教信仰背景下，大理白族信仰的医药神也没有统一的宗教背景归属；就大理白族村落而言，所祀医药神灵往往也自取一说，各行其祭。

根据田野调查，目前大理白族村落常见、祀以医药神祭拜的神祇，主要有佛教的“药师佛”；有源于道教却供于佛教寺庙的“药王”；有本主崇拜的“药神”孟优和慈爱圣母；源于道教祀于本主庙中的生育神、痘神、瘟神等。鉴于如此复杂的宗教背景，本文借鉴现代医学中全科医生、专科医生的定义，将大理白族医药神分为两大类型分述如下：

（一）全科医药神

1. 药师佛

药师佛（梵文：Bhaisajyaguruvaidūryaprabhāsa），全称“药师琉璃光如来”，又称“大医王佛”，是佛教神灵系统中重要的神祇之一，主要经籍是《药师经》[①]。据经典，药师佛由日、月光菩萨相伴左右，“十二药叉”随行。[②] 在大理地区，关于药师佛的早期记载，主要有《张胜温画卷》，画卷的六十八至七十二开是“药师琉璃光佛会”图，画有药师佛、日月光菩萨、八大菩萨、比丘、十二药叉等三十七像；[③] 七十三至七十六开是包括原文的“十二大愿”图，“十二大愿”是药师佛成佛前发起的大愿，故药师佛也称“十二愿王”。[④]

从“十二愿”看，药师佛更多关注的是众生的切身利益，既有寓意于生理疾病，也寓意于心理疾病。藏学法师《愿我来世身如琉璃》云：“药师佛是位医师，但又有别于普通的医师，他不仅可以治众生的身病，更特别的是他可以治疗众生的心病。”[⑤] 药师信仰，是中国佛教信仰系统的重要组成部分之一，并遵药师佛“本行菩萨道时，发十二大愿，令诸有情，所求皆得”，宣扬佛法。[⑥] 张锡

---

① 按：汉传《药师经》五种译本之一，药师佛应文殊菩萨要求开示的净土法门，亦是赞叹药师佛功德的经典，现代通用译本。

② 福建省新闻出版局编：《药师琉璃光如来本愿功德经》（内部资料），39 页，（唐）三藏法师玄奘奉诏译，2010。十二药叉：又名“夜叉”，是捷疾鬼，行动迅速，力量勇猛。

③ 刘长久：《南诏和大理国宗教艺术》，77 页，成都，四川人民出版社，2001。

④ 释心田：《图解药师经》，86 ~ 110 页，北京，紫禁城出版社，2009。

⑤ 藏学：《愿我来世身如琉璃》，7 页，北京，宗教文化出版社，2009。

⑥ 福建省新闻出版局编：《药师琉璃光如来本愿功德经 》（内部资料），4 页，（唐）三藏法师玄奘奉诏译，2010。

图1　无为寺药师佛

禄《大理白族佛教密宗》认为，唐宋时期，南诏、大理国即有流传《药师琉璃光如来本愿功德经》《佛说灌顶药师疏经》，归其为密宗一派。[①] 可见，唐宋时期，大理民间既已开始流传药师佛信仰文化。根据田野调查，庙宇供奉药师佛的田野点，较有代表性的有大理市银桥镇双阳村西的无为寺（图1）、喜洲镇庆洞村的圣源寺等，且以配神呈现。

2. 药王

《中国大百科全书・宗教》载："药王，中国古代中的名医，后演化为神。"[②] 其身份来源是历史上出现的人物，如神农、扁鹊、孙思邈。

根据田野调查，大理白族地区民间信仰文化中，被称"药王"的神祇，较有代表的有喜洲镇大慈寺药王菩萨、喜洲镇沙村观音寺药王菩萨、湾桥镇上阳溪村极乐寺药王菩萨、下关镇太邑村大王庙药王菩萨、剑川沙溪寺登街本主庙和沙溪镇城隍庙药王爷等。从造像上看，以上田野点的药王造像大致可分为两种：第一种"药王"造像身着官服，头戴官帽，端坐，手持《药典》（图2）；第二种"药王"造像坐骑为虎，右手持银针，其旁为龙像，故此造像的药王也称"坐虎针龙药王"（图3）。

---

① 张锡禄：《大理白族佛教密宗》，124～125页，昆明，云南民族出版社，1999。

② 中国大百科全书总编辑委员会《宗教》编辑委员会：《中国大百科全书・宗教》，71页，北京，中国大百科全书出版社，1988。

图2　上阳溪极乐寺“药王”像

图3　沙溪寺登街药王“坐虎针龙”像

而造像多为“药王”孙思邈的民间画像，尤其是“坐虎针龙”，反映的便是孙思邈治愈患眼疾神龙的故事。两种造像虽有区别，且当地信众也不称其为药王孙思邈，而多称“药王”或“药王菩萨”代之。据上阳溪村造像师访谈，极乐寺“药王菩萨”的造像模板源于外来书籍。但当问及“药王菩萨”的缘起时，报告人所及却也有限，以剑川民间流传的“药王爷”故事和极乐寺“药王”缘起故事为例。

剑川“药王爷”是一位白发童颜的老爷，其造像伴琉璃兽。民间传说剑川老君山金场河边原有一棵紫檀树，因一传千里的清幽异香，被雪山王子砍倒移走，仅留树根；而后树桩又被一场洪水冲至金场河的下游，当地小孩却不懂其珍贵，只当烂柴烧，还围着紫檀树根无礼戏闹。这情景惹怒了闻香前来查看实情的玉皇大帝，并立马下旨瘟神，降当地小孩三年瘟疫。此后，痘症、麻疹、瘟症、痧症等降临剑川坝子的各家小孩，就连白王的太医也无力救治。后是白发童颜老者制成“龙肝凤胆”丸，唤醒随身琉璃兽“尝百草”之能，至上科山寻得九十九味药草制成药丸，平息了剑川坝子的疫灾。虽然，疫灾平息，但是老者的琉璃兽也为寻得第一百味药草，因食“断肠草”而毒发身亡，老者也因琉璃兽替其牺牲，拒绝白王封王，仅受“药王”称号，常居上科山下。

药王死后，当地村民便为药王和琉璃兽建庙，直至今日，凡家中有患病者，多会携带三牲到庙祭拜祈福请愿。

3. 药神孟优

本主崇拜，是大理白族特有的地方信仰体系，本主是大理各白族村落共设的社神。各村本主身份呈多元化，有的是佛教神祇转化，有的是传说故事的英雄人物，有的是帝王将相等；各个身份也会因本主的传说故事，带有特殊功能的文化标签。而与“医药神”有关的本主神祇，最具代表的是“药神孟优”。根据田野调查，挖色镇大泽淜村、海东大成村沙漠庙、海东名庄村本主庙、下关太邑村大王庙等，皆敬“药神孟优”为本主，且与其兄弟孟获、孟杰共尊本主称号，信众予以三兄弟不同的文化职能。

从造像上看，各村孟优造像基本相似，神坛位置为大哥孟获之左，虽然右手执剑，但是既被称“药神”，左手上的“药丸”，是其身份的象征（图 4）。通过整理海东名庄本主庙重修碑记，民间尊孟氏三兄弟为本主的故事如下所述。孟获、孟优、孟杰三兄弟，孟优排行老二，孟获发明衣服，孟杰发明竹简刻字，孟优发明了乐器和耕种方法。孟优同时还是一名精通医药、治病救人的医者。

据《白族本主神话》载，孟优不仅医术高明，更有一副菩萨心肠，对于贫者，更多是免费服务；为了治病救人，他不畏艰险，常常爬走悬崖峭壁采集药材，因此民间亦有称其为“活菩萨”。一次，孟优来到挖色，碰到许多脖子上生

图 4　海东名庄药神孟优像

疮的病人。经诊断，只有用长在苍山龙泉、雪人、玉局等峰顶的“雪上小灵芝”和“药山茶”才能治疗。可是，这两种药材非常罕见，孟优在十九峰、十八溪找了七天，还是找不到。无奈之下，他决定冒险到龙泉峰找找。龙泉峰处处悬崖峭壁，加上白雪皑皑，又冷又滑，但他还是顺着山绕，从凤眼洞找到龙眼洞。就在他进退两难时，正准备扑面袭击他的一只老虎，听说他急迫救助百姓，转念化作其坐骑，并带他到龙泉峰顶找到“雪上小灵芝”和“药山茶”，后送回解救百姓疮疾。后人为纪念孟优治病救人的功绩，就奉他为药神本主。①

关于孟优的佳话，亦有史料记载。《新纂云南通志·卷十》卷二百六十二“释道传四”载：“（蒙化直隶厅）汉：孟优，蒙化人，居巍宝山，土帅孟获兄也。素怀道念，常年来澜沧、泸水间，得异人长生，久视方药诸书，随处济人。后主建兴三年，诸葛亮南征，军中误饮哑泉，辄手足四禁不语，或谓优有良药，使人往求知，优进仙草，立验。”

而在《永昌府文征》载：“孟获弟优，有高行，往来博南叶榆间，以医术活人，甚得民和。”江应樑《诸葛亮与云南西部边民》云：“孟节寺在龙陵平安所东，府志载武侯南征至此，有哑泉，时有孟节具告泉之毒，为夷寺井水与九叶芸香草可解。”②

综上，挖色镇、大泽淜村、海东大成村沙漠庙、海东名庄村本主庙、下关太邑村大王庙等，尊孟氏三兄弟为本主是由历史典故演化而来，信众更因本主孟优“医术高能”的史话尊称其为“药神”，常年香火敬奉。

4. 慈爱圣母

大理白族本主崇拜神源系统中，除“药神”孟优，还有大锦盘村和砖窑村供奉的本主“慈爱圣母”，姓辛名福德，老一辈也称其为“福德圣母”。据大锦盘村莲池会经母周氏介绍③，“圣母”原是随军军医，战争结束因觉得村民友善可亲，并决心继续留居当地，继续行医行善。但是后半生，不知何因，又悄悄离开了大锦盘村，村民为纪念、感恩“圣母”长期予以他们的医善恩德，便筹资建庙供香火。

---

① 大理市文化局：《白族本主神话》，188～189页，北京，中国民间文艺出版社，1988。

② 江应樑：《诸葛亮与云南西部边民》，载《西南边疆》，1939（6）。见李文海主编：《民国时期社会调查丛编·二编·少数民族卷（上）》，643页，福州，福建教育出版社，2014。

③ 按：报告人周氏，大理镇大锦盘村莲池会经母，白族，85岁。

图5　大锦盘村本主“慈爱圣母”

从造像上看，慈爱圣母面带笑容，手扶膝盖，端坐神坛；左右各一位侍女，左侍女双手托葫芦药器，右侍女双手托“圣母”行医用的银针包（图5）。

关于“慈爱圣母”的传说故事，参见周林撰《建本主庙落成碑记》：“吾村本主女姓辛名福德，正月初八日生封号慈爱圣母，中原人氏（大理地区本土无辛姓）。据考：此人可能是天宝战争随军女医官，唐军战败，其融入民间，削发为尼，修行苦度，深研佛经教义，暗行医术，常云游四海，苦渡众生，襄情于山光水色之秀，外出化缘，访贫问苦，资助残弱，久居庙中，和族人打成一片，能说白语，深得村民爱戴，组织村民兴修水利，植树造林，促泉清幽，水流增大，还将医术传于村人，为人看病，药到病除，被村人尊为活菩萨。”① 田野调查发现，部分上年纪的“老妈妈”或称其“医王圣母”。而关于“慈爱圣母”的离开，碑记中说法有二：一种说法是“慈爱圣母”自己提出要去云游南海蓬莱仙岛，实则是她本人想落叶归根，以此为借口，回了中原；另一种说法，则认为，“慈爱圣母”确实去云游南海蓬莱仙岛，后因其功德感动上苍，升仙成佛。虽然“圣母”的去向暂无定论，但是村民不忘其医善恩德，建庙纪念以表感恩，还把圣母离开村民在南海成佛日农历三月初八，定为本主节。

① 按：此碑立于大锦盘村本主庙本主殿北墙外。

（二）专科医药神

在现代医学概念中，专科医生往往是根据器官、系统、疾病类型、所采用的技术来分科的，因此，对于专科医生来说，面对的疾病是固定的。[①] 本文以此为据，称相应神祇为“专科医药神”。

1. 生育神

女性生育，在医学不成熟的古代，对于很多人来说充满了神秘感；在不孕、难产等时候，更是无法掌以主动权，如此背景便有人开始把希望寄予神灵、祈神护佑。著名医史学家阿尔图罗·卡斯迪廖尼（Arturo Castiglioni，1874—1953）在其著作《医学史》言：“但是生物界中的妊娠、分娩、生长变化、死亡等不可思议的现象，不是感官所能直接了解的，于是他们便将之归于至大至远的超自然的神。”[②] 因此，民间就产生了子孙娘娘（图6）、送子观音、临水夫人、催生娘娘、送子张仙、九子母、碧霞元君等生育之神的传说，便逐渐建庙祭祀。

图6　上阳溪本主庙的子孙娘娘

① 吴春容、林晓嵩编著：《全科医学概论》，28页，北京，中医古籍出版社，2004。

② ［意］阿尔图罗·卡斯蒂廖尼：《医学史》（上），程之范、甄橙译，15页，南京，译林出版社，2014。

先秦以来，白族主要以农耕为生产方式，是比较典型的农耕民族，历来重视兴旺子嗣，所以生育神是本土信仰文化中普遍被认可的重要神祇。在大理白族村落，生育神是本主庙中最为常见的配神，尤其常见的是子孙娘娘和三霄圣母；此外，还有送子观音、九天卫房圣母、阿央白等，这些生育神对信众而言，主要的文化职能是求子嗣、求生产顺利等。

值得关注的是，大部分生育神因其文化功能专职性强，所以基本上都以配神的形式被供奉于本主庙中。从造像上来看，"娘娘"身边围着三五小儿是最显著的特征，或抱小儿或小儿匐背或一旁立等。规模小的本主庙，所供生育神一般只有子孙娘娘，并置本主造像一侧，如下关太邑村大王庙、磻溪村本主庙等。规模大一点的本主庙则会单独辟出一殿供之，如喜洲庆洞村神都、凤羽凤翔村本主庙，所供生育神是三霄圣母；如喜洲沙村、上阳溪村等的本主庙所供的生育神是子孙娘娘。这些都是单独辟出一殿供奉。

2. 痘神

痘神，顾名思义，专司痘疹的神灵。痘疹，亦称天花，急性传染病之一。

乌丙安《中国民间神谱》载："相传痘神原名余化龙，是武王伐纣时商朝的潼关守将。在与姜子牙所损周兵对抗时，虽节节败退，但他成功用计向周营播撒五斗毒痘，使其尽患痘疾。后姜子牙求伏羲赐药平息痘疹灾患，并与余化龙决一死战，其五子战死，余化龙自刎而亡。姜子牙克商封神之时，遂封余化龙为主痘神，其正房为卫房圣母元君，其五子分别为东、南、西、北、中五方主痘正神。"① 但在当下，从病理学看，儿童是痘疹发病集中群体，更有谚语道："生娃只一半，出花才算全。"

根据田野调查，痘神在大理白族村落普遍被称"痘二哥哥"，且常与生育神共同作为配神，供奉于本主庙，可以说整个大理坝子三分之二的白族村落的本主庙，都同供奉有生育神和痘二哥哥。从造像上看，痘二哥哥年岁既有清秀俊俏的（图7），也有中年稳重的（图8）；有的手持葫芦药品，有的手持利剑和药丸，也有的手掌捧小儿等。据大锦盘报告人介绍②，在她的家族中，凡小儿快三岁时，家中长者都会习惯性到本主庙祭拜痘二哥哥，请痘二哥哥护佑小儿不患痘疹；如若患上，家长老者必去祭拜痘二哥哥，求早日康复。

---

① 乌丙安主编：《中国民间神谱》，111页，沈阳，辽宁人民出版社，2007。

② 按：报告人杨氏，白族，36岁，农妇。

图 7　沙村本主庙痘二哥哥

图 8　上阳溪村本主庙痘二哥哥

3. 瘟神

瘟神，中国古代神话传说中主司瘟疫之神，又称疫神、瘟神、疫鬼。认为瘟神接收更高神祇的指令后，即释放瘟疫精灵到人间，同时他们也能收回被释放的瘟疫精灵。① 据东汉《独断》记载："颛顼氏有子，生而亡去为鬼，居江水，为瘟鬼。"《荆楚岁时记》亦有腊日逐疫之说。历代均有逐瘟神、送瘟神事。江南一带，即有纸船明烛送瘟神之习俗。② 在大理白族村落，也有一位被广为认可的瘟神，即"大黑天神"，或简称"大黑天"。③

大黑天神，是印度教"三大神"之一湿婆神（Shiva）的化身，后来演变为佛教密宗的守护神，④ 梵文"Mahākāla"，是"摩柯迦罗"的意译。但在大理，大黑天神像多出现在本主崇拜的信仰场所中，有的白族村落甚至将其作为本主立

① 许烺光：《驱逐捣蛋者：魔法、科学与文化》，王芃、徐隆德、余伯泉合译，19 页，台北，南天书局，1997。

② 中国大百科全书总编辑委员会《宗教》编辑委员会：《中国大百科全书·宗教》，71 页，北京，中国大百科全书出版社，1988。

③ 谢道辛：《云龙地区白族本主调查》，见大理州白族文化研究所编：《大理丛书·本主篇》（上卷），250 页，昆明，云南民族出版社，2004。

④ 连瑞枝：《隐藏的祖先：妙香国的传说与社会》，221～224 页，北京，生活·读书·新知三联书店，2007。

庙祭祀。

《新纂云南通志》载："云南各县，多有土主庙，所供之神非一，而以祀大黑天神者诸为多，塑像三头六臂，青面獠牙，狰狞可畏……村邑立祠，疾疫祷祀。"[①] 张楠《大黑天神流变考》提出："元明以后大黑天神嬗变为白、彝等民族的民间本主（土主）信仰……在平时的祭祀活动中，还有'大黑天神'的甲马纸。从中我们不难看出佛教密宗单一的护法神，成了'本境福主'，为乡民降伏恶魔、疾病祈祷、授予人间长命富贵的保护神。"[②]

据傅光宇《大黑天神神话在大理地区的演变》[③]，大黑天神如此成功地在本主崇拜中存在，多是因为："南诏时期密教终因得到统治者提倡而战胜道教，并与土主信仰、本主崇拜相结合，密教护法大黑天神在大理地区的神话正是在这种背景下产生的，尽管它已经地方化和民族化，但是基本核心内涵却始终未消失，只是表现形式不同罢了。"[④]

民间关于"大黑天"的传说故事，包括口口相传和书录收集记载，至少可见五六个版本，但故事核心讲述的都是关于白族村民逃过疫灾一劫的故事。以《大理丛书·本主篇》收集的传说故事为例。古时天帝认为天下百姓良心丑陋，胡作非为，因而决定用瘟疫病消灭天下百姓，遂派大黑天神奉上天的命令，下到今大理地区撒瘟丹。途中，他遇到一个背大孩、手牵小孩的妇人，实在诧异便问妇人，为何不背小的、手牵大孩。妇人告诉他："大孩子是我兄嫂家的遗孤，小孩是我的；兄嫂过世了，现由我照顾他们的孩子，我必须用心首先照顾好他们的孩子，才对得起我死去的兄嫂，我自己的孩子也还算懂事，外出时，自己可以跟着走。"大黑天神听妇人这么一说，心生感动，认为这里的百姓并无罪，于是临别前，大黑天神也告诉妇人门院前画符号标记、院中插松枝，可以预防即将横行的瘟疫。妇人回到村中，便把自己所见所闻告知村民，村民按其方法画符插松。而大黑天神，既已告知村民预防瘟疫方法，方知自己也无脸回天回旨，便吞下所有瘟丹。终不敌药力过猛，烧得难熬，他就跳进洱海，不仅烧干一寸海水，还把

---

① 李春龙、王珏点校：《新纂云南通志》卷五，502 页，昆明，云南人民出版社，2007。

② 张楠：《大黑天神流变考》，载《云南文史丛刊》，1996（3），见大理州白族文化研究所编：《大理丛书·本主篇》（下卷），590 页，昆明，云南民族出版社，2004。

③ 傅光宇：《大黑天神神话在大理地区的演变》，载《思想战线》，1995（5），54～58 页。

④ 傅光宇：《大黑天神神话在大理地区的演变》，载《思想战线》，1995（5），54～55 页。

自己全身烧成黑蓝色。[①] 以上为白族普遍认可的关于大黑天神的神话故事。

从造像上看，大黑天神主要特征是："三头六臂，青面獠牙，狰狞可畏"，标签是"驱逐瘟疫"。许烺光《驱逐捣蛋者：魔法、科学与文化》中，因为一场因霍乱而举行的"打醮"，提及大理西城（喜洲）"瘟神"信仰的文化现象，[②] 如图是1942年大理西城（喜洲）为霍乱"打醮"仪式所送的"瘟神"造像（图9）[③]，便是今天白族村落庙宇中常见的"大黑天"造像。但是，因为医疗卫生条件迅速发展的今天，瘟疫的威胁甚少出现区域化，大黑天神"驱赶瘟疫"的文化功能也渐渐被保留成文本。然而，这并不影响大黑天在本主崇拜中地位，在稍有规模的本主庙中，大黑天神是固定配神（图10），甚至仍有不少白族村落祀其为本主老爷，如剑川弥沙地区弥井、东庄、西庄、南庄、瑞谷庄、观音地等白族村，以及云龙白石乡顺荡井村、松水村、水城村等白族村的本主都祀大黑天神为本主老爷。

图9 1942年西城的"瘟神"

图10 太邑村"大黑天神"像

① 李一夫：《白族本主调查》，见大理州白族文化研究所编：《大理丛书·本主篇》（上卷），10～12页，昆明，云南民族出版社，2004。

② 许烺光：《驱逐捣蛋者：魔法、科学与文化》，王芃、徐隆德、余伯泉合译，21～24页，台北，南天书局，1997。注：西城即今大理喜洲的旧称。

③ 图片引自许烺光：《驱逐捣蛋者：魔法、科学与文化》，王芃、徐隆德、余伯泉合译，94页，台北，南天书局，1997。

从宗教背景分析，在大理白族村落，全科医药神涉及宗教背景较为广泛。其中，药师佛属佛教；药王虽普遍置于佛教庙宇中，但其原身份则属道教，而于佛教寺庙中，笔者认为更多原因可进一步讨论孙思邈与佛教的关系；而“慈爱圣母”属本土构建的信仰体系。

从神祇位置分析，大理白族医药神位置主次兼具。其中，本土构建的一般处庙宇的主位，如大锦盘村“慈爱圣母”、海东名庄本主“药神孟优”等，他们都是白族特有的本主崇拜的村落主神；而借用“外来”神祇的多以配神出现，较具代表性的有无为寺和圣源寺的“药师佛”，以及本主庙中的痘神、子孙娘娘、三霄娘娘等，他们于信仰场所，都是配神。但是，值得关注的还有一点，处于信仰场所主位的神祇，实不具有绝对的专职性、独立性。如本主“慈爱圣母”，信众赋予她的不仅是医学人文价值，同时管辖大锦盘村信众生活的方方面面；同样，“药神”孟优，在本主崇拜体系中，都与其两位兄弟共同主位，各司其职。

四、大理白族医药神信仰的仪式

“原始宗教与文明时代的宗教一样，都是由三个具有内在联系的基本要素构成，一是神话式的世界观，二是所谓的宗教感情，三是崇拜行为。”① 其中，信仰的仪式活动即是崇拜行为的表现形式。在大理白族村落，医药神相关的仪式活动主要有分为群体和个体行为，其中群体性的仪式活动主要因神灵诞辰等节日而起，如药师佛诞辰、药师忏法仪式、药王菩萨诞辰、子孙娘娘会等。而个体行为多以个人或家庭祈愿为原由，到医药神信仰场所进行系列祭拜仪式活动，包括求子嗣、保健康，还有为患病者请神灵护佑早日康复等的仪式活动。

（一）全科医药神的仪式类型

1. 药师忏

药师忏②，是以药师佛为本尊、以驱“疾”获乐为核心的忏法仪。其经典依

① 刘平、赵立雄：《解读白族宗教　弘扬优秀民族文化传统——写在〈大理丛书·本主篇〉出版之际》，见大理州白族文化研究所编：《大理丛书·本主篇》（上卷），22页，昆明，云南民族出版社，2004。

② 董相：《大理白族的“药师信仰”》，载《民族论坛》，2015（11），59～64页。

据《药师琉璃光如来本愿功德经》而作，《药师三昧行法》为最初经典。[①] 后因其文字说明过多，而且行仪不够详细，重新编撰《消灾延寿药师忏法》（三卷）[②]，现普遍用于各寺药师忏法会中[③]。

2. 药王菩萨诞辰

“药王菩萨诞辰”仪式活动是一种集体性仪式类型，主要是民间信众群体在药王诞辰日为其举行的庆祝仪式。关于药王菩萨诞辰的仪式个案，笔者在民族学田野调查的基础上，参与观察与访谈方法相结合，获得了大理湾桥镇上阳溪村极乐寺2016年农历五月初五药王菩萨诞辰仪式的第一手资料。[④]

3. 个人行为的疾病祭仪

非群体性祭拜仪式，即个人自发的祭拜仪式，一般都是通过拜访各村经母、经长或“朵兮薄”选定时间前往庙宇祭拜。[⑤]

（1）极乐寺“药王爷”的祭仪

通过整理极乐寺管理者和组织者的访谈信息，自发的祭拜极乐寺药王爷的仪式活动，祭拜信众一般都会准备两把剪刀和一两根穿线的缝衣针（图11），意指手术剪刀和伤口缝线，其他祭品、仪式顺序实与群体性的仪式活动便无太大区别。祭拜时，祭拜者用托盘托剪刀摆放于供桌上，穿线的缝衣针则会别扣于药王菩萨徒孙的披风上，意请药王护佑患病亲人早日康复，这是极乐寺与村民的文化功能之一。

---

① 林明珂、申国美：《中国佛教蝉蛹忏法六种》，195～208页，北京，全国图书馆文献缩微复制中心，2003。由天溪大觉寺受登在康熙三年（1664年）纂集。

② 张培锋编著：《佛家礼仪》，132页，天津，天津人民出版社，2008。

③ 圣凯：《中国汉传佛教礼仪》，21页，北京，宗教文化出版社，2001。

④ 董相：《大理白族“医药神”信仰研究》，50～54页，大理大学硕士学位论文，2017。

⑤ 朵兮薄：原指白族本主的“使者”，现主要是指祭祀活动的神媒，即代信众与神灵沟通、传达旨意的中间人。

图11　极乐寺个体因病仪式中的剪刀、针线

(2) 本主“慈爱圣母”的祭仪

在大锦盘，凡家人久病不愈，主人家除从医治疗行为外，也会去村中仪式专家处“瞧香火”，有时会被告知病人生病前冒犯“本主”，如若认为是冒犯本主，便会建议主人家到本主庙举行祭仪。2017年农历二月初五到大锦盘村田野调查，恰逢周氏母女为患病老人在本主庙举行祭仪，做以下记录。

据周氏母女介绍，自去年八月起，家人周老久病不愈，到市医院检查才知患了重症，也到各家医院检查治疗，年初根据周老的实际情况，现已离院回家疗养。但家人见周老被病痛折磨，便请村中的仪式专家瞧定日子到本主庙祭拜，请愿“慈爱圣母”护佑周老，愿可祛除病痛或减轻病痛。

观察此次祭仪，祭品准备和其他田野调查中遇到的情况大致相似；因慈爱圣母信佛，祭品都是素食。有糖、净水、茶水、盐、水果、鲜花；熟食准备有甘蓝、米饭、鸡蛋、茄子、西红柿、土豆、小瓜、胡萝卜等；此外，就是祭仪的香火，有纸火数张、[①] 红香数炷、红蜡烛两对以及祭仪的疏文等。周氏母女同时请了莲池会经母主持此次祭仪。仪式结束，主人家即可收拾神坛上的祭品，并要求带回家给病者食，意带回本主福音。

① 按：大理白族村落常用的纸火有亮黄色和银灰色两种，有正方形、长方形裁剪，这类的纸火，信众们都会在祭仪前将其折成元宝形状备用。

（二）专科医药神的仪式类型

在白族村落，常见的专科医药神的仪式类型主要有“求子”“送瘟神”等。

1. 求子仪式

以2016年10月31日洱源凤羽镇赵氏妇女到本主庙求子仪式为例。

举行仪式前需要“择日子”“准备祭品”，祭品一般包括大公鸡、干鱼、甘蓝、青蒿水、乳扇、豆腐、香纸、红烛、疏文、鞭炮、炊具、米、鸡蛋、茶、本主新衣、水果、糖果以及小孩衣服等。最后请请“承奏弟子”或“保奏弟子”，以及“老友”和亲戚[①]共同参加仪式。

仪式步骤[②]：（1）陈设神坛、敬香；（2）生祭仪式；（3）熟祭仪式；（4）给神祇“三霄娘娘”手中抱的幼童穿新衣；（5）收祭祀品返回。（图12）

图12　求子仪式中准备的疏文、小儿新衣、神坛摆设

2. “送瘟神”

瘟神是中国古代神话传说中主司瘟疫之神，既可播撒瘟疫，也可带走疫种。而“送瘟神”就是人们为送走引起疫灾的瘟神而举行的一种信仰仪式。在医学

① “老友”或亲戚：邀请参与仪式的亲友是有选择的，对方家庭和睦，子孙兼具福德。

② 董相：《大理白族“医药神”信仰研究》，59～65页，大理大学硕士学位论文，2017。

解释疫灾病因、面对疫灾展开大规模战斗之前，送瘟神曾一度是疫情高发区主要抵御疫灾的仪式活动，尤其是我国南方地区更为普遍。许烺光《驱逐捣蛋者：魔法、科学与文化》，即在田野调查基础上，记录了云南大理西城（喜洲）人面对霍乱威胁时，通过“打醮”送瘟神仪式的典型个案。

许烺光《驱逐捣蛋者：魔法、科学与文化》中，详细记录了西城（喜洲）人请来道士“打醮”送瘟神的整个仪式过程。根据许烺光记录整理，自村民留意霍乱大规模威胁开始，即刻搭建醮台，“打醮仪式”大小不一，而规模最大的整整持续了六天七夜，其中“瘟神游行”（图13）、“送瘟神”，是整个打醮仪式中最重要的环节。①

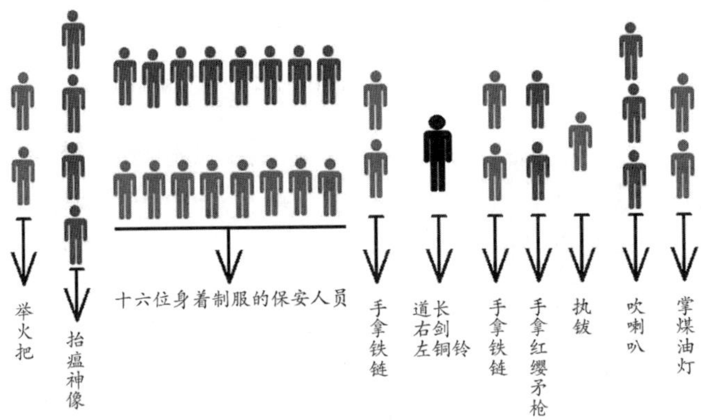

图13 瘟神游行队伍（笔者制）

但在医学发达的今天，大理地区瘟疫的发生率越来越低，霍乱等疾病基本不再困扰地方居民。当下来看，信众关于送瘟神仪式风俗的继承也逐渐模糊化，在大理白族村落几乎不再看到如《驱逐捣蛋者：魔法、科学与文化》所录的“瘟神游行”“送瘟神”的仪式活动。但田野调查发现，与20世纪比较，虽然不再举行“大黑天”的“瘟神游行”，但是白族村落并没有因为无疫情而摒弃“大黑

① 许烺光：《驱逐捣蛋者：魔法、科学与文化》，19~24页，王芃、徐隆德、余伯泉合译，台北，南天书局，1997。

天”，“大黑天”仍然存在于本主崇拜的信仰体系中，有的直接被敬奉为本主，有的以配神形式呈现，香火不断。

通过参与观察以上信仰仪式，大理白族医药神信仰仪式和其他宗教仪式类似，同时包括群体性的仪式活动和个体仪式行为。其中，群体性的仪式活动多为纪念、诞辰等的节日仪式，而个体仪式主要是根据信众需求举行的，较为频繁。

五、大理白族医药神信仰的社会文化功能

宗教信仰之所以可以长期存在与村落文化结构中，不仅因为宗教是村落群体的意识情感，还因为它在社会结构中具有较强的社会文化功能。因此，大理白族医药神信仰作为一种宗教现象，不因现代医学的发展而模糊，正是因为其具有一定的社会文化功能被保留、延续。本处主要讨论的是大理白族医药神信仰的需求与文化适应的调适功能、社会功能、文化功能。

（一）心理调适功能

1. 从心理需求到符号象征

英国人类学家兼医生的里弗斯（William Hallam Rivers）在 1924 年出版的《医学、魔法与宗教》中，将医药神作为民间信仰，借以解释疾病、生命现象的精神疗法，称之为“原始医学”（primitive medicine）。[①] 这一理论方法被称为医学人类学的社会文化视角的理论方法。而“原始医学”的存在，实是以功能主义先驱马林诺夫斯基（Malinowski，Bronislaw）的“需求理论”为依据。[②] 初民通过“原始医学”，探索生命，认知疾病，进一步满足生命、疾病等现象引起的生理、心理需求。最后，“需求”又通过仪式中系列的象征符号实践功能价值，这一系列符号包括医药神灵、仪式祷告词、仪式法器等。其中，象征的意义不仅来源于物质，同时来源于相对思想的道德力量。[③]

① 张有春编著：《医学人类学》，43 页，北京，中国人民大学出版社，2011。

② Malinowski，Bronislaw，Magic Science and Religion，Joseph Needham，Science Religion and Reality，New York：The Macmillan Company，1925，p. 50。

③ ［英］维多克·特纳：《象征之林》，赵玉燕、欧阳敏、徐洪峰译，306 ~ 398 页，北京，商务印书馆，2006。

从图 14 看，“医药神”形成，论文中阐述了历史记载、神话故事以及民俗节庆，讨论了内外因，这些都是显现的原因；但归根到底最大缘起还是“需求”，对于文化主体来说，“需求”是本能的反应；随着政治、经济、文化的交流，以及明朝以来大批移民流入，大理白族逐渐把对祛除疾病、预防疾病、渴望健康的本能“需求”通过具象神祇符号化。

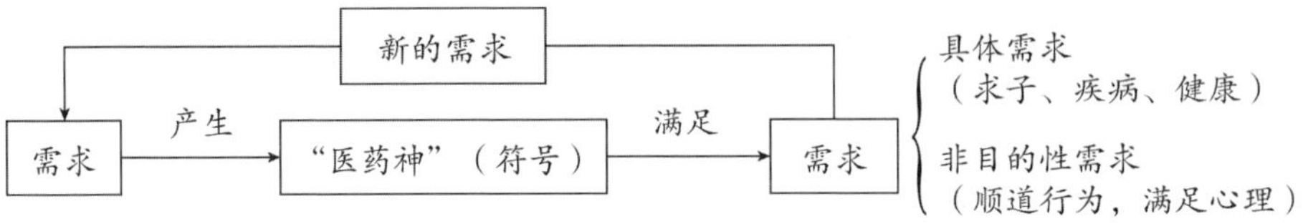

图 14　“医药神”与“需求”关系

2. 文化适应

此外，从医学人类学的生物文化视角看，“人类的疾病发生在生态环境中，并受制于进化压力，因此不能脱离环境而仅仅从文化中得到正确的认识”[①]。这种理论方法所关注的是人们在极端环境因素下适应状况，包括气候变化、致病生物体、自然人为灾害等不可抗因素威胁下的适应状况。医学人类学的生物文化视角便因此提出了四种适应机制：基因变异、文化适应、生理调适及个体应对。[②]“就文化与环境的关系而言，作为一种适应机制的文化，在环境或疾病面前不是完全被动的，人们的文化活动能够极大地改变外界环境，进而对人类适应提出新要求，而环境也在一定程度上限制了文化设计及人类行为的范围。”[③]

以白族药师佛信仰为例，“药师佛”是大理地区具有代表性的医药神信仰文化；“药师忏”是其重要表现形式。从生物文化视角思考，首先，药师忏的消灾延寿观，不仅体现了马林诺夫斯基提出的涵盖生境、需要、意义的文化整体观[④]，坛场的“往生莲位”也与马氏《魔法、科学与宗教》中提出的宗教生物功

① 张有春编著：《医学人类学》，53 页，北京，中国人民大学出版社，2011。
② 张有春编著：《医学人类学》，55 页，北京，中国人民大学出版社，2011。
③ 张有春编著：《医学人类学》，54 页，北京，中国人民大学出版社，2011。
④ ［英］马林诺斯基：《文化论》，费孝通译，75～79 页，北京，中国民间文艺出版社，1987。

能（biological function of religion）相契合。①

其次，“救疫寺”因为一个传说故事，附属于“药师殿”，就佛学经典，无典可寻；但作为大理白族宗教信仰文化，它具有一定的独特性，共同构成文化多元性；这在一定意义上，与赫斯科维茨（Herskovits）等人极力宣扬的“文化相对论”相呼应。②

医学人类学的先驱里弗斯认为，“宗教观”即世界观之一，提出病患由超自然力引起，治疗需要求助或抚慰超自然力；③ 而药师佛法中的“色法”“心法“息法”实与医学人类学中强调的“饮食与疾病”“人种精神学”多有相似的文化意义。④

此外，“虽然一些文化信仰及实践于疾病无关，但它们常常有预防疾病传播的潜在功能。受功能主义的影响，医学人类学从生物文化视角探讨习俗、制度、信仰的功能。认为看起来‘非理性’的信仰文化都有其无意识的适应价值”⑤。如大理白族村落本主崇拜中普遍塑像祭拜的生育神、痘二哥哥、大黑天神。

（二）社会整合功能

“宗教的群体整合功能的重要特征，以至上神圣的威严力量和感召力量，把社会不同的个人和群体、不同的社会阶级和阶层，凝聚并组合成一个共同认同的宗教信仰共同体。”⑥“人类借用超自然存在的信仰，一方面可以满足个人的心理需要，另一方面又可借以整合社会全体。”⑦ 医药神作为一种宗教信仰，具有一定意义的社会功能，本文中医药神作为一种宗教信仰文化，其社会功能主要表现为整合功能，其中包括家庭与家族的整合，村落内部的整合，以及村落与村落的区域性整合。

---

① Malinowski, Bronislaw, Magic Science and religion, Joseph Needham, Science Religion and Reality, New York: The Macmillan Company, 1925, p. 50。

② 林耀华主编：《民族学通论》（修订本），133 页，北京，中央民族大学出版社，1997。

③ 张有春编著：《医学人类学》，43 页，北京，中国人民大学出版社，2011。

④ 席焕久主编：《医学人类学》，78 ~ 89 页、183 ~ 205 页，北京，人民卫生出版社，2004。

⑤ 张有春编著：《医学人类学》，125 页，北京，中国人民大学出版社，2011。

⑥ 陈麟书主编：《宗教观的历史 · 理论 · 现实》，268 页，成都，四川大学出版社，1996。

⑦ 李亦园：《宗教与神话》，80 页，桂林，广西师范大学出版社，2004。

1. 家庭与家族的整合

宗教信仰为村落个体结合提供一条精神文化的纽带，首先从家庭开始，逐渐扩大为家族。而家庭与家族的联系除了血缘之外，还有共同的宗教信仰纽带，他们通过共同举行一些祭祀活动加深相互间的情感。

关于家庭与家族的整合功能，田野调查中较为经典的个案是上阳溪极乐寺的缘起故事。极乐寺曾在“破四旧”时期，遭到严重的破坏。极乐寺的地理位置原是一块废弃的荒地，直至20世纪末，上阳溪第三村民小组杨氏姐妹七人跑村化缘，才重塑了这座庙宇。表象上看，极乐寺的重建一则丰富上阳溪的宗教信仰文化，二则服务了周边村落白族信众的“需求”。此外，极乐寺的重建还具有整合家庭与家族社会功能。

报告人杨氏（老大）说，她们七姊妹早年或多或少遇到生活大变故，其中有生意败落、身体大变故（老七）等。虽然她们向外宣传重修极乐寺是梦境的缘故，但是自极乐寺重建后，她们还查询多方资料，为极乐寺制定了一些非成文制度。几次调查中，笔者经常遇到她们以家族为单位共同参与祭拜仪式活动，维护极乐寺的宗教文化。

2. 村落内部的整合

村落内部的整合功能，主要表现为村落独立崇拜的宗教信仰文化，本主崇拜即是经典个案。本主崇拜本就具有较强的村落独立性，一个白族村落若有自己的本主崇拜场所，那他们一般不会以同样的信仰情怀崇拜他村的本主。

皮埃尔·维尔南（Jean-Pierre Vemant）强调：“诸多不同的文化秩序拥有它们各自关于历史行为、意识和目的——它们自己的历史实践的模式。”①

医药神信仰得到社会个体认同，经过了社会的包容、宽容，然后才得与社会共融；反之，医药神信仰文化对社会结构而言，从适应、服务到投入。其中，“服务”在很大程度上表现为宗教信仰整合社会结构功能，大理白族医药神信仰表现为整合社会结构，主要指人际关系和传统社会组织的运转，表现为共享社会资源、社会信仰组织等。(图15)

3. 村落与村落的整合

共同宗教信仰是实现村落与村落整合的一种途径，村落与村落的关系是平等的。此外，大理白族村落儒、释、道、本主等多元宗教并存是一普遍特点，一方

① ［美］马歇尔·萨林斯：《历史之岛》，蓝达居等译，60页，上海，上海人民出版社，2003。

面促成文化相互交流，另一方面形成集中交流。

无为寺依赖佛教教义、仪轨等，通过跨村落，实践整合村落与村落的信众、组织，已达区域性和谐。药师佛虽然只是无为寺的配神，但是据一位居住海东名庄的报告人陈述，他之所以知道无为寺，就是与别人交流中知道无为寺的“药师佛”与“救疫泉”。可见，药师佛在无为寺跨村落实践整合功能中，扮演的是文化传播源；无为寺实践的是平等村落间的区域的整合。(图16)

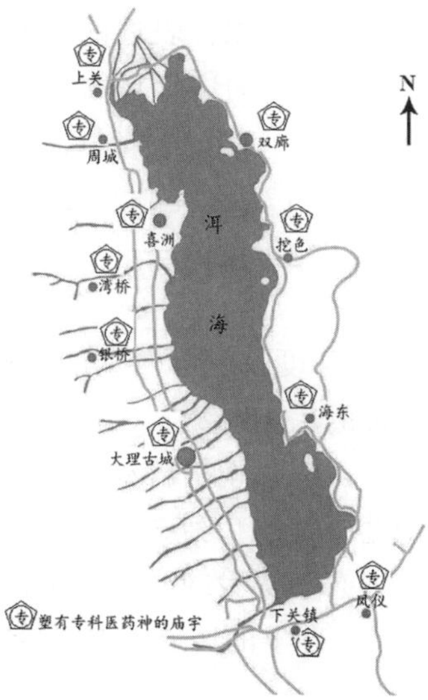

图15　专科医药神与白族村落网络图
(笔者制)

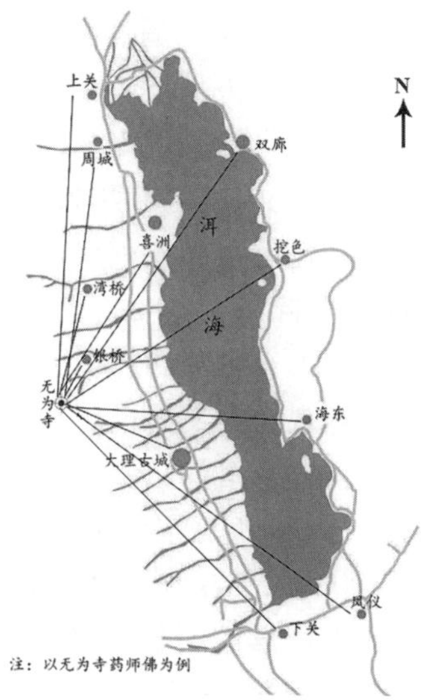

图16　全科医药神与白族村落网络图
(笔者制)

(三) 文化建构功能

恩格斯说：“一切宗教都不过是支配着人们日常生活的外部力量在人们头脑中的幻想的反映，在这种反映中，人间的力量采取了超人间的形式。”① 陈麟书《宗教学基本理论》提出：“宗教作为一种文化现象，它在精神文化方面具有多

① 马克思、恩格斯：《马克思恩格斯选集》(第三册)，中共中央马克思、恩格斯、列宁、斯大林著作编译局编译，666～667页，北京，人民出版社，1995。

种文化功能。其中包括解释功能、艺术功能、文化交流功能、教育功能和宗教习俗功能等。"① 张志刚在《宗教研究指要》中也提出宗教学新方法论——"宗教—文化观"，强调"不能单就宗教而论宗教，而是力主将'宗教现象'置于'文化整体'进行研究"。② 简而言之，宗教信仰对于个人是意识，也是社会生活。

大理白族医药神信仰的界定并非某一特定宗教体系，但作为一种文化现象，从研究田野调查中获得的资料看，它同样具有多种文化功能。根据前面章节的探讨，从信仰的"外显"看，信众关于医药神信仰的行为现象，表达的是群体对医药神的崇拜与个人情感；但从信仰的"内显"看，他们的信仰行为实则也代表着一些潜移默化的文化传统，包括道德伦理、生态保护、制度精神等。主要表现为解释功能、文化交流功能、教育功能、弘扬和建设白族特色宗教文化等方面，对弘扬和建设白族特色宗教文化具有重要的历史文化价值。

1. 解释功能

医药神的人文解释功能主要表现为从宗教信仰的角度，解释信众的疾病观、健康观、生育观。本文通过梳理多个白族村落医药神的历史源流、民俗故事、神祇、场所、仪式个案等，认为医药神信仰被构建、被认同，正是解释了自前科学以来，信众认知疾病、治愈疾病、获得生命、促进健康等的精神文化。中国医史学家陈邦贤认为："中国的医学，从神祇的时代，进而为实验的时代；从实验的时代，进而为科学的时代。又可说从神话的医学，到哲学的医学；从哲学的医学，到科学的医学……"③

当然，不同的历史时期，这样的解释重心也有所不同。根据前面章节所述，在现代医学形成之初，大理白族关于医药神的信仰，主要解释的是人们认识疾病、治愈疾病、获得子嗣的强烈心愿；但在现代医学发展的今天，白族村落关于医药神的信仰，解释重心则是信众对促进健康、延续生命的情感。20 世纪 40 年代，在周城（喜洲）的霍乱威胁中，白族村民仍然相信"瘟神游行"可以治愈霍乱；但在今天，"瘟神游行"只作为记忆留存档案文库。在医学不发达的近现代，痘神普遍供于神坛，最初也是因为痘疹频繁威胁各家儿童的成长；但今天，

① 陈麟书：《宗教学基本理论》，105～106 页，成都，四川大学出版社，1994。

② 张志刚主编：《宗教研究指要》（修订版），446～448 页，北京，北京大学出版社，2013。

③ 陈邦贤：《中国医学史》，249 页，北京，团结出版社，2006。

痘疹的发病率虽然越来越低，痘神却仍供于大部分白族村落的本主庙，很大原因是信众仍有需求，只是这一需要的表达从“治愈”变为了“健康”。

2. 交流功能

民族学传播理论认为：“文化在某个地点一次产生，便开始向各个地方传播，各民族的文化并不都是自己发明的，主要是从他文化发明中心向外传播着的文化现象中‘借来’的，并根据若干共同文化特质或因素来划分文化圈。”① 他们主张以空间作为参照物并研究文化，认为可以用文化传播的概念来解释各个文化圈中相似的文明现象。这里想讲的是，文化传播实现的最大载体就是民族间的文化交流。

本研究把大理白族医药神分为全科医药神和专科医药神，文中涉及的各神祇，几乎是“外来”文化或“外来者”。药师佛，随唐宋时期传入大理的佛教一起进入；药王孙思邈，神源本也是中原历史人物；文中涉及的本主崇拜中的两位医药神祇慈爱圣母、孟优，虽以本主尊称置于本土信仰文化系统中，但从其传说故事看，这些医药神身份却也是“外来者”；而专科医药神缘起“外来”则更为明显。生育神、痘神的起源，学界不少学术成果考证它们都是中原神祇；其次，大理白族定义的瘟神“大黑天”，原生实是佛教密宗的守护神“摩柯迦罗”。可见，大理白族医药神信仰的形成，极大程度上受到早期文化交流的影响。

3. 教育功能

以药师佛信仰为例，教义旨在“崇善者无惧疾病”。“药师信仰”源自南诏，流传至今，不仅记录了大理白族人民悠久的佛教信仰历史，而且传播、弘扬了白族人民乐观向上的人生观；并通过对信仰进行价值整合，促进个体社会化，彰显了大理人民崇尚自然的生态文化观，对构建和谐大理具有重要意义。②

4. 传承功能

医药神信仰是大理白族宗教文化的子系统，各神祇从佛教、道教、地方传统宗教中抽离出来，又聚合到一起探讨，这在以往研究中尚不多见，本研究以此为出发点，尝试从大理白族村落中、现有的各宗教现象中选取其中的医药神，再聚拢到一起讨论，具有一定的创新性，就白族宗教文化的研究视角而言，具有一定的特色意义。但是，归根结底，医药神信仰研究，仍然服务于“白族宗教文化”

① 林耀华主编：《民族学通论》（修订本），121 页，北京，中央民族大学出版社，1997。

② 董相：《大理白族的“药师信仰”》，载《民族论坛》，2015（11），63 页。

这个文化整体。

以无为寺“救疫寺（药师殿）”为例，它既是白族特有的物质文化遗产，其药师忏仪式中不仅保留佛教的仪轨，同时融合了白族民间信仰文化中的信仰礼俗。如祭品风格、吟唱疏文等，既尊重佛教仪俗，也表达了白族信众的崇拜礼俗。在其长期的发展历史中，形成了既有显著的地方特色、民族风格，又是自然与人文、物质与非物质、有形与无形的相互交融的信仰文化，蕴含着浓厚的白族人民的道德伦理观念。①

笔者根据整理的历史资料及民俗故事，以陈邦贤老师关于中国医学史发展的四大阶段为横轴时标，初步划出了大理白族医药神发展的时间轴线图（图17）。

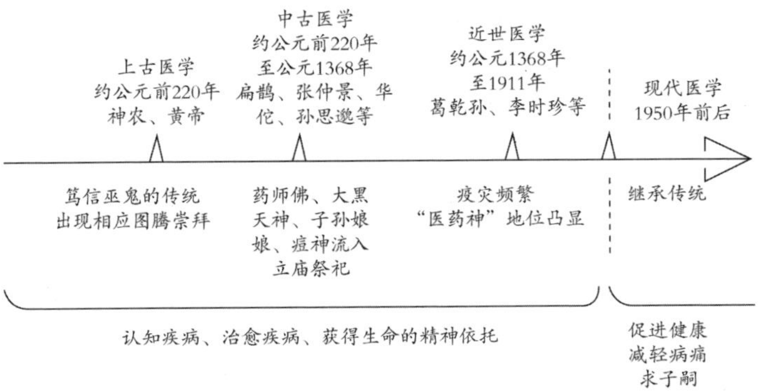

图17　大理白族医药神形成情况（笔者制）

深入田野调查后，笔者获得了较为丰富的第一手资料，下表是田野调查后整理的“大理白族医药神信仰情况简表”（表1）。

---

① 董相：《大理白族的“药师信仰”》，载《民族论坛》，2015（11），63页。

表 1　大理白族“医药神”信仰情况简表

类别	神　祇	场所	位置	仪式	组织	信　众	庙界	赋予职能	信　物
全科医药神	药师佛	庙宇	配神	群体式 个体式	佛会	35 岁以上妇女群体占多数	跨村落	专职	挂件、泉水
	药王菩萨（孙思邈）	庙宇	配神	群体式 个体式	洞经会 妈妈会	35 岁以上妇女群体占多数	跨村落	专职	针线
	本主：慈爱圣母、孟优	庙宇	主位	群体式 个体式	洞经会 妈妈会	35 岁以上妇女群体占多数	以村为单位	兼职	祭品（食品）
	本主：孟优	庙宇	主位	群体式 个体式	洞经会 妈妈会	35 岁以上妇女群体占多数	以村为单位	专职	祭品（食品）
专科医药神	生育神：子孙娘娘、三霄娘娘等	庙宇	配神	群体式 个体式	洞经会 妈妈会	35 岁以上妇女群体占多数	以村为单位	专职	祭品（小儿衣物）
	痘神：痘二哥哥	庙宇	配神	群体式 个体式	洞经会 妈妈会	35 岁以上妇女群体占多数	以村为单位	专职	祭品（食品）
	瘟神：大黑天	庙宇	主位 配神	群体式 个体式	洞经会 妈妈会	35 岁以上妇女群体占多数	以村为单位	专职	祭品（食品）

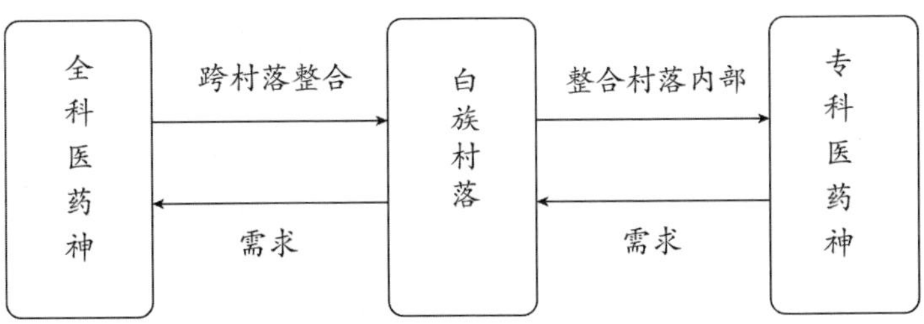

图 18　全科、专科医药神与白族村落的关系

大理白族医药神信仰是白族人民对生命和疾病的非理性折射；是白族人民认识生命、疾病、健康的一种方式，也是白族人民为了保持自我身心健康、适应生

存环境而建构的。这种信仰文化既是生物性的延伸，也是平衡生物性的一种现实。①

作者简介：董相，大理大学民族文化研究院硕士研究生，主要从事民族文化研究。

① 本文为2019年度云南省哲学社会科学规划项目“滇西少数民族‘医药神’信仰研究”（项目编号：QN2019042）的成果之一。

祥云白族诞礼民俗调查

李树业

孩子呱呱坠地，标志着人生的开始。白语：“人看从小，马看蹄爪。”对孩子的孩童时代赋予了不一样重要的意义，并且用繁杂而特别的仪式让这个日子与其他日子不一样。意在提醒年轻父母，从现在开始，你要为孩子负责任了。提醒爷爷奶奶，对自己的儿子儿媳，应该让他们有责任感；同时也在提醒爷爷奶奶已经成为了“上辈子”人了，说话做事更要留有余地，为子孙积德。

白族民俗，女儿一“打发”（结婚），母亲就开始筹备未来外孙的穿戴了。不管生男生女，头胎孩子是很被看重的，要依家境准备若干套衣服，其中虎头帽、兔头帽必不可少。小布鞋底正对脚板心的地方要绣一朵鸡刺花，去刺痘哥哥，保佑娃娃不出痘。裹腰、裹被要两套，扎染布兜头要两块等，很隆重。

女儿有喜，先告诉母亲，母亲会用很隐秘的方式将预产期告诉亲家母。女儿有孕就会频频地回娘家走动，母亲就告诉女儿如何保胎及生儿育女的注意事项等。临走还要让女儿带点炒豆子、炒瓜子等，进村就分给大大小小遇到的人，让自己的姑娘尽快和村里人结缘。大家接了这些“嘴头食”就会嘻嘻哈哈地说笑打趣，祝愿新媳妇早生贵子。要是新媳妇不撒手、吃独食，将来小孩会奶水不足，所以非常重视讨口彩。其实就是让新媳妇最快地融入当地社会人文环境，为将要出生的小生命结人缘。

怀孕妇女被隐秘地称为“身子重”，提醒孕妇和旁人，凡事容忍一点，给孕妇方便，尽量避免让孕妇动气和不愉快。同时，也就有了种种合理的和不怎么合理的忌讳，意在提醒怀孕的母亲不能随便串门，不能随便到一些凶险的地方去，尽量让胎儿在清净祥和的环境中孕育；尽量确保在健康向上的环境下让胎儿安全地生长发育。比如忌讳到有吃奶娃娃的人家中，否则会“踩走人家的奶”，让人家孩子饿肚子（避免听到婴儿呼叫惊动胎儿）。若踩了人家的奶，人家就会带上小碗上门“讨奶”，去过有吃奶娃娃人家中者须当众向碗中挤奶还人家，即使挤不出也要意思意思，让人很是羞愧。还有，做结婚客时忌讳去新房，做盖房子客忌讳上主房，做其他客事忌讳在客堂走来走去。所有种种，意在提醒刚怀孕的妇女少到处走动，避免到嘈杂繁乱的环境中，注意保护胎儿，给胎儿安全舒适的成长环境，避免不必要的危险。

以上的禁忌和要求，意在提醒人们不要随便冲撞打扰孕妇，为准妈妈营造一个轻松快乐的环境气氛，尽量避免孕妇、胎儿受外界的干扰刺激。让孕妇精神快乐，避免情绪波动，让宝宝在妈妈肚子里轻松愉快地成长。

生育（soufzilnvl） 生孩子一般请有接生经验的接生婆，随着医学知识的普及，现在基本都去医院生产了。生育时切忌让男人知道，据说知道的人越多就越难产。生产后的“衣胞”（胎盘）由接生婆埋在门后面，所谓出生之地就是指埋衣胞的地方，因此也就有了“衣胞之地”的说法。

不让男人进产房的禁忌，就是避免产妇看到男人后会产生依赖和抱怨，从而让产妇心无旁骛地专注生产；也避免了男人看到产妇生孩子痛苦不堪的情景和血淋淋的场面，给今后的夫妻生活留下阴影。

踩生（caitsouf） 婴儿落地后，谁第一个跨进产妇家的门，谁就是踩生。白族认为，谁来踩生，将来孩子的脾气就像他。妇女产后，主人要请第一个进家的客人吃荷包鸡蛋汤圆，客人不能拒绝，否则主人会生气。白族人家一般认为孩子秉性就是由“踩生人”决定的。若以后孩子调皮，骂孩子的第一句话就是“你就像某某（踩生人）”。这时候，让你的心里也对一个刚刚出生的陌生人多了一份牵挂和关怀。

白族人认为，一个人的性格养成，第一个看到他的外人对孩子一辈子的性格形成有很大的影响。因此，对性格脾气差的人来踩生很忌讳；相反，对性格脾气好的孩子、读书人和官员来踩生则兴高采烈，求之不得。

报喜（bolxit） 孩子生下来，头一件事就是让岳父母知道，免除他们对自己女儿的挂念，俗称“报喜”，是隆重而隐秘的重要礼节。孩子生下后，姑爷就要带礼品到岳父家告知，称为“报喜”。岳父母会将早就养好的一对鸡让姑爷带回家，公鸡在拜三朝时到土主庙宰杀谢礼，母鸡则要一直养在家里，称“领娃娃鸡婆”，并且送一套新衣给孩子，包括虎头帽、虎鞋、虎衣。若遇到爱开玩笑的舅老太，往往会明知故问，东拉西扯引人上当出洋相，甚至悄悄背着婆婆将鸡换成土坷垃让姑爷背回，留下笑柄。

鸡在白族人生育中有很大的象征意义，既是代表主人家向神报告祭祀的牲礼，又是代表神的旨意保护孩子不被邪祟侵犯的看护神。

三朝谢神（gaolsatzaof） 白族俗语："人，生三朝，死五七。"认为三朝礼是人来到世上的第一个大礼。所以，孩子出生三天后，女方家人就要来给孩子洗身子，称"洗三"，是为三朝礼。

三朝礼（孩子满三天）这天，太阳出山后，就到土主庙杀好公鸡，白族人认为：孩子出生三天后，生命特征已经平稳，可以作为家庭正式成员向本主神告诉，求本主神护佑了。领牲礼后，公鸡齐理好后要整只炖上，敬献土主庙诸神。家中请族中福寿双全（子孙众多，两老高寿健在）之人到家堂献饭祷告祖宗。婆婆端整只鸡祭献，祭献结束才把鸡剁成块状，鸡头鸡尾要完整地保留，单独放在一碗中后端到两亲家公婆坐的主席上。双方成年男子依辈分、年龄坐主桌，端上糖果烟茶，称摆果酒。

这天，娘家父母辈姊妹，男方父辈姊妹等成年人等到家后，女方母亲或舅老太则进屋给孩子洗身子，称"洗三"。洗生人给婴儿红包，祝福孩子长大后吃用不愁；洗好了，婆婆给洗生人红包，感谢娘家人给孩子的美好祝福。洗时，在陶盆里撒上钱币和绣球花瓢，预示孩子长大后前程花团锦簇。然后把笔墨书本一类东西塞进婴儿手中拿一拿，希望孩子以后读书长进，光宗耀祖。还要把结婚时挂在门头上的五彩筛子取下来让孩子坐一下，希望孩子能经得住筛筛颠颠（坎坷挫折），健康成长。洗孩子时要用一个熟鸡蛋缠上五彩丝线滚滚身子，希望孩子肤白如玉，前途平坦。

习惯给孕妇吃鹅蛋，孕妇在孕期吃鹅蛋可以去胎毒，鹅蛋清有去毒、治疗疮疡的功效，胎儿出生后，不容易得皮肤病。

洗完孩子后，悄悄告诉女方爹爹孩子是男是女，以免在席上失了礼数。因为在白族人意识中，生儿生女都一样。当众问生了男娃还是女娃，白族人认为是一种不尊重主人、不礼貌的行为。白族人习俗，生了男孩由姥姥起乳名，生了女孩则外公起乳名，洗好了孩子方才开席。

开席后，男方家长便双手端起盛有鸡头的碗让亲家公撕鸡头。生了男娃，亲家便要再三辞让，不能接鸡头；若生了女娃，则可以辞让一番后接下来。其他亲戚便从谁剥鸡头判断生了儿子还是姑娘。

剥鸡头也是一个技术活，因为白族人有看鸡头打鸡卦的习俗。根据鸡头骨头的清亮光滑程度判断吉凶祸福；还根据鸡头“部件”和鸡肉的粘连程度判断四季财运；根据鸡头骨叉形状位置判断家神正不正、当家人和主家婆行事公平不公平；还有一些非常个性化、村落化的禁忌和象征举不胜举。

叫名（gefmief） 白族人对姓名非常重视，认为是影响孩子一辈子福禄寿喜的大事情。传统的乳名一般都带上善良、和人类相亲的一些动物名。认为低下的字眼不容易引起神鬼的注意，好养；温顺的动物和人相通相亲，好带。

白族人家所生孩子只要是长子、长女都要举行隆重的“三朝礼”。以后次子、次女虽然还举行，但是简单多了，只请女方父母，男方只请舅辈参加。有了孩子后，别人就不随便喊你的名字而改口喊“某某他爹”“某某他妈”了。一般情况下就用“三朝礼”取的乳名。从此，在村里便成为了名副其实的老人家，也就有了老年人的特权让村里人尊重。比如可以做单客（不是亲戚朋友的村里人有客，特别请老年人随喜的客）坐特别的“上座”，可以抽长杠（一米以上）烟锅，以及可以留胡子，等等。所以，农村人非常重视第一个是儿子，因为可以赢得村里人的尊重。

叫名后，主人抱出孩子向众人道谢，并拿一个托盘在桌中央。亲朋好友们便把准备好的钱、物等小礼物放进盘中，再由主母家母端回去交给孩子的母亲收起，所有人才高兴地开宴入席。

给孩子取的名字称小名或乳名（naitmief），取名要取吉祥字眼，不能犯讳，不能带有与两边三代内姓名相同的字或同音的字。而四代以上人的名则可以不忌讳，叫“赐字”，意思是老辈人赏给的字。另外，取名字还要顺口，因为后面的弟妹要跟着连名下去。如果在座亲戚中没有犯讳，大家便说好，就可以定下了。讲究一点的人家还要请文化高的人写下一定格式的名帖贴在家堂上。

白族男子一般有乳名和大名两个名字。大名即学名，进学堂由先生起，按字辈排列。有身份地位的还取字或号，就有了三个正式名字。女子成人后也有两个名字，乳名和大名，大名一般只是乳名上加上姓氏。只有讲究一点的大户人家才给女子排字辈起大名，但排了字辈的女子就不会是目不识丁，而应该是粗通文字的“识字人”了。孩子取得乳名后，这个乳名将会陪孩子一生，是孩子一生的符号。

乳名取定，由公婆和孩子父亲向家族亲朋公布。公婆到家堂供奉献饭告知列祖列宗，拜三朝酒便告一段落。从这一刻开始，乳名的真正意义就显露出来了。

白族人认为，三天以后，孩子的魂魄就稳定下来了，可以正式告诉祖宗我们家庭增加了一个人。从这一刻起，孩子有了乳名，便有了村里人真正意义上认可他的“通行证”，他将具有村里人的一切权利。而乳名作为他的外在符号将陪伴他一生。

对孩子父母来说，从这一刻起，他们的身份才真正改变，他们将真正担负起对孩子教育和抚养的责任。在村里人的嘴里，他们已经变成了某某妈、某某爹，成为“上为父母，下为子女”的那一批社会人群，他们的命运已经与自己的孩子紧紧地联系在一起，责任更重了。而对孩子爷爷奶奶来说，他们也成为“某某爷爷”“某某奶奶”，从此有了拄拐棍、抽长杆烟锅、留胡子的特权，成为真正意义上村民认可的老人家。如果第一个是孙子，则意味着自己去世以后已经有了正宗的第三代人给自己端“神主牌位”，就是现在去世了也是寿终正寝的“高寿”人，可以无忧无虑地过日子，也完成了家族后继有人的“大事”，可以告慰列祖列宗。有的老人家也因此显得心安理得，自得其乐。

成家立业，是一个人一辈子做人的基础。有了自己的孩子，就意味着自己的父母是时候要交班了，因此在不久以后他们将分家，把儿子一家人分出去当家立户。因此对于孩子爷爷奶奶来说随“满月”而来的是家庭的分离，是孩子的到来让家里多了一个户主，让家族多了一家人。

在白族村落里，乳名的意义要大于学名，特别是老大，因为家族和村里人更早直接接触的是孩子的乳名。而这重大的取名习俗只限于长子或长女，其他孩子则是家里根据老大的名字连带着自己取一个就可以了。甚至弟弟的儿女也会连带着一直连下去。这一习俗起于何时我们不得而知，但至今仍“活”在人们中间。

孩子的成长过程中如果不十分顺利，如经常生病、小病小灾不断，或者遇到较大的挫折等，遇到以上情况，就要给孩子“拜干爹”寄名。

寄名（biefgafdil）　“寄名”的习俗，俗称“拜干爹”“结干亲”，白语叫“对格包（duitgelbaot）”。有给古树、古桥、大石，社庙的神台、柱子等寄名的，但是更多的是选一个男性，拜爹，需家庭和睦、弟兄众多、子孙繁盛、夫妻俱在、几代同堂。未婚或已婚无子嗣的不能给人当干爹，否则会绝后。而且当了干爹也无法保佑干儿女的平安幸福，所以是忌讳的。

另外一种情况叫“撞亲”。就是实在请不到合适的干爹的情况下，只能掐算一个时间到路口撞，称“撞名”。或请到家讨要的叫花子取一个名字，但往后一般不再与叫花子来往，孩子长大了也会成村人取笑的对象。所以这种情况一般很少采用。

寄名的程序非常庄重繁琐。要选一个日子，本家、舅家家长到场作证。杀一只公鸡，敬献家堂。家长到家堂跪祝祷告后，才能入席。入席时，叫名字之人坐主席，主人家长作陪。左边席位是本家长者，右边席位是舅家，孩子的父亲对面作陪。鸡头、鸡尾另放一碗敬献叫名字者，叫名字者略作谦让后，就开始剥鸡头、鸡尾。剥出的骨头一一摆放、传看，验证吉凶后，开始叫名。叫好后母亲领着孩子行跪拜礼，叫干爹。干爹摸摸孩子的头，郑重叫出带上自己姓氏的名字。孩子应答后，干爹给红包。孩子还不会说话时，母亲代为答应。

干爹叫出名字后，才能开席。叫出的名字要不与家族长辈相犯。如缺木要带木旁的字，缺水要带有三点水的字等。有了干爹后，每年春节要给干儿女红包。长大后 14 岁前，要选一年的春节拜干爹。礼物是一个猪前腿、一对大红公鸡、肉一块、酒一瓶、茶一包、盐一包，给干爹干妈一双鞋。礼物要陈列摆放到干爹家的家堂上，干儿女要上家堂行三拜九叩大礼，给干爹干妈行跪拜礼。干爹干妈扶起后各给一个红包，并给干儿女一套衣服。拜干爹后就可以几年拜一次年，直到干爹干妈去世后才少走动，变为远亲。

坐月子（youlxiafheit） 产妇生孩子后的第一个月称“坐月子”，须不出卧房半步，认真照看婴儿。吃喝拉撒理所当由婆婆负责照管。每天吃五顿，早点、午点为汤圆加荷包蛋。鸡蛋壳也必须攒在一个箩筐里，等满月后一并倒在行人多的路边，沾大家“福气”，也有炫耀之意。

白族人认为“坐月子”人饭食要素淡，忌酸辣，否则会落下一辈子医不好的月子病。忌讳比较多，可以看出朴素的白族人就是用这种方式保护母子平安，世代繁衍，生生不息。

满月（malwol） 孩子满月，要到土主庙谢送子娘娘。在杀坛杀一只公鸡，扎五色伞叩谢送子娘娘。送子娘娘“痧哥哥”“痘姐姐”是主管婴儿一生中遭遇发痧、出痘两大灾难的神祇。

在白族人的思想观念中，本境土主罚恶扬善，斩奸除霸，具有通天彻地的本领，是护佑本境村落平安的万能保护神。本主经书为《太上土主龙王祀典法忏》。经书曰：“重运一心，志心发愿：一愿甲寿连绵；二愿乙世清闲；三愿丙持文教；四愿丁值丰年；五愿戊本乐业；六愿己身安然；七愿庚龄增益；八愿辛泽添延；九愿壬恩悉沛；十愿癸水周旋；十一愿家家清吉；十二愿户户安康。”

本主信仰渗透于白族人的生产、生活中。白族人虔诚地信仰本主，崇拜本主、祭拜本主，寄托心愿。把本主放在心上，本主就会感应，人神感应就让人逢凶化吉，遇难呈祥，诸事顺遂。所以，在生产生活中遇到什么急难，或有什么烦心事，甚至婚嫁、生育、升学、出门、远出归家等，都要一家人带上大红公鸡、香火等祭礼祭品，到本主庙杀鸡祈福“还愿”。每年火把节、大年三十、小孩满月，要到本主庙杀鸡献神。祭祀时鸡血要顺着“杀坛”滴入土壤。白族本主信仰要用血点化神灵，让地脉周转。血多预示今后生活顺利、富足，俗称“大发大旺”。

在孩子满月前三天的晚上，刚当爹的第一次以父亲的身份去请家族的人来吃“满月酒”，意味着第一次脱离父母可以独当一面了。找一些孩子已满月的在婚男女和未婚的小伙子、小姑娘帮忙待客。他们会请一位“总理”代理主人家管理这台酒席，一起商量酒菜种类、规模，分配各项事情负责人员，如厨师、杀猪匠、煮饭人员、邀客人员等事宜。因为这影响到一家请客事项的质量和知名度，关乎主人家在村落里的脸面。

送鸡酒（saolgeifniel）　白族孩子满一个月后，就商定一个属相“不冲”的农历逢双日，请其他亲友前往庆贺。有“男人不送鸡酒，女人不做贺客”之说，所以，送鸡酒主要是一些以户为代表的至亲女眷。鸡象征勤劳、有生气，酒象征健康、长久，其中必有糯米面上摆满数量不等和染了红色鸡蛋的一个挑子。

送鸡酒的礼物通常是茶、酒、盐、糖等“常礼”，以及面、鸡蛋、婴儿用品（是手工做成的很有白族刺绣特色的绣品）等“特色礼”。

这一天，女方宾客先到女方家汇集，然后把礼品分成若干份，用新团篮挑着，摆开让人欣赏，摆放齐整。到了家里，还要当所有客人的面摆上家堂供桌前献礼，让舅舅查验收讫，用舅权限制婆婆的权利，避免过度干涉或者置之不理。一来保证孩子的用度，限制婆婆的克扣；二来让客人中的准婆婆准父母看看生孩子需要置备一些什么样的日常用品，保障孩子成长的基本需要。

蒸洗（zoufsail）　满月后，产妇需洗蒸气澡。水里放当地特有的“透骨草”及梨树叶、桃树叶等一些当地特有的几种山草树叶，用大锅一起煮好。用草帘围成圈，倒上开水让蒸气熏后，认为已无污秽，谁也不认为难为情。掌家婆也落得让众人欣赏、夸赞。只有经过蒸洗后，产妇才能进厨房、上楼房，才能做饭、和家人坐在饭桌上一起吃饭，也才能和别人一起交谈，随便可以走动。

传统习俗，产后三天才能洗澡，并且要用风藤草、益母草、金银花、牵牛花等草药熬制药水洗。这些草药具有舒筋活络、活血化瘀的功能，能帮助产妇更快恢复。产妇产后三天才能洗澡是有一定科学根据的，因为经过三天的时间，产妇的体力已经基本恢复，此时洗澡不容易感染。产妇坐月子期间不能出门吹风，是因为妇女分娩时的疼痛导致身体毛孔扩张，身上的毛孔都是虚的，如果吹风了，很容易落下关节疼痛、头痛等宫寒月子病。如果因为吹风导致感冒，那么对产妇和婴儿都是非常不利的。

开吃（kaitcouf）　白族把婴儿开始吃饭菜的仪式称为“开菜（keitcout）”。专等别人家办喜事开八大碗席时，把婴儿打扮得花枝招展，由婆婆陪着儿媳抱上孙子，在开席前到达。然后请“福气旺”的老婆婆为孙子开吃。老婆婆带上婴儿坐于主位，口中边说着各类别的吉利语、神福话边从八大碗主菜中每碗夹一点放入一只新碗中，每样菜给孩子尝一点，吃不下就抹一下嘴唇，然后把碗底汤喝干净，称“衣禄碗”，预示一辈子吃喝不愁。

白族人认为行过开吃礼，才能给婴儿日常食物吃，否则吃了会拉肚子；婴儿半岁期，太阳落山后不能带出门，否则会染上邪气。

抓周（zualelyit）　是小孩周岁时预卜婴儿前途的习俗。具有家庭游戏性质，是一种具有人伦味、以育儿为目的的信仰风俗。

新生儿周岁时，将各种物品摆放于小孩面前，任其抓取。传统的常用物品有笔、墨、纸、砚、算盘、钱币、书籍、食物、玩具等。如是女孩还要加摆首饰、花朵、胭脂、铲子、勺子（炊具）、剪子、尺子（缝纫用具）、绣线、花样子（刺绣用具）等。一般人家，相对简化。

大人将小孩抱来，令其端坐，不予任何诱导，任其挑选。看他先抓何物，后抓何物，以此来测卜孩子的志趣、前途和将要从事的职业。如果小孩先抓了印章，则谓长大以后，必乘天恩祖德，官运亨通；如果先抓了文具，则谓长大以后聪明好学，必有一笔锦绣文章，终能三元及第；如是小孩先抓算盘，则谓将来长大善于理财，必成陶朱事业。如是女孩先抓剪、尺之类的缝纫用具或铲子、勺子之类的炊事用具，则谓长大善于料理家务。反之，小孩先抓了吃食、玩具，也不能当场就斥之为“好吃”“贪玩”，要被说成“孩子长大之后，必有口福儿，善于‘及时行乐’”。总之，就是长辈们对小孩的前途寄予厚望，在一周岁之际对小孩祝愿一番而已。小孩抓周儿，也是民间对儿童进行启蒙教育的方式之一，寄托了父母对孩子的希望。

在孩子的成长过程中，会遇到许许多多的病灾，在缺医少药的过去，孩童的死亡率非常高，只能寄希望于传统的一些习俗来驱邪避灾，寻求心理上的安宁。

小儿夜哭（yaotkaol）　小儿夜哭，一般认为是大人太阳落山后回家带了鬼魂，一般到灶君前退一下鬼就行了。若连续几天半夜啼哭，就贴一张“天黄黄、地绿绿，家中小孩夜夜哭。过路君子念一遍，家中小儿再不哭”，一般能见效。若还不顶事，就认为是迷路了，据说是上辈子给人乱指了路遭报应。则就要到十字路口立一块指路牌，指明“向东某里到某地，向南某里到某地，向西某里到某地，向北某里到某地”。在路头煮饭献饭后，路人读过了，娃娃就会不哭不闹。

生育禁忌（roulcaitnaoljilhuil）　白族孕产妇生活习俗是展示传统白族文化的一个视角，同时也是白族文化医学的具体体现。白族孕产妇生活习俗最大的特点就是“神药两解”，是白族人民历代口耳相传下来的，具有悠久的历史，或许其中一些民俗疗法与当代医学相悖，但它在白族聚居区的存在却是合乎情理的，我们需要用辩证的眼光去看待。所谓“神解”属于文化医学的内容，“药解”则是生物医学的范畴，文化医学可以简单地理解为用文化治疗疾病。白族的文化医学根植于当地的传统习俗文化，一些疾病从某种程度上可以说是“当地文化限定的病”，是“神”在背后操作的结果，患者恐惧，从而导致身体不适，而当生物医学治疗效果不明显时，同时进行“神解”后，患者从心理得到放松，认为自己的病很快就痊愈，心情也随之愉悦起来。所以，“神药两解”可以达到身体和心理同时治疗的效果。白族孕产妇生活习俗中饮食习惯和日常护理等许多行为就属于生物医学行为。

孕期生活习俗中，孕妇及其丈夫都有许多禁忌。比如孕妇不能摘果子，不能吃兔子肉，不能参加红、白喜事，孕妇丈夫不能抬棺木、不能进产房。民间认为一旦打破这些禁忌就会给自己或他人带来不幸。生产时，胎儿生不出来就将家里的酒坛子、衣柜门打开，这些是“神解”的行为。

孕妇尽量不吃或少吃花椒、辣椒等刺激性强的食物，因为怀孕初期，食用辛辣食物会刺激胃肠，使孕妇反应加重，甚至导致流产的可能。产妇产后吃糯米酒、稀饭是非常科学的，因为糯米酒、稀饭有暖宫的作用。

鸡肉有温中益气、补虚填精、健脾胃、活血脉、强筋骨的功效，且易被人体吸收利用，有助于产后恢复。红糖煮鸡蛋安神补脑，有利于产后恢复。

白族认为产妇生孩子时要耗费体力，导致阳气不足，一些孤魂野鬼就有机可乘，通过掩盖酒坛子、衣柜等有盖子的东西，使小孩不能顺利出生，打开盖子后，孤魂野鬼无处藏身，也就不能陷害产妇和小孩。产妇生产第三天要到本境土主（本主）社杀鸡供奉祭祀“送子娘娘”，是因为白族相信产妇的顺利生产离不了“送子娘娘”和祖先等这类“神”的帮忙，他们也和世人一样，如果帮了忙不答谢，他们会怪罪。所以供奉他们，一是表达谢恩之意，二来祈求他们继续保佑平安。

衣胞之地禁止踩踏。白族人生育后，胎盘一般在卧室门背后挖一个小坑埋起来，所以出生的地方就成为了“衣胞之地”。当孩子大一点问自己从哪里来的时候，父母就会笑着说：你是门背后挖出来的。

白族最忌讳戴孝的人来踩生，所以婴儿降生后，家人要立刻用白石灰在门口撒三道弧线，并在门槛上缠一道青篾子。若是生男孩，还要在青篾子下加一只草鞋，有的还在大门上钉一个甑笆底，以示禁忌。不慎闯入产妇家者，必须送一碗新鲜稠米汤、红糖、鸡蛋、甜白酒和一土锅猪蹄子炖韭菜根给产妇吃。

大人小孩忌摸小孩子“顶门心”（头顶）。白族人认为被摸过顶门心的孩子今后长不高。

小娃娃夭折不用土埋，而是用席子捆绑挂于大树丫杈，不让尸体落地。尸体落地就会成为鬼魂，还会再来“托生”，今后生的娃娃还会接着死，据说不落地魂魄就不会托生了。白族人认为早夭的小孩子是“偷生鬼”来托生的，是家里德薄才招惹的，会一面做善事积德，一面采用这种极端的方式寻求心理上的解脱。

怀孕的白族妇女是令人又爱又怕的。爱是因为其孕育着家族的后代，为家庭延续香火，是功臣；怕是因为其是特殊群体，当地称之为“四眼人”，煞气重，容易冲撞别人。所以，对孕产妇的日常生活，形成了一系列富有地方特色、民族特色的习俗。

孕期生活习俗禁忌繁多。孕妇不宜多干重的体力活，特别是不能爬果树、摘果子，否则果子会全部脱落；孕妇不宜参加红、白喜事，否则会冲撞当事人家；妻子怀孕，亲戚间若有人去世，丈夫不能帮忙抬棺木，否则生下的小孩容易得软骨病。

白族家教 白族育儿注重身教，使婴儿不闻恶声。训斥说话不分场合、随便乱插言、说粗话的人为“没张嘎”（mouzanga，没家教、没有规矩的意思）。因此不让不洁之人（污秽、肮脏之人，命运不好之人，不受欢迎之人等）进产房或者接触婴儿母子，看似严厉，实则让人不能随便进出产房和产妇婴儿接触，避免母子感染。

值得注意的是在家庭教育中，白族妇女被赋予了和男人平等的权利和义务。

汉族人认为“养不教，父之过”。白族人则流传“庄稼种不好坑一季，老婆讨不好坑三代”。虽然不妨有“推卸责任”的嫌疑，但是从积极的方面理解也有不少合理的成分，因为孩子小时候跟母亲在一起的时间更多，言传身教的影响更大。

白族家庭教育有许多“不能”。“不能砍树尖，就和砍人头是同样的过失”，让人养成爱护树木的习惯。“不能糟蹋粮食，下辈子没粮吃”“不能泼饭粒、踩饭粒，否则下雨打雷没处躲”，让人养成爱护粮食、敬畏自然的习惯。“洗漱不要浪费水，人到阴间要喝完生前所用过的所有水才能托生”，让人养成节约用水的习惯。“吃饭桌上少说话，否则是骂饭”“吃饭大小便，头顶挖上三饭勺”“碗底要干净，碗底剩汤饭是糟蹋自己一辈子的衣禄，倒碗底就把衣禄倒掉了”等，则让人养成饭桌礼仪。

白族家教语录

教儿教女，咬诗摆诫（像诵书背经那样）（要不厌其烦、持之以恒）。

小了不握（教育），大了不弯（成才）。

人看从小，马看蹄爪（教育孩子要从小开始）。

哭大的孩子，吊大的茄子（对孩子不宜溺爱放纵，要宽严适度）。

为人站有站相，坐有坐相。

见老问老，见小问小。

人要惜用（留有余不尽之巧以还造化）；惜禄（留有余不尽之禄以还朝廷）；惜财（留有余不尽之财以还百姓）；惜福（留有余不尽之福以贻子孙）。

福莫享完，苦要受完；钱莫使完，事要做完。

多栽花，少栽刺。

得罪一个人只要几句话，讨好一个人要花几担米。

跟着好人学好人，跟着师娘跳假神。

为人处世犯的不说，犯的不做（不做违法的事）。

不要引头播祟（不唆使或挑头做坏事）。

饿一口，饱一斗。

越闲越懒，越吃越馋。

天掉馅饼要张好嘴（不要太懒）。

叫花子无种，一懒就成。
苦八角，用一块，是败家鬼。
勤汉走三转，懒汉压折腰（做事要巧动脑）。
有算计吃算计，没算计吃本吃利（生活中要善于动脑）。
吃不扣（吃不下去），饿不透；做不扣（做不了活），穷不透。
挣钱好比针挑土，使钱好比水冲沙。
置物不穷，卖物不富（做人要顾家）。

白族家风歌谣

五更鸡鸣，日出东方。众鸟叫唤，百虫飞翔。
农工士女，须要离床。
读书小子，更要奔忙。戴起帽子，穿起衣裳。
拿柴烧火，热水煨汤。
梳头洗脸，抱起书箱。出门走路，来到学堂。
圣前作揖，各归书案。
立要正直，坐要端庄。头莫斜靠，手莫乱玩。
翻开书本，念上几行。
声气响亮，更要心专。念足百遍，永记不忘。
背了早书，作揖排班。
回家吃饭，不要偷玩。抬拢板凳，放下桌张。
端出甑子，摆设酒浆。
饭碗几个，筷子几双。小菜两碟，腊肉一盘。
酒壶杯子，铜勺瓷盘。
青菜白菜，豆腐粑粮。笋子菜豆，辣蒜葱姜。
南瓜韭菜，芋头土蝉。
茨菇萝卜，腌菜鱼汤。花椒草果，炒面茴香。
油盐酱醋，糕饼砂糖。
肚子吃饱，收回厨房。家中无事，就回学堂。
抄书写字，提笔有方。
发笔磨墨，不要慌张。身要正直，眼莫斜观。
口诵心想，耳听师传。

刀子剪子，锥砚纸张。各样器具，须要收藏。
走路轻巧，脚步莫乱。
初一十五，磕头烧香。客人来到，站起一旁。
快端板凳，请坐问安。
肚饿口渴，煮饭烧汤。放学迟早，路上莫玩。
一直回去，父母喜欢。
哥嫂姊妹，叔伯姑娘。弟兄子侄，相待一般。
相敬相爱，不可欺罔。
吃了晚饭，点起灯光。念熟早书，才去上床。

综上所述，白族诞礼是伴随着神秘色彩的一个非常繁琐的过程。其过程体现了神权、族权、父母权、公婆权、夫权、妻权、舅权、寄父母权。这些权利既相互补充，又互相制约。在这样的民俗制约下，哪方“越权”过多干预或不作为，必然受到另外几方的合力“联合声讨”，加上贯彻于各个环节的禁忌民俗，最大限度地保障了妇女怀孕生育过程中各方协调一致。其目的在于最大可能地保障婴幼儿的权利，让母子能在相对富足又充满人文关怀的环境条件下健康成长，最大可能地给新生的婴幼儿提供基本的生存条件。这一条件在社会经济不发展的过去显得尤其重要，是一个家庭、一个家族、一个民族发展的必备条件。

通过一系列的禁忌、规矩，使有关各方心生畏惧而不至于过分，在尽可能短暂的时间空间里尽快达成共识，专心一致、尽心尽力地履行自己的职责，让母子能在相对理想宽松的环境中哺育下一代，保护母子身心健康。一道道禁忌，就是一道道保障母子健康成长的规矩，提醒旁人，不能逾规逾矩。

（注：粗体字后括号里是拼音白文，是白语生育专用词。）

作者简介：李树业，祥云县禾甸中学高级教师，主要从事白族文化研究。出版有《白族民间故事（祥云）选》第一辑、《祥云白族本主灯戏》、《祥云碑刻》、《上赤白族村志》、《祥云禾甸上赤白族李氏宗谱》。

民族语言·文化

西南地区少数民族濒危语言文化传承与保护探析①

张立辉　张　霞　蒋拓新

语言文字是人类最重要的交际工具，也是人类文明的基础要素和文化传承发展的重要载体。民族语言文字作为少数民族文化的重要载体和内容，是一种不可再生的社会资源和民族文化资源。保护和发展多样性的民族文化，离不开民族语言文字的传承和使用，民族语言文字一旦丧失，民族语言文字本身及其所承载的民族文化也将随之消亡，这将给人类文化造成无可挽回的重大损失。因此，以语言文字为主要内容的少数民族语言文化具有重要的保护、开发和利用价值。

一、关于濒危语言文化传承与保护的相关文献研究

语言是人类文明的最初记忆，是民族文化的活化石；每一种语言都蕴藏着丰富博大的文化事项；语言是一个民族传统文化、传统经验最直接的具体体现；人类多元的文化和人文生态系统正是因为多种语言并存而得以传承、弘扬。② 但

① 本文系西南民族大学2018年中央高校基本科研业务费专项资金“服务民族地区发展项目”“西南地区白族语言文化保护传承现状和对策研究”（项目编号：2018FWMZ01）和西南民族大学2019年学位点建设项目的阶段性成果。

② 孙宏开：《中国濒危少数民族语言的抢救与保护》，载《暨南学报》（哲学社会科学版），2006（5）。

是，追溯世界语言发展的历史，语言的数量却在不断减少，公元前，全世界约有15万种语言，到了中世纪，还有七八万种，可是到了20世纪，就只剩下6000多种了，而且目前还有很多语言面临濒危、消亡。① 据专家学者估计，世界上6000多种“活着”的语言中的80%将在下个世纪死去。② 根据联合国教科文组织的《世界濒危语言地图文献》统计，在全球已知的6000多种语言中，被不到1万人掌握的少数语种占半数以上，其中1/4为使用者少于1000人的濒危语种，而又有538种处于极度濒危状态。③ 如果这些语种得不到有效保护，很快将会在几代内迅速消亡。从以上数字可以看出，无论对世界语言前景的预测采用何种方法，得出的结论只有一个，这就是语言濒危的现象业已十分严峻。事实上，在过去的20世纪里，已有1000多种语言从地球上消失了。虽然使用者人数不是语言濒临危险的唯一依据，但是，使用者的绝对数字少到不足百人的语言，无论其他的因素如何，所面临的生存危机无疑都是严峻的。④ 同时，世界上许多语言濒危并非自身有什么缺陷，更不是没有存在的价值和意义。相反，许多濒危语言本身蕴涵着巨大的语言学价值，具有复杂的语言结构和丰富的表达方式，有的还具有极为罕见的发音特点，而这些对于全面认识人类语言的表现手段和结构类型有着极为重要的意义。⑤

“语言濒危”一词，在使用中，具有广义和狭义两种不同的含义。广义的语言濒危，其原因包括自然灾害、疾病、战争等自然和社会政治等造成语言转用而导致的语言消失；狭义的语言濒危主要指因文化同化和语言转用造成群体成员放弃自己的本族语言而导致的危机。⑥ 语言濒危是人类语言在使用和进化过程中出现的一个现象，在古今中外的语言发展历史中不时会出现少数语言濒危的现象。如我国百种以上的语言，已有少数民族语言如满语、赫哲语、土家语、畲语、仙岛语等，不同程度地处于濒危状态。历史上，有些语言如鲜卑语、契丹语、西夏

---

① 刘宝俊：《论语言的濒危和消亡》，载《中南民族大学学报》（社会科学版），2007（6）。

② 呼格吉勒图：《全球化时代人口较少民族语言的濒危问题》，载《内蒙古大学学报》（哲学社会科学版），2008（6）。

③ 周晓梅：《语言政策与少数民族语言濒危及语言多样性研究》，载《贵州民族研究》，2017（6）。

④ 何学娟：《濒危语言与文化多样性》，载《黑龙江民族丛刊》，2006（4）。

⑤ 孙宏开：《关于濒危语言问题》，载《语言教学与研究》，2001（1）。

⑥ 李晓丽：《濒危语言现状分析——兼谈满语的濒危》，载《西北民族大学学报》（哲学社会科学版），2011（6）。

语、龟兹语、焉耆语等语言濒危并且消亡。因此，语言濒危是人类语言在使用过程中在一定条件下出现的现象，是语言演变历史中不可忽视的一种客观事实。[①]

从20世纪90年代开始，濒危语言成为语言学界研究的一个热门话题，世界各国的语言学家以及相关的专家学者都以极大的热情投入到这场讨论中，语言濒危问题已经成为一个国际性话题。[②] 在短短的数十年间，语言学家对语言濒危及消亡等问题进行了深入、广泛的研究，“语言濒危现象”迅速成为语言学界热烈探讨的问题之一。[③] 1992年国际语言学委员会和联合国教科文组织在加拿大召开国际语言大会，濒危语言问题被定为这次大会的主题；美国 Language（《语言》）杂志1992年发表了一系列濒危语言研究论文[④]，引起了社会各界的广泛关注。1993年联合国教科文组织确定该年为“抢救濒危语言年”，并在1995年11月18日至20日，在日本东京召开了关于濒危语言的国际学术讨论会，在会上成立了“国际濒危语言资讯交换中心”和“亚太地区语言研究部”，以协调世界各国的濒危语言抢救与保护工作。同时，美国和英国等西方国家也相继成立了濒危语言基金。2003年联合国教科文组织在巴黎召开“关于濒危语言问题专家会议”,[⑤] 同时还发布了一份立场鲜明的文件，即《多语世界中的教育》，重申了学习和使用多种语言，实施多语教育和保护语言多样性的重大意义。2007年，美国夏威夷大学针对濒危语言保护问题创办了《语言纪录与保护》（Language Documentation & Conservation）学术杂志，专门刊发与濒危语言记录和保护相关的文章，外加介绍相关软件、硬件的文章和相关领域的书评[⑥]，为濒危语言的研究提供了新的交流平台和采录语言的技术引领；2010年，教科文组织官网发布《世界濒危语言地图》。[⑦] 在语言学家的倡导下以及联合国教科文组织的领导和推动下，对

---

① 戴庆厦：《科学理智地深入开展濒危语言保护的研究》，载《北方民族大学学报》（哲学社会科学版），2015（3）。

② 何丽：《濒危语言保护与语言复兴》，载《云南民族大学学报》（哲学社会科学版），2014（3）。

③ 戴庆厦：《“濒危语言热”二十年》，载《云南师范大学学报》（哲学社会科学版），2012（4）。

④ 李晓丽：《濒危语言现状分析——兼谈满语的濒危》，载《西北民族大学学报》（哲学社会科学版），2011（6）。

⑤ 孙宏开：《中国濒危少数民族语言的抢救与保护》，载《暨南学报》（哲学社会科学版），2006（5）。

⑥ 李晓丽：《濒危语言现状分析——兼谈满语的濒危》，载《西北民族大学学报》（哲学社会科学版），2011（6）。

⑦ UNESCO, “Atlas of the World's Languages in Danger”, from: http://www.unesco.org/new/en/culture/themes/endangered-languages/atlas-of-languages-in-danger/.

濒危语言的关注、抢救和保护逐渐在世界范围开展起来，濒危语言成为语言文化领域的热点。

中国的濒危语言问题经历了一个渐进过程，即由少数民族语言学家率先开展濒危语言调查研究和濒危语言保护的宣传呼吁，然后逐渐影响语言文化学界，从而引起政府和社会关注，并进而开展保存和保护行动。① 在我国，濒危语言问题真正受到社会关注是在20世纪80年代。当时，在国际“濒危语言热”思潮的影响下，中国的语言学家也在思考中国的语言濒危问题。这一时期，濒危语言研究成为我国语言学学科的一个组成部分，并成为语言学界、民族学界的一个新的热门话题。由此显示，我国对濒危语言现象的认识提升到了一个新的高度，濒危语言的理论研究也从无到有，由浅入深。特别是，国家科研计划也将濒危语言研究列为项目，吸引了大批语言学家和研究生进入这一领域的研究。② 有专家学者将我国对濒危语言开展的保存和保护历程梳理为三个阶段：1992—1999年是濒危语言研究的开拓阶段；2000—2014年是开展阶段；2015年至今是深入提高阶段。③

1992年徐世璇在《民族语文》上发表《第十五届国际语言学大会在加拿大举行》的报道，介绍了此次大会的一大主题就是“濒危语言研究”。从此“濒危语言”这一术语和概念开始引入国内，国内语言学界也开始关注濒危语言并着手开展我国濒危语言的研究。1996年12月至1998年9月，香港的语言学专家联合内地的部分学者、研究机构开展了我国第一个濒危语言研究项目“中国南方的濒危语言研究”④，正式拉开了我国濒危语言研究的序幕。2000年，中国民族语言学会和《民族语文》杂志社联合召开了“中国濒危语言问题研讨会”⑤，引起了全国语言学界特别是民族语言学界对我国濒危语言研究的关注，从而促进了我国濒危语言研究的快速发展，形成了一股“濒危语言研究热”。我国濒危语言的第一部理论性专著——徐世璇的《濒危语言研究》，对濒危语言问题做了全面的分析和阐述，系统介绍了语言濒危现象的特征，分析了语言濒危的原因、濒危的过

---

① 范俊军：《中国的濒危语言保存和保护》，载《暨南学报》（哲学社会科学版），2018（10）。

② 戴庆厦：《科学理智地深入开展濒危语言保护的研究》，载《北方民族大学学报》（哲学社会科学版），2015（3）。

③ 邓文彬、王秀英：《中国濒危语言研究的历史分期及其特点》，载《民族学刊》，2017（6）。

④ 邓文彬、王秀英：《中国濒危语言研究的历史分期及其特点》，载《民族学刊》，2017（6）。

⑤ 范俊军：《中国的濒危语言保存和保护》，载《暨南学报》（哲学社会科学版），2018（10）。

程，针对我国国情提出了对策性建议。[①] 我国第一本明确以“濒危语言”作为研究对象的专著——戴庆厦、邓佑玲等人的《中国濒危语言个案研究》，从语言的内部结构入手来分析研究濒危语言（土家语、仙岛语、仡佬语、赫哲语、满语五种濒危语言）的特征，详尽地记录和描写现存的濒危语言，从共时的差异来分析研究濒危语言的特征，并在这个基础上做了一些理论上的阐发和探讨，得出了一些新见解[②]；同时，在国家级项目立项方面，有戴庆厦的“中国濒危语言个案对比研究”、赵阿平的“濒危语言——满语、赫哲语共时研究”、韦茂繁的“广西濒危语言个案研究”、范俊军的“濒危语言有声语档建设的理论体系、实践规程和技术准则研究”和“中国濒危语言数字博物馆建设的理论与实践研究”、李兵的“跨境濒危印欧语系语言瓦罕塔吉克语调查与研究”、丁石庆的“中国北方人口较少民族语言资源保护的理论与实践研究”等一大批关于濒危语言研究的重大、重点课题的立项，这些项目的开展为我国的濒危语言研究奠定了坚实的理论基础、实践基础以及语言数据基础。

2015年，根据《国家中长期语言文字事业改革和发展规划纲要（2012—2020）》的任务要求，教育部、国家语委启动了中国语言资源保护工程，在全国范围开展以语言资源调查、保存、展示和开发利用等为核心的各项工作。[③] 通过利用现代化信息技术手段，采录集濒危的汉语方言和少数民族语言以及多样的语言文化资料，实现数字化建库，并相应地开展语言研究工作，进一步推动了我国濒危语言的保护进程，更加有利于维护语言生态的多样性、保护文化的多样。[④] 同时，教育部、国家语委、国家民委组织专家根据我国少数民族语言的分布和差异情况，制定、发布了《中国语言资源保护工程少数民族语言调查点总体规划（2015—2019年）》[⑤]，计划共完成420个少数民族语言调查点（含濒危语言）的调查任务，规划的实施将更有利于实现国家语言保护战略的全覆盖，推进“共有精神家园”的建设。

---

① 徐世璇：《濒危语言研究》，北京，中央民族大学出版社，2001。

② 戴庆厦主编：《中国濒危语言个案研究》，北京，民族出版社，2004。

③ 曹志耘：《中国语言资源保护工程的定位、目标与任务》，载《语言文字应用》，2015（4）。

④ 张世方、沈丹萍：《中国语言资源保护的理念与实践》，载《语言学研究》，2017（1）。

⑤ 教育部：《教育部办公厅国家民委办公厅关于推进中国语言资源保护工程少数民族语言调查的通知》，http：//www. moe. gov. cn/srcsite/A19/s235/201606/t20160607_ 248488. html。

二、云南地区少数民族语言文化保护和传承现状

我国是一个多民族、多语言、多文种的国家，拥有极为丰富的语言文化资源。当前，我国有120多种少数民族语言（包括台湾高山族使用的19种南岛语系语言），其中有20多种语言使用人口不足1000人，基本上处于濒临消失的边缘。① 据2010年第六次人口普查，我国的55个少数民族在西南地区均有分布，人口在5000人以上的有布依、蒙古、基诺、白、德昂、满、阿昌、羌、彝、傣、纳西、傈僳、苗、回、土家、纳西、怒、普米、布朗、景颇、藏、哈尼、仡佬、瑶、独龙、水、壮、佤、拉祜、侗30个民族。这些少数民族大多都有自己的语言，以少数民族语言文字为载体的民族文化资源十分丰富，显示出多样性的特点。以云南省为例，全省25个世居少数民族中，除回、水、满3个民族通用汉语外，其余22个少数民族使用着26种语言，有14个少数民族在历史上共使用过50多种不同类型、不同形式的民族文字。② 这些丰富的语言文字承载了各少数民族发展的历史和文化，体现了不同的人类思维方式，蕴含了各少数民族的族群特性、历史源流、知识体系、文学艺术等，充分展现了我国语言文化的多样性，是不可多得的文化资源，是中华文化的重要组成部分，是人类文明宝库中的珍贵财富。③

随着全球化时代的到来，世界各民族的经济文化交流日益增多，特别是市场经济带来的大规模人口流动，以及现代学校教育的普及等，西南地区少数民族语言文化的传承保护面临着巨大的挑战和威胁，少数民族语言文化资源流失的情况日益突出。少数民族语言濒危情况日益突出，表现为纯粹的少数民族语言单语人数量的减少，语言的借词乃至语言混杂现象的发生成为常态；以及以文字为载体的少数民族传统文化的习得者数量的迅速减少。一些少数民族放弃了自己的民族

---

① 戴庆厦：《科学理智地深入开展濒危语言保护的研究》，载《北方民族大学学报》（哲学社会科学版），2015（3）。

② 罗嘉福：《加大双语教师培训力度　提高双语教育质量》，载《中国民族教育》，2012（4）。

③ 徐世璇：《母语留存和文化传承》，载《第三届中国云南濒危语言遗产保护国际学术研讨会论文集》，2010。

语言和民族文字，不少民族语言文字功能衰退，甚至逐渐走向濒危，这些都是各民族语言文化资源流失最直接的表现。

2003年3月，联合国教科文组织在巴黎总部召开的濒危语言国际专家特别会议通过了《语言活力与语言濒危》① 报告。根据该报告提出的评估语言活力和语言濒危程度九项指标②，结合西南地区少数民族语言使用实际，可以看出西南地区少数民族的语言都存在不同程度的濒危。无论是人口超过百万的彝族、哈尼族、白族、傣族、壮族，还是人口不过5000人的独龙族，因受汉语等语言的影响，少数民族族群对本民族语言的态度变得消极，少数民族语言的社会使用功能日渐萎缩，语言濒危成为不争的现实。黄行研究员也认为："濒危语言通常可以理解为使用人口比较少、社会使用功能逐渐萎缩的语言。从某种意义上说，中国的许多民族语言因没有自己的文字和书面语，规范程度低，所以一般都处于某种濒危的状态。这可能是一个普遍的社会现象。"③

以云南省为例，我们可以将西南地区少数民族语言的濒危状况归纳为以下三类：

一为灭绝的语言：云南的回、水、满三个民族已经转用汉语，已经没有掌握母语的单语人，母语已经无人使用，仅仅保存在文献资料里，这三个民族的语言属于灭绝型的语言。

二为严重濒危的语言：这些语言的主要表现是语言活力不足，掌握母语的单语人已经很少或没有，大多数人使用双语或多语；母语的代际传承已经出现问题，只有中老年人使用母语；使用母语的绝对人数正在大量减少；基本没有记录本民族语言的书面文字，语言规划无人管理；没有本民族语言的广播、电视，学校教育和政府机构等都不使用本民族语言；人口较少，居住比较分散，被强势语言包围。属于这种类型的语言有普米、怒、阿昌、基诺、德昂、布朗、布依、蒙古等少数民族的语言。

三为一般濒危的语言：这类语言的主要特征是活力降低、濒危指标显现，具体表现为该语言在大多数场合被所有辈分的人未中断地使用，但本民族语中混杂

① UNWSCO, "Language Vitality and Endangerment", 2003, from website. http: // www. unesco. org/new/en/culture/themes/endangered - languages/language - vitality/.

② 联合国教科文组织：《语言活力与语言濒危》（2003年），来源：中国社会科学网。

③ 《我国濒危语言问题研讨会纪要》，载《民族语文》，2000（6）。

着多语现象且主流语言已经替代了一些重要的交际场合的交流语言，汉语是政府、学校教育语言，少数民族语言的使用场合有限；在大多数地区，家庭和孩子都使用母语交际，部分地区的家庭和孩子已放弃使用母语。属于这类语言的有彝、白、哈尼、壮、傣、苗、傈僳、拉祜、佤、纳西、瑶、景颇、藏、独龙等10多个民族。这些民族有相关省区官方认可的本民族文字，并已使用民族文字开展了语言文化传承和保护的相关工作。

三、云南地区少数民族语言文化传承和保护工作的实践

针对少数民族语言文化资源流失严重的实际，多年来西南地区各省（市、自治区）有关部门和少数民族群体都在积极地开展相关的传承保护工作。

（一）在宪法、民族区域自治法等国家大政方针的保障下，各地制定出台了少数民族语言文化保护政策和规划

在这些政策规划中，比较有代表性的地方性法规有云南省颁布实施的《云南省少数民族语言文字工作条例》①、《云南省民族民间传统文化保护条例》②，四川省颁布实施的《凉山彝族自治州彝族语言文字工作条例》③，贵州省颁布实施的《贵州省民族民间文化保护条例》④，紧邻西南的广西壮族自治区也通过了《广西

① 云南省第十二届人民代表大会常务委员会第二次会议2013年3月28日审议通过，自2013年5月1日起施行。参见《云南省少数民族语言文字工作条例》，载《民族时报》2017年5月26日。

② 云南省第九届人民代表大会常务委员会第十六次会议2000年5月26日通过，2000年5月26日云南省第九届人民代表大会常务委员会公告第43号公布。参见《云南省民族民间传统文化保护条例》，云南省文化厅网站，2000年10月3日，http://www.whyn.gov.cn/list/view/3/758。

③ 凉山彝族自治州第六届人民代表大会第二次会议1992年4月29日通过，1992年9月26日四川省第七届人民代表大会常务委员会第三十一次会议批准；2009年3月21日凉山彝族自治州第九届人民代表大会第四次会议修订通过，2009年5月27日四川省第十一届人民代表大会常务委员会第九次会议批准。参见《凉山彝族自治州彝族语言文字工作条例》，凉山彝族自治州人大常委会网站，2017年2月8日，http://n.lszrd.gov.cn/html/2017/dffg_0208/35.html。

④ 贵州省第九届人民代表大会常务委员会第二十九次会议2002年7月30日通过，自2003年1月1日起施行。参见《贵州省民族民间文化保护条例》，贵州省人大门户网，http://www.gzrd.gov.cn/cwhgb/dggdsssh/28565.shtml。

壮族自治区少数民族语言文字工作条例》[①] 等。这些法规从西南各省（市、自治区）少数民族的语言文字使用实际，对少数民族语言文字本身以及以语言文字为载体的少数民族语言文化的传承发展提供了法律保障和政策依据，积极推动了相关工作健康有序地开展。

（二）多渠道培养少数民族语言文化人才队伍，多形式开展以学习使用语言文字为主要内容的传承培训工作

西南地区的民族院校是少数民族语言文化人才培养的重要基地。西南民族大学结合所处区域，积极改革中国少数民族语言文学藏、彝语言文学专业人才培养模式，拓宽人才培养思路，为西部民族地区培养了一批复合型的少数民族语言文化人才。贵州省则在贵州民族大学、凯里学院、黔南民族师范学院、兴义民族师范学院、贵州工程应用技术学院、六盘水师范学院等院校开设民汉双语民族班，招收能流利使用苗、布依、侗、彝、水、瑶 6 种民族语言的少数民族高考考生。云南民族大学则采取“学校 + 政府”订单式双语人才培养模式[②]，与相关州、市、县人民政府合作开办少数民族语言文学专业本科班，涉及彝、傣、哈尼、白、苗、壮、傈僳、景颇、纳西、拉祜、佤 11 个民族，招生对象为相关地区通晓本民族母语的考生。同时各省（市、自治区）教育、民族工作部门也积极出台政策措施，开展相关工作。四川省教育厅出台的“藏彝文一类模式”高考政策，明确藏、彝文一类模式高考生除参加全国统一命题的汉语、文科综合、数学（文、理）、理科综合和英语试题考试外，还可参加本身自主命制藏语文和彝语文试题考试。云南省民语委则在云南省民委支持下，从 2017 年开始举办“少数民族语言文字传承保护骨干人才培训班”，每年定期举办 1 – 2 期，2018 年先后在相关州市举办了 2 期培训班。

---

① 广西壮族自治区第十三届人民代表大会常务委员会第三次会议 2018 年 5 月 31 日通过，自 2018 年 8 月 1 日起施行。参见《广西壮族自治区少数民族语言文字工作条例》，载《广西日报》，2018 年 7 月 25 日。

② 刘劲荣：《订单式培养：走出双语人才培养的新路子》，载《中国民族教育》，2015（4）。

（三）收集、整理、出版语言资料以及民间文学等少数民族语言文化资源，建立少数民族语言文化资源库，在保护的基础上实现开发利用

2015年，教育部、国家民委启动了“中国语言资源保护工程”（简称“语保工程”），将少数民族语言的调查保护纳入其中，对少数民族语言资源进行系统采集、整理并建立数据库保存后再做进一步的开发利用，最终实现抢救保护少数民族语言的同时，为少数民族群众提供语言学习使用的服务产品。例如，云南省通过开展建设“云南少数民族语言文字资源库”、开通“云南少数民族语言文化网”等工作积极推动少数民族语言文化的传承与保护。

（四）依托学校教育体系开展双语教育，在促进少数民族学生学好国家通用语文的同时，充分发挥学校教育的民族文化传承功能，从年轻一代开始抓好少数民族语言文化的传承使用

根据“新华网四川频道”相关资料显示，针对少数民族学龄儿童因语言障碍导致辍学率较高、升学率低的教育困境，2015年四川省委、省政府决定在大小凉山彝区启动“一村一幼”计划，由省级财政“兜底”给每个行政村配备2名学前教育双语辅导员并按每人每月2000元的标准发放劳务报酬，2017年全省民族地区51个县市实现学前双语教育“全覆盖”。[①] 长期以来，云南省教育厅、省民族宗教委、省民语委等部门密切配合，积极开展双语教育指导和教材建设工作，确定了33所省级民汉双语教学试点学校，涉及彝、哈尼、白、傣、壮、苗、景颇、拉祜、佤、瑶、藏、傈僳、纳西、独龙14个民族18个文种，带动了全省16个州、市88个县4167所学校开展双语教学工作。[②] 先后编译、审定和出版了云南14个民族18个文种一至六年级民汉对照及学前教材共300多种。[③] 双语教师培训同时纳入少数民族骨干教师培训计划，2010年以来，云南省培训双语师资7600多人次。[④] 以云南省民语委与世界少数民族语文研究院（SIL）在白族地

---

① 《我省民族地区51个县市2017年实现学前双语教育“全覆盖”》，新华网四川频道，2017年2月25日，参见四川省人民政府网，http：//www. sc. gov. cn/10462/10464/10797/2017/2/25/10415212. shtml。

② 霍云云：《基础教育　双语教学规模扩大》，载《云南年鉴》，2009。

③ 《云南加强中小学民文教材建设14个民族双语教学》，载《中国教育报》，2011年8月30日第2版。

④ 《云南省民族语文工作成效显著》，来源：云南民族宗教文化资源库网站。

区合作开展的“白汉双语教育项目”为例，将国外双语教育的理念和白族地区的实际紧密结合，实现国际理念和方法本土化，以双语教育为主线，积极开展语言文化的传承保护，将白族调、白族儿歌、白族故事等白族优秀传统文化知识作为白汉双语教育的课程内容之一，通过学校教育让白族语言文化得以传承。[①]

四、进一步推进少数民族濒危语言传承与保护工作的对策建议

几十年来学界和西南地区各级政府在少数民族濒危语言的传承、保护方面做了很多工作，也取得了显著的成果，但进入新时代，各民族的语言文化发展面临新的形势，科学传承和保护各民族语言文化，开发利用好各民族的语言文化资源，有利于保护中华文化的丰富性、多样性，更有利于国内的民族团结、政治稳定与社会和谐，有利于保持中华文化的生命力和创造力，有利于增强各民族对中华文化的认同和坚定文化自信，有利于铸牢中华民族共同体建设，在国家发展战略和民族团结进步事业的创新发展中具有重要的地位和作用。

笔者认为，新时代进一步推动少数民族濒危语言的传承与保护，需要从以下几个层面开展更加深入细致的工作：

（一）抓好中小学校校本教材、乡土教材的编写与体系建设

要发挥学校的文化传承功能，得从教材编写着力。早在 2014 年 3 月，教育部就印发了《完善中华优秀传统文化教育指导纲要》，要求把中华优秀传统文化融入课程和教材体系，有序推进中华优秀传统文化教育。[②] 2017 年 2 月，中共中央办公厅　国务院办公厅印发了《关于实施中华优秀传统文化传承发展工程的意见》，把实施中华优秀传统文化传承发展工程的重点任务，分解为“深入阐发文化精髓”“贯穿国民教育始终”“保护传承文化遗产”“滋养文艺创作”“融入生

① 张霞、王革：《少数民族地区的学前双语教育——以白族为例》，载《“第四届中国少数民族地区三语现象与三语教育模式国际学术研讨会”会议论文集》，成都，2013。

② 参见孟立军：《民族文化在学校的保护和传承》，载《光明日报》，2015 年 3 月 8 日。

产生活”“加大宣传教育力度”“推动中外文化交流互鉴”七个方面。[①] 乡土教材不“乡土”现象，认真组织县乡各类中小学校师生，在调研学校所在地的民族文化资源的基础上，编写出真正具有当地文化代表性的校本教材、乡土教材，再开设民族文化类课程，并适当聘请当地文化遗产代表性传承人授课，才可能让学校真正成为传承当地少数民族语言文化的重要载体，发挥出传承当地语言文化的功能。

（二）多渠道、多形式培养少数民族语言文化专业人才队伍

创新人才队伍培训方式，以高等院校为依托，采取定向培养、在职教育、集中培训等方式，培养少数民族语言文化管理和科研人才，建设一支老中青相结合、语言学和其他相关学科专家相结合的专业化、规模化、高素质的民族语言文化人才队伍。定期开展少数民族语言文化培训班、少数民族双语教师培训班、少数民族语言文化传承人培训班以及建设少数民族语言文化传承基地（馆、所）等，对各类相关人员进行专业培训，也是人才培养的有效途径。近年来，随着新媒体、自媒体的发展，少数民族群众通过网络社交平台自发学习本民族语言文字的现象较为突出，建议有关部门给予关注和引导。

（三）加强少数民族语言文化理论研究和学科建设

在新的历史时期，少数民族语言文字使用状况等都发生了一定的变化，民族语言文化的保护传承工作也面临新的问题和挑战，这些都需要民族语文工作者和民族理论学界在理论上给予解决。同时，少数民族语言文化的传承保护，也是语言学、民族学、人类学等多学科交叉的新兴问题，需要国家给予扶持并在相关部门机构做好学科建设工作。

（四）定期开展少数民族语言文化资源普查和语言国情调查研究

我国的少数民族众多，各民族语言文字使用情况十分复杂[②]，少数民族语言文化资源极为丰富。定期开展少数民族语言文化资源普查和语言国情调查研究，

---

① 参见陈学凯：《吹响中华优秀传统文化传承发展的号角》，载《光明日报》，2017 年 2 月 9 日。

② 戴庆厦：《构建我国多民族语言和谐的几个理论问题》，载《中央民族大学学报》（哲学社会科学版），2008（2）。

对少数民族语言使用现状及其演变进行调查，对语言文化资源变化发展情况加强监督监测，摸清少数民族语言文字和语言文化资源的家底，是少数民族语言文化传承保护的基础性工作，可以为各级各部门制定符合少数民族语言文化发展实际的语言政策和语言规划提供参考依据，有利于民族语言文化的发展。

（五）开展少数民族语言本体研究和语言文字应用研究

语言本体的研究内容可以包括：以少数民族语言与汉语的关系和少数民族语言系属问题为核心的少数民族语言历史研究；少数民族语言的语音、词汇、语法描写研究；少数民族语言方言研究；少数民族语地名、人名研究；少数民族文字研究，等等。少数民族语言的多学科、交叉学科研究可以包括：少数民族语言与少数民族历史研究；少数民族语言与人类学研究；少数民族民间文学（包括童谣、谚语、谜语、俗语、民歌、戏曲、神话故事）研究；少数民族语言与民间文化（包括民俗、宗教等）相关的民俗学、宗教学、文化学研究等。应用研究方面：建设语言语料库、语言文化资源库、语言（方言土语）地图集库等，通过语言资源数字化建设，用现代化技术手段记录保存语言材料及文化信息；用标准范式搜集、整理、翻译、出版少数民族民间语言文化材料和古籍文献；编撰出版少数民族语言方言、四音格、词类、地名等各类词（辞）典工具书；开办少数民族语言广播电视节目、建设少数民族语言文化网站；开展少数民族语言文学创作、少数民族语言影视作品创作、少数民族语言歌曲创作工作等。

语言文化多样性和生物多样性同样重要，一种语言的消亡绝不亚于一个物种的灭绝。人类多样性文化的生存、延续、发展依赖语言的多样性，世界文明的多样性也取决于人类语言文化的多样性。生物的多样性，文化的多样性，是我们这个星球的基本特征，也是推动人类社会不断进步的动力。所以，我们要像保护生物多样性来维持地球生态平衡一样来保护语言的多样性，从而保护丰富多彩的人类大家庭的共同文化和遗产。西南地区有着丰富的少数民族语言文化资源，保护少数民族语言文化的多样性，对促进西南地区文化的大繁荣大发展具有举足轻重的意义。

作者简介：张立辉（1964—），白族，西南民族大学民族研究院研究员、硕士生导师，主要研究方向：少数民族语言文化、民族学、民族地区公共管理。张霞（1972—），女，白族，云南省民语委译审、云南省“有突出贡献专家”，主要研究方向：少数民族语言文化研究和对外交流合作以及基于语言文化的双语（三语）教育、翻译理论研究实践和少数民族社区发展。蒋拓新（1980—），女，汉族，昆明理工大学外文学院副教授，主要研究方向：应用语言学，二语习得，外语磨蚀，少数民族语言磨蚀。

南诏白蛮语词汇集释

杨海青

对于南诏的通用语言为哪个民族的语言，研究者很多，也取得很多成果，如颜晓云、陆家瑞的《史载白语丛考》，王元辅《南诏和白族的几个问题》，段伶《南诏语考：试释〈蛮书〉中“白蛮最正”一语》，等等。南诏通用语为白蛮语或古白语已为学界广泛接受，然而笔者在最近出版的梁晓强著《南诏史》（中国社会科学出版社，2013）中仍见到南诏通用语为汉语，《云南志》记载的十六个词为乌蛮语的观点（见510、511、512页）。为佐证南诏通用语或主体民族语言是白蛮语的观点，笔者综合前贤研究成果，参以一得之见，将见于史籍的南诏时期相关的白语词汇分白蛮语词、地名、土地量词、贝币及其量词等部分集中注释，撰成此文以就正于方家。

一、《蛮书》（《云南志》）中十六个白蛮语词

大虫即虎，白语叫 lɔ^{21}（大理）或 lo^{21}（剑川），与“波罗”中“罗”字音近。

犀，由于犀牛在白族地区已经绝迹，白语中未保留对应的读音。现在已借用汉语叫 ɕi^{44} ɳ̥ou^{42}。

带，这里大概指腰带，白语叫 ji^{35} ʦv^{55} ʦv^{44}。或以为“佉苴”是动词“系（腰带）”之讹，则白语中系（穿）腰带或裤子的动词为 khɔ^{55}，与“佉”字的古音相近。若一般的带子，现代白语叫做 vv^{33} ɳ̥ɯ^{32}。

饭，现代白语叫 xeɹ^{55}zɿ^{31}。但多数学者认为这个“饭”字是动词，作吃或食解，那么白语的“吃”叫 jɯ^{44}与“喻”字的读音基本相同。

盐，现代白语叫 pi^{35}（大理）或 pĩ^{55}(剑川)，与“宾”字读音相同。

鹿，现代白语已借用汉语称为 ma^{31}lu^{35}（马鹿）。但张旭先生认为《蛮书》中记录白蛮语的“识”（識）是“赋”（賦）字之误，这两个字的繁体字字形相似，兰坪、云龙一带白语称为“朵无”（大鹿之意），“无”（白族读作 vv^{42}）与“赋”近音①。而据笔者的了解，云龙县长新乡的白族把麂子叫做 vv^{42}tiɯ^{21}，其中 tiɯ^{21}是量词，相当于大理、剑川白语的 tɯ^{21}。所以张旭先生的论点可备一说。

牛，现代白语叫做 ŋɯ^{21}，与蛮书中的“舍”字读音差别较大，可能当时的白蛮语中的一些词汇已经消失而没有流传下来。

川，现代白语叫 ta^{31}（大理）或 tã^{31}（剑川），与“赕”字读音相同。

谷，现代白语叫 kou^{32}或 kõ^{42}，与“浪”字差别较大。今彝语支语言傈僳语叫 lo^{33}，纳西语叫 lo^{31}，彝语叫 lu^{31}②，与“浪”读音相近。而楚雄州禄丰县有个地方叫一平浪，其读音是“矣皮浪”，是个彝语地名，“矣”为水，“皮”为“岔口”，“浪”为“箐”（谷）③，与之完全相同。古代白蛮语可能与之相近或相同，现代的读音可能与汉语的“谷”字有关。

山，现代白语叫 sv^{32}，sṽ^{42}或 sv^{42}与“和”字的读音不同。马长寿先生认为《蛮书》原文“山”下脱一“坡”字，则与《新唐书》“山坡陀为和”相合。④山坡叫“和”应该是古白语，现代白语叫 pou^{21}，po^{21}或 pɔ^{21}。但是在白语地名中还有遗留，如南诏“太和城”建在今太和村西的缓坡上，而白蛮语称山坡为“和”，故名太和城。⑤ 今太和村白语名 tɔ^{31}uo^{21}中的 uo^{21}与汉字“和”的中古音 ɣua⑥ 相近。此外，大理坝子中还有一阳和村，白语名叫 ji^{21}uo^{21}，也是建在山坡上的村子。由于村落扩大现已分为上、下阳和了。上阳和现在还明显地势较高，

---

① 张旭：《羊苴咩、点苍山考释及其他》，见张旭：《大理白族史探索》，190 页，昆明，云南人民出版社，1990。

② 傅京起、徐琳：《从〈蛮书〉等古籍中看白语词汇的演变》，见徐琳主编：《大理丛书·白语篇》卷二，1264 页，昆明，云南民族出版社，2008。

③ 杨立权、张清华：《中国少数民族语地名概论》，223 页，北京，中国社会出版社，2011。

④ 马长寿：《唐代云南白蛮语和东爨乌蛮语的调查》，见赵寅松主编：《白族研究百年》（三），643 页，北京，民族出版社，2008。

⑤ 李公：《南诏史稿》，84 页，北京，民族出版社，2006。

⑥ 郭锡良：《汉字古音手册》，17 页，北京，北京大学出版社，1986。

下阳和则应该是较晚形成的。正如张锡禄先生指出的："在苍山东坡，洱海以西的坝区白族及其先民居住带的历史趋势是从高处往低处发展。"地名上的表现之一就是洱海边一些村落名称中带有"下"字的多是由山脚一线的村落向洱海方向发展而形成的，为了和西边的村落相区别而加上了"下"字，如：下庄、下末、下鸡邑、下阳溪、下丰呈、下龙龛等。①"阳和"这一名称很可能因为这里古代可以行船，而村子又建在缓坡上而来。ji^{21}（或 je^{21}）是船的意思，uo^{21}和太和的"和"意思一样，有山坡之意。可见白语中 uo^{21}这个词有山坡的意思。剑川白语中则读作 ɤo^{21}，剑川上兰的干禾（kã^{55}ɤo^{21}），金华镇的太和村（tɕhi^{31}ɤo^{21} pi^{21}），甸南的上河（tõ^{33}ɤo^{21}）、下河（ɤɛ^{33}ɤo^{21}）、金和村（kã^{55}ɤo^{21}no^{33}）等村中的 ɤo^{21}也有山坡的意思。

山顶，现代白语叫 sv^{32}tɕe^{35}mɯ^{55}，sv^{32}tɯ^{21}nɔ^{44}，与"葱路"不同。

舞，现代白语叫 ta^{42}kɔ^{33}（大理）或 ta^{42}ko^{33}（剑川），直译可能是"踏歌"的意思，与"伽傍"稍有不同。但是"伽"的中古音当接近"加"的读音，加字唐代属见母字即声母为 k，与现代白语 ta^{42}kɔ^{33}的 kɔ^{33}音近，还有可能古白语 kɔ^{33}就有舞蹈的意思，"伽傍"是白语 kɔ^{33}pe^{ɹ21}，即舞蹈一会儿的意思，pe^{ɹ21}有一会儿之意，如：ça^{35}pe^{421}（休息一会儿）。

富，现代白语叫 kɔ^{21}（大理）或 ko^{21}（剑川），如富人叫 kɔ^{21}ȵi^{55}pɔ^{35}（大理）或 ko^{21}jĩ^{55}po^{55}（剑川）。与"加"字的读音基本相同。汉字"加"唐代属见母字，即声母为 k，读音为 ka，日语中"参加"读作 sanka 也可作为佐证。

高，现代白语叫 ka^{35}（大理）或 kã^{55}（剑川），而唐代"阁"字的读音，王力先生拟作 kak②，是以 -k 收尾的入声字。另外日语中"内阁"读作 naikaku，即"阁"字读作 kaku，古汉语以 -k 收尾的字在日语中以 ku 收尾③；另据徐琳、赵衍荪研究，汉语中的古入声字借入白语后都读 35 调④，那么，"阁"字的汉语古音正与白语特别是大理方言"高"的读音相同。

苴，现代白语中没有对应的读音，但是白语"小伙子"叫 se^{31}tɔ^{31}tsou^{32}，tsou^{32}可能就是"苴"字的读音，只不过意思有了一些变化，《蛮书》中是"俊"

---

① 张锡禄：《苍洱地区居址环境的历史变迁》，见李翔主编：《第八届中国少数民族科技史国际会议暨首届中国传统手工艺论坛论文集》（内部资料），312、316 页，大理，2006。

② 王力：《汉语语音史》，202 页，北京，商务印书馆，2008。

③ 周振鹤、游汝杰：《方言与中国文化》，223 页，上海，上海人民出版社，2006。

④ 徐琳、赵衍荪：《白语简志》，6 页，北京，民族出版社，1984。

的意思，现代白语则泛指所有的青少年男子。

深，现代白语叫 $se^{ɹ55}$，$sɿ^{55}$（大理）或 $s\tilde{ɛ}^{55}$（剑川），与“诺”字不同。

二、地名考释

南诏是历史上一个多民族的国家，境内除了白蛮和乌蛮还有独锦蛮、施蛮、顺蛮、朴子蛮、寻传蛮、望苴子蛮、金齿蛮等。其地名也应该是很复杂的，有不同的民族语地名。如茫天连、茫吐薅等，据方国瑜先生考证就是傣语地名，茫天连即今孟连，茫吐薅在今勐阿。[①] 而南诏主体民族白蛮分布的区域，其地名的语源无疑是白蛮语。南诏的白蛮语地名应该很多，但由于历史上白族没有形成完善的文字，很多地名都只能用汉字记录，这就造成对这些地名语源和含意的考释有一定困难。地名学家指出，用汉字书写的地名，如果是在历史上汉族长期活动的地区，那些地名一般多属汉语地名，如果是历史上民族交错的地区，那里地名的语源就未必是汉语。如吉林省和吉林市的专名“吉林”，并非汉语，乃是满语“Girin ula”（吉林乌拉）的汉译名称，原意为“沿江之城”，今简称“吉林”已失去原意。又如“包头”是蒙古语“包克图”的汉译，意为“有鹿的地方”。[②] 所以专家能考释出来的白蛮语地名是很有限的，笔者仅综合徐琳、段鼎周、段伶、杨文辉、周祜等先生的考释[③]试略述于下：

（一）南诏地名通名

我们知道地名一般由专名和通名构成，汉语的通名一般在专名后，是“齐尾式”地名，如“北京市”是由专名“北京”＋通名“市”构成，白语也是一样的。而一些壮侗语地名则是通名在前专名在后，即是“齐头式”的，如西双版纳傣语地名勐腊、允景洪、南阿、回宽、广荷等表示属性和范畴的“勐（地

① 方国瑜：《中国西南历史地理考释》（上），476页，北京，中华书局，1987。

② 褚亚平、尹钧科、孙冬虎：《地名学基础教程》（修订本），41页，北京，测绘出版社，2009。

③ 见徐琳：《南诏七个山川土地名量词考释》，载《民族语文》，1995（6）；徐琳：《点苍山洱海考释》，载《民族语文》，1986（6）；段鼎周：《南诏地名“赕”“睒”有别》，载《白族学研究》，2004；段伶：《南诏都城“羊苴咩”考》，载《大理师专学报》，1995（2）；杨文辉：《南诏时期洱海地区的白蛮语地名考释》，载《中国边疆史地研究》，2005（4）；周祜：《白语地名考释》，载《白族学研究》，1994。

方)”“允（城市)”“南（河)”“回（小溪)”“广（山)”等通名都位于地名的开头。①

南诏的地名通名见于史籍的有诏、赕、赕、和等。

诏：徐琳注其音为 ʦo^{21}，释之为“头狭长而尾开阔的山箐（谷)、山场，进而扩大其意为居住在那儿的部落、部落主”②。现代白语地名中有很多读 ʦõ^{21}，ʦou^{21}或 ʦɔ^{21}的地名，这些地名都有山箐、山场的意思，也可作为佐证。如：剑川地名后箐（ɣɯ^{33}ʦõ^{21})、青场（ʨhɛ̃^{55}ʦõ^{21})、西场（sẽ^{55}ʦõ^{21})；大理地名朝阳村（se^{31}pi^{33}ʦou^{21}，直译是“小低山场”)、深长（sɿ^{55}ʦo^{21}，意为“深的山场”)；云龙宝丰地名上七场（tɔ^{33}ʨhi^{55}ʦɔ^{21}，意为“上边的潮湿山场”)、下七场（jɛ^{33} ʨhi^{55}ʦɔ^{21}，意为“下边的潮湿山场)、磨刀箐（mɔ^{21}ji^{55}ta^{55}ʦɔ^{21})，等等。

睑：《新唐书·南诏传》云：“……有十睑，夷语睑若州”。可见睑相当于汉语的“州”。但是对于“睑”字的白语注音则有两种，徐琳注其音为 ʨɛ^{42}，为表示湖泊、沼泽地和房屋的量词；③ 杨文辉则根据喜洲在现代白语中的读音 xɯ^{33} ʨe^{33}，注其音为 ʨe^{33}。④ 笔者较为倾向于杨文辉先生的注音，但由于只有喜洲一个孤证，徐琳先生的注音也很值得参考。“睑”的白语读音看来要靠今后更广泛的白语地名调查来构拟或恢复了。

赕：为平地之意，《蛮书》中也有“川谓之赕”，现代白语中还保留读音叫 tã^{31}或 ta^{31}。这一点各家意见较为一致。蛮书中有很多通名为赕的地名，如大施赕、小施赕、剑寻赕、览赕、越赕等。现在很多白语地名的通名还是 tã^{31}（ta^{31})，只不过对应的汉字多改为“甸”了，如兰坪［khɯ^{31}tã^{31}，“里面的坝子（平地)”之意]、通甸（thɣ̃^{55}tã^{31})，大理花甸坝（xuo^{35}ta^{31}，“长满鲜花的坪地”之意，“坝”字属重复意译)，等等。

和：《蛮书》中有“山谓之和”，《新唐书·南诏上》有“夷语山陂陀为‘和’”之语。南诏地名中也多有带“和”字的，如“石和城”“矣苴和城”等。

---

① 戴红亮：《西双版纳傣语地名研究》，41 页，北京，中央民族大学出版社，2012。

② 徐琳：《南诏七个山川土地名量词考释》，载《民族语文》，1995（6)，转引自徐琳等主编：《大理丛书·白语篇》卷二，1243 页，昆明，云南民族出版社，2008。

③ 同注②，1244 页。

④ 杨文辉：《南诏时期洱海地区的白蛮语地名考释》，载《中国边疆史地研究》，2005（4)，转引自徐琳等主编：《大理丛书·白语篇》卷二，1348 页，昆明，云南民族出版社，2008。

（二）南诏地名专名

玷苍山：《蛮书·山川江源第二》中有精确的描述：“玷苍山，南自石桥北抵登川，长一百五十余里，名为玷苍。直南北，亦不甚正，东向洱河。城郭邑居，棋布山底。西面陡绝，下临平川，山顶高数千余丈，石棱青苍，不通人路。冬中有时坠雪。”① 徐琳考证其为“熊跳山”之意，注其音为 ʨɕĩ^{55}ʦhõ^{55}sẽ^{55}，徐琳的注音为中部方言，南部方言有的学者用汉字注为“极造赛”，② 笔者拟注为 ʨɕi^{35}ʦhɔ^{55}se^{35}。但是现代白语中“跳”一般叫 thiou^{44}，ʦu^{44}或 ʦhue^{ɹ44}（ʨhue^{ɹ44}），熊在南部方言标准音点喜洲叫 ʨe^{35}或 khua^{33}ʨe^{35}，所以笔者将玷苍山的南部方言读音拟标为 ʨe^{35}ʦhue^{ɹ44}se^{35}。

洱河：又称“弍河、西洱河”等。据徐琳考证洱河是由汉代的叶榆演变而来，“‘叶和耳（洱、弍）’就是白语 jɛ^{33}（ɣɛ^{33}、e^{ɹ33}）的译音，表示‘下’；‘榆’是古白语 ji^{33}的译音，表示‘水’。四川彝语和傈僳语的‘水’也都称 ji^{33}，跟古白语是同源词（白语“眼泪”mi^{42}ji^{42}一词可能原始意义是“面水”，那么可以推断古白语中水是 ji^{42}，与彝语支语言是同源词）‘下’的语音则是白语的，跟其他几个语言都不相同或相近。因此我们可以这样说，‘叶榆、洱河（洱海）’是以白语命名的‘下水、下河’之意。而不是其他民族的语言”③。“洱河（海）”的白语名称是 e^{ɹ33}kɔ^{21}，即下边的海（湖）之意。

蒙嶲诏：徐琳注其音为 mɯ^{31}sɿ^{31}ʦo^{21}，释其意为“蒙氏”居住的山场或部落。在蒙舍诏北，其地在今弥渡县。笔者按大理白语拟其音为 mɯ^{21}sɿ^{31}ʦou^{21}。

越析诏：又称么些诏，读 mo^{21}so^{21}ʦo^{21}（徐琳注音），意思是么些人居住的山场或部落。原住洱海东面的宾居，现称“宾川”。后来北迁到丽江、维西一带。么些，现称“纳西”。笔者按大理白语拟其音为 mɔ^{42}suo^{44}ʦou^{21}。

浪穹诏：读 lo^{21}kho^{55}ʦo^{21}（徐琳注音），白族口语中称 lo^{21}xo^{55}ɕi^{44}（大理白语称 lɔ^{32}xɔ^{55}ɕe^{33}），意思是“一道长的有沟渠的山谷”。如果加上 ʦo^{21}，即是带沟渠的山场或部落，其地在今洱源县。笔者按大理白语拟其音为 lɔ^{21}khɔ^{55}ʦou^{21}。

---

① （唐）樊绰：《蛮书》（武英殿本）。

② 赵寅松：《大理地区白语地名调查片段》，载《大理方志通讯》，1987（1），转引自徐琳等主编：《大理丛书·白语篇》卷二，1320—1321 页，昆明，云南民族出版社，2008。

③ 徐琳：《点苍山洱海考释》，载《民族语文》，1986（6），转引自徐琳等主编：《大理丛书·白语篇》卷二，1250～1251 页，昆明，云南民族出版社，2008。

邆赕诏：读 tɯ^{31}tã^{31}ʦo^{21}（徐琳注音），意思是（生长）豆子的坝子或豆坝部落，在今邓川。笔者按大理白语拟其音为 tɯ^{31}ta^{31}ʦou^{21}。

施浪诏：读 sv^{44}lo^{44}ʦo^{21}（徐琳注音），意思是木材（生长的）山场或部落。《蛮书・六诏第三》曰：“六，施浪一诏也，诏主施望欠。初，阁罗凤据石和城，俘施各皮，而望欠援绝。后与丰咩、咩罗皮同伐蒙归义，又皆败溃，退保矣苴和城。”万历《云南通志・地理・大理山川》：“蒙次和山在（浪穹）县治东北四十里。”“蒙次和山”跟“矣苴和城”实指同一地方。从地理位置上看，很可能是今洱源县三营往剑川之间的一处林木丛生的山场。① 笔者按大理白语拟其音为 sv^{44}lv^{4}ʦou^{21}或 sɿ^{44}lv^{44}ʦou^{21}。

蒙舍诏：读 mɯ^{31}xo^{31}ʦo^{21}（徐琳注音），意思是蒙家（居住的）山场或部落。《蛮书・六诏第三》曰：“八，蒙舍，一诏也。居蒙舍川，在诸部落之南，故称南诏也，姓蒙。”现代大理白语称巍山（蒙化）为 mɯ^{21}xuo^{32}，盖是 mɯ^{21}xɔ^{31}之讹，即蒙家之意。笔者按大理白语拟其音为 mɯ^{21}xɔ^{31}ʦou^{21}。

大和：《蛮书・六睑第五》记载：“大和、阳苴咩谓之阳睑，大厘谓之史睑……”“大和城、大厘城、阳苴咩城，本皆河蛮所居之地也。”“大和城，北去阳苴咩城一十五里，巷陌皆垒石为之，高丈余，连延数里不断。城中有大碑，阁罗凤清平官王蛮利之文，论阻绝皇化之由，受制西戎之意。”文中所说的大碑，即是现在被称为“南诏德化碑”的石碑。大和城遗址位于今大理太和村西缓坡上，今太和村白语叫 tɔ^{31}uo^{21}，tɔ^{31}是“大”；“和”即是古白语山坡 uo^{21}的汉字记音（见上文白蛮语“和”的解释），所以今太和村的白语名称传承了“大和”的白语读音。徐琳先生注其音为 to^{42}ko^{21}，注大和睑为 to^{42}ko^{21}tɕɛ^{42}是值得商榷的。

阳苴咩：“咩”字有的文章也写为“咩”。对阳苴咩的考释以段伶先生的较为令人信服。他通过对比大理白族地区带“羊”或“阳”字的大量地名，以及云南省地名中“苴”字的读音 zuo，并考察彝语支语言中表示小地方的音 mi^{44}或 mi^{33}等，拟出阳苴咩的读音 jo^{21}ʦo^{21}mi^{33}或 jo^{21}ʦo^{21}mi^{31}，意思是松林箐沟之地。② 笔者则认为“咩/咩”字的读音去彝语支语言中寻找，不如在白语地名中寻找，白语通名中有一个 mɯ^{55}，是“那个地方”的意思。所以笔者按大理白语给阳苴咩拟的音是 jou^{21}ʦou^{21}mɯ^{55}，即长有松林的山场那里。

---

① 见徐琳：《南诏七个山川土地名量词考释》，载《民族语文》，1995（6）。

② 段伶：《南诏都城“羊苴咩”考》，载《大理师专学报》，1995（2）。

大厘：《蛮书·六赕第五》曰：“……大厘谓之史赕……”大厘城遗址在今大理喜洲，地方史志无异语。今喜洲白语称之为 $xɯ^{33}$ $tɕe^{33}$，应该就是“史赕”的白语读音。至于“大厘”的读音徐琳注其音为 $tɛ^{31}$ li^{33}，并在注释中指出现在的大理指过去的羊苴咩城，而大理指现在的喜洲。[①] 这种说法还是能讲得通的，有时候一个地名在不同的历史时期所指代的地理方位和范围是不同的，比如“大理”在南诏时指的是史赕，在大理国时是“国”，现代又是民族自治地方（州）和行政区划单位市（县级）的名称。而且联系到有的学者考证大理国开国国王段思平故里在今喜洲阁洞脐村[②]，那么段思平成为国王后以其故里的地名命名国号也是可能的。大理的白语名称在大理市白语口语中已不再使用，但还保留在白族大本曲中，叫做 te^{31} le^{33}。另据笔者的同事，祥云禾甸白族杨建伟副研究员介绍，他们称“大理”为 te^{31} le^{33}，称“洱海”为 te^{31} le^{33} $pũ^{33}$，可见 te^{31} le^{33} 就是“大理”的白语读法，虽然可能它本身是个汉语词。

沙追：《蛮书·云南管内物产第七》：“敛寻东南有傍弥潜井、沙追井，西北有若耶井、讳溺井，剑川有细诺邓井。”井为产盐区的地名，方国瑜先生考证：“剑川城西南五十里沙溪坝子南经沙登村之石钟山，有南诏时期石窟数处，其一窟有天启十一年（大中四年，850 年）七月廿五日题记曰‘沙追附尚邑三赕白张傍龙。……’此沙追即其地名，今沙溪有弥沙井区，即傍弥潜、沙追盐井，此可知敛寻城在今沙溪镇，而傍弥潜城在其西，沙追在其南也。”[③] “沙追”即白语 so^{55} $tɕhy^{31}$ 的音译，现在指的是沙溪。按大理白语读则是 $sɔ^{55}$ $tɕhy^{31}$。

三、土地的量词

《蛮书·云南管内物产第七》记载：“蛮治山田，殊为精好。”耕作方法是“每耕田用三尺犁，格长丈余，两牛相去七八尺，一佃人前牵牛，一佃人持按犁辕，一佃人秉耒”。不仅耕作技术达到一定水平，对土地也有固定的计量词。《蛮书·蛮夷风俗第八》：“田曰双，汉五亩也。”《蛮书·南蛮条教第九》中有：

① 徐琳：《南诏七个山川土地名量词考释》，载《民族语文》，1995（6）。

② 杨发祥：《也谈段思平籍贯问题》，载《南诏史论丛》第八辑（内刊），39~42 页。

③ 方国瑜：《中国西南历史地理考释》（上），462 页，北京，中华书局，1987。

“上官授与四十双，汉二顷也。上户三十双，汉一顷五十亩。”清曹树翘《滇南杂志》作了进一步解释：“夷有田，皆种稻，其佃作，三人使二牛，前牵、中压而后驱之。犁一日为一双。以二乏为己，二己为角，四角为双，约有中原四亩地。”这几个土地计量词，在云南，特别是大理地区还有很多史料遗存，部分词语还存在白族口语中。徐琳先生考证了这几个计量词的读音和所指的面积。笔者转述于下，个别作了补充和修订：

双：读 sv^{55}（徐琳注音），是三人使两头壮牛犁一日的总和，相当于汉区五亩（宋元后减为四亩①）。现在大理挖色地区白语把牛犁一天的地称为“阿树”（$a^{31}sv^{55}$）②，即“双”这一土地计量单位在现代白语中的残留。

角：《大理国释氏戒净建绘高兴兰若篆烛碑并序》中也写作“脚”，读 ko^{44}（徐琳注音），徐琳考释为相当于汉区的两亩。这可能是中部方言区的单位。大理市的白族则称为 kou^{44}，就是一亩，可能是在历史发展中有了变化，即缩减了。现代大理白语中 $tɕi^{31}a^{31}kou^{44}$ 就是一亩地，古代则是相当于汉区两亩地。

己：读 $tɕi^{31}$，是二分之一角（脚），相当于汉区一亩。这个 $tɕi^{31}$ 在现代大理白语中已成为田地的泛指单位，相当于“块”，$tɕi^{31}a^{31}tɕi^{31}$ 就是“一块田”“一丘田”的意思（作量词时喜洲一带变读为 $tɕe^{32}$）。

乏：读 $pã^{42}$，是己的二分之一亩，相当于汉区的半亩，还保留在剑川白语口语中。$tɕi^{31}pã^{42}$ 就是半亩田。③ 大理白语中已没有保留，笔者拟其音为 pa^{32}。

四、贝币名称及其量词

《新唐书·南诏上》中有：“以缯帛及贝市易。贝者大若指，十六枚为一觅。”④ 说明南诏时贝就作为货币用于贸易，而且其单位为觅。元李京《云南志略·诸夷风俗·白人》则有更详细的记载：“交易用贝子，俗呼为肌，以一为庄，

---

① 周祜：《段信苴宝碑》注译，见周祜：《大理古碑研究》，77 页“注释”30，昆明，云南民族出版社，2002。

② 王锋：《白文重要古籍文献介绍之四：〈大理国释氏戒净建绘高兴兰若篆烛碑并序〉》，载《大理日报》，2014 年 2 月 19 日 A3 版。

③ 见赵衍荪、徐琳编著：《白汉词典》，24 页，成都，四川民族出版社，1996。

④ （宋）欧阳修、宋祁撰：《新唐书·南诏上》，6270 页，北京，中华书局。

四庄为手，四手为苗，五苗为索。”① 徐琳、傅京起《古白语贝币名和量词的遗存》一文对贝币及其量词作了详尽的考释。② 笔者据之略注释于下。

（一）贝

徐琳和傅京起指出白语南部和中部方言中都称海贝为 pia^{44}，相当于古籍中记录的𧴩，同时白语中 tse^{21} 指以金属铜、银、镍等铸造的货币，pia^{44} 则指贝币。白语中赌博叫 tɕhou^{31} pia^{44}，直译是“耍钱”，剑川白语中叫 tɕɛ^{42} pia^{44}。在这两个词中 pia^{44} 都有钱财之意，这也是云南以及白族古代以贝充当货币的历史在语言中的遗留。

（二）贝的量词

1. 以一为庄

庄是一枚贝的单位，现代白语读为 tsua^{55}（徐、傅注音）。可用作名词或量词，作为名词意为“树桩”“木桩”；作为量词，用来形容上圆下尖或上宽下窄的物或人。笔者按大理白语拟其音为 tsua^{35}。

2. 四庄为手

四个贝的单位是“手”，白语读为 sɯ^{44}（徐、傅注音）。在现代白语里，sɯ^{44} 是个量词，指四片板材组成的物体或四句诗，并指出 sɯ^{44} 和汉语的手（白语读 sɯ^{33}）有区别，主要是声调不一样。对此笔者认为可以商榷，因为大理方言中 sɯ^{33} 也可作量词，如 ku^{21} sɯ^{33} 一座桥；kɔ^{44} sɯ^{33} 一首歌。读 sɯ^{44} 或 sɯ^{33} 应该都可以，是方言的差异。

3. 四手为苗

四手是一“苗”，相当于 16 个贝，与《新唐书·南诏上》中“贝者大若指，十六枚为一觅”相合，“苗”和“觅”应该是对白语贝币单位的同音异写。白语读作 miɯ^{33}，即是用 16 个贝穿成的一串。现代白语中 miɯ^{33} 也是个量词，有束、绺的意思。“觅”或“苗”是白语 miɯ^{33} 的音译词。

4. 五苗为索

索是比苗大的单位，相当于 80 个贝。索是白语 ɕi^{55}（大理白语读 ɕi^{35}）的意

---

① 王叔武校注：《大理行记校注　云南志略辑校》，88 页，昆明，云南民族出版社，1986。

② 徐琳、傅京起：《古白语贝币名和量词的遗存》，载《民族语文》，2004（6）。

译词，串的意思。现代白语中一串铜钱叫 tse^{21}（keɹ^{33} tɕhe^{55}）çi^{35}。古代 80 枚贝穿成的串，其读音也就是 çi^{55}或 çi^{35}了。

五、小　结

从上面的论述可以看出，南诏时期举凡常用词汇、山川地名、行政区划、土地量词、货币量词等都可以在现代白语口语中找到一些痕迹，甚至完全同于现代白语口语。所以南诏时期的主体民族语言（通用语）为白蛮语，即古白语，而不是汉语或其他民族的语言。

作者简介：杨海青，大理州白族文化研究院助理研究员，主要从事白族语言文化研究。

《南诏德化碑》“瑟瑟”研究[①]

苏换着

《南诏德化碑》明代已见著录，今存大理太和村西，由于碑文残缺太多，本文所研究的碑文系据《滇南古金石录》录文。此碑碑文叙事止于765年（唐永泰元年），南诏德化碑立于南诏赞普钟（阁罗凤）十年，即唐代宗大历元年（766年）。[②] 一般认为立于766年。[③] 南诏立的德化碑，距南诏北臣吐蕃已14年。碑文中有两处提到瑟瑟，分别是“授长男凤伽异大瑟瑟告身都知兵马大将”“北接阳山，会川收瑟瑟之宝”。本文将从历史文献与考古资料方面来分析此两处的瑟瑟是否为同物以及两者间的关系。

“瑟瑟”一词自唐朝以来多见于文人作品之中。杜甫《石笋行》诗中云：“雨多往往得瑟瑟，此事恍惚难明论。”[④] 查宋吴曾《能改斋漫录》卷六引赵清献《蜀郡故事》言：“石笋在衙西门外，二株双蹲，云真珠楼基也。昔有胡人于此立寺为大秦寺，其门楼十间，皆以真珠翠碧贯之为帘，后摧毁坠地，至今基脚在。每有大雨，其前后人多拾得真珠瑟瑟金翠异物。今谓石笋非为楼设，而楼之建，适当石笋附近耳。盖大秦国多琳琅、琅玕、明珠、夜光璧。水道通益州永昌

---

① 基金项目：广西一流学科（培育）建设项目（桂教科研［2018］12号）资助。

② 伍雄武：《从〈南诏德化碑〉看我国古代各族的精神纽带》，载《创造》，1993（1），60页。

③ 徐嘉瑞认为：“作碑文及立碑，当后于此年不久。”未明确定在766年。见徐家瑞：《大理古代文化史稿》，231页，北京，中华书局，1978。

④ 陈珀如：《瑟瑟罗裙琥珀酒——论西域名物与唐诗色彩词》，载《国学学刊》，2013（1），122页。

郡，多出异物，则此寺大秦国人所建也。"[①] 与史籍所载唐代"瑟瑟"出于域外[②]，且与珍珠、金翠等同为极其珍贵的宝石的内容相符合。"瑟瑟"为碧色珠宝，典籍中多有记载，《钱注杜诗》《杜诗详注》《读杜心解》等多本注释皆引《博雅》谓"瑟瑟，碧珠也"[③]。明人著述中《本草纲目》《通雅》《天工开物》《博物要览》等皆载明"瑟瑟"为碧色。[④] 最早记录者有许慎的"碧"者为"石之青美者"[⑤]。珍宝名之曰"瑟瑟"者，其字本作"璱璱"。"杜诗"、《博雅》与《史通》以"璱"作"瑟"。孙雍长认为："言珍宝或状碧色便一定要写作'璱璱'，则非通达之见。"[⑥] 由瑟瑟的颜色又延伸出别的含义，孙雍长在文中指出："今按。'瑟瑟'之为词实有二：所指为碧色之珍宝，又由碧色之珍宝引申而形容颜色之碧绿，此为一词；形容风声或气象之萧瑟，又由风声引申而状草木之陨落，此又为一词。"[⑦] 本文要研究的瑟瑟便是原初的物质所指了，即瑟瑟应是珍宝玉石之类。

《纬略》云：程氏《繁露》援《唐语林》卢昂主福建盐铁，有瑟瑟枕，大如斗……或云美石，非瑟瑟。案李肇《唐国史补》称瑟瑟枕大如半斗，以金床承之。今世所谓瑟瑟，或皆炼石为之也。案《明皇杂录》云：上幸华清宫……又于汤中垒瑟瑟。其言垒者，当是珠类，非石也。又案虢国夫人夺韦氏宅，造中堂既成……复赏以金杯二，瑟瑟三斗，其以斗计，为珠明矣。由此可见，瑟瑟的形

---

① （宋）吴曾：《能改斋漫录》卷六，190页，上海，上海古籍出版社，1979。另，《钱注杜诗》亦承其说。

② （后唐）刘昫：《旧唐书·德宗列传》，239页，北京，中华书局，2000。记载德宗贞元二年（786年）辛巳，"陕州观察使李泌奏卢氏山冶出瑟瑟，请禁以充贡奉。上曰：'瑟瑟不产中土，有则与民共之，任人采取'。"

③ （清）钱谦益注：《钱注杜诗》卷四，114页，上海，上海古籍出版社，1958；（清）仇兆鳌注：《杜诗详注》（第二册），833页，北京，中华书局，1979；（清）浦起龙注：《读杜心解》（上册），270页，北京，中华书局，1961。

④ 章鸿钊：《石雅》（上编），73页，农商部地质调查所，1921；另，（明）李时珍《本草纲目·石部》："《山海经》言骒山多玉，凄水出焉，西注于海，中多采石。采石，即宝石也。碧者，唐人谓之瑟瑟。红者，宋人谓之鞅鞨。"另，（明）宋应星《天工开物·珠玉第十八》："凡宝石皆出井中……属青绿种类者，为瑟瑟珠、祖母绿、鸦鹘石、空青之类。"另，（明）方以智《通雅》卷四十八："《广雅》曰：瑟瑟，碧珠也……智按：瑟瑟有三种，宝石如珠，真者至宝透碧。番烧者，圆而明，中国之水料烧珠，亦借名瑟瑟。"

⑤ （东汉）许慎：《说文解字》卷一《玉部》，10页，北京，中华书局，1985。

⑥ 孙雍长：《"瑟瑟"定谳》，载《湖北大学学报》（哲学社会科学版），2007（2），82页。

⑦ 孙雍长：《"瑟瑟"定谳》，载《湖北大学学报》（哲学社会科学版），2007（2），83页。

状或实质有两种：一为炼石为之，貌似玉石之类；一为天然珠类，形如珍珠之属。

有学者认为唐以前言瑟瑟出波斯康国，唐以后并及吐蕃、于阗、南诏，《唐书》言出石国东南，而亦言出中国。《唐书·地理志》平陆县有瑟瑟穴；《元和郡县志》谓瑟瑟窟在平陆县西北四十里；《旧唐书·德宗纪》：陕州观察使李泌奏卢氏山冶出瑟瑟。案平陆今属山西，卢氏属河南，其地未闻有产瑟瑟者，当时德宗亦言不产中土，则谓之瑟瑟者，必谀辞耳。① 另有德宗遣内给事朱如玉得“瑟瑟百斤”②，以及高仙芝讨石国，获瑟瑟十余斛③等。中土不产瑟瑟且有学者撰文指出史籍上并无藩国进贡瑟瑟的记载，但据《新唐书·南蛮列传》载：“夏六月，册异牟寻为南诏王……复遣清平官尹辅酋等七人谢天子，献铎鞘、浪剑、郁刃、生金、瑟瑟、牛黄……”那么史籍上并无藩国进贡瑟瑟的记载便不成立了。在《魏书》《周书》《隋书》《北史》上对西域诸国出产“瑟瑟”情况多有记载。④ 据历史文献可知西域的瑟瑟可能有两种形式：炼石为之或天然珠类。唐朝曾设置安西都护府、北庭都护府对归附的西域地区进行系统管辖，又况唐朝时对外实行开放包容的政策，当时的唐都长安是国际化大都市，商业贸易亦十分兴盛。叶舒宪等学者也认为沟通西域的北方丝绸之路应被认为是玉石之路，对此，笔者认为唐朝中土的瑟瑟大部分可能来自于与西域商人的贸易流通。有文献指出鉴于古代中国（尤其是汉唐时期的中国）与中亚绿洲地区的文化、经济交流更多一些，所以当时出现在中国内地的瑟瑟，可能更多地来自中亚的阿姆河、锡尔河流域等地。⑤ 康国、石国都是十分重要的中亚绿洲国家，与安国、曹国、米国

---

① 章鸿钊编著：《石雅》，55页，天津，百花文艺出版社，2010。

② “德宗即位，遣内给事朱如玉之安西，求玉于于阗，得圭一，珂佩五，枕一，带胯三百，簪四十，奁三十，钏十，瑟瑟百斤，并它宝等。及还，诈言假道回纥为所夺。久之事泄，得所市，流死恩州”。见《新唐书·西域上》，4732页，北京，中华书局，2000。

③ “（天宝）九载，讨石国……仙芝为人贪，破石，获瑟瑟十余斛……”见《新唐书·高仙芝传》，3599页，北京，中华书局，2000。

④ （北齐）魏收：《魏书》（卷一〇二，1536、1543页，北京，中华书局，2000）载“波斯国多瑟瑟”“康国者出瑟瑟”。另，（唐）令狐德棻：《周书》（卷五十，623页，中华书局，2000）载“波斯国出瑟瑟”。另，魏徵《隋书》（卷八十三，列传第四十八，1240、1245页，北京，中华书局，2000）载“康国者出瑟瑟”；“波斯国土多瑟瑟”。另，（唐）李延寿：《北史》（卷九十七，列传第八十五，西域，2138、2146页，北京，中华书局，2000）载“波斯国多瑟瑟”“康国者出瑟瑟”。

⑤ 中华文化通志编委会编，芮传明撰：《中华文化通志·中国与中亚文化交流志》，283页，上海，上海人民出版社，1998。

等史称"昭武九姓"。生活在这些地区的粟特人，他们是丝绸之路贸易的重要承担者，在汉唐之际，频繁出入中国内地，所以唐五代之际的瑟瑟可能大多来自中亚以及波斯。①

综上可知，唐朝的瑟瑟只有很少一部分是藩国进贡之宝，更多的是唐与西域地区进行贸易的舶来品，于唐而言进口的性质居多。

西域各国中以吐蕃最重瑟瑟②，当时吐蕃有以瑟瑟为饰物或章饰的风俗。"（吐蕃）其官章饰，最尚瑟瑟；瑟瑟者，绿珠也"③，瑟瑟珠"一珠易一良马焉"④，价在黄金之上，故有"马价珠"之称。⑤《册府元龟》云："唐太宗贞观后吞并诸蕃，地方千里，每十节度置一上相统之，自号吐蕃为宝髻，爵位则以宝珠、大瑟瑟、小瑟瑟、大银、小银、大鍮石、小鍮石、大铜、小铜等为告身，以别高下。"⑥ 另据《册府元龟》卷九六一《外臣部·土风三》记载："大略其官章饰有五等：一谓瑟瑟，二谓金，三谓金饰银上，四谓银，五谓熟铜。各以方圆三寸褐上装之，安膊前以别贵贱。"关于吐蕃以珠宝、金银等珍品来区别爵位高下，在敦煌文书中也有反映。吐蕃告身最上等的是瑟瑟告身，且是方圆三寸的章饰，那么吐蕃的瑟瑟是炼石为之还是天然珠类呢？在笔者有关吐蕃告身研究的文章中看来，笔者认为吐蕃的瑟瑟告身质地应是炼石为之。然而吐蕃妇人佩戴的瑟瑟珠是天然珠类还是炼石为之的人工加工珠类呢？吐蕃瑟瑟与《南诏德化碑》会川收的"瑟瑟之宝"又有何关联呢？由于历史上的吐蕃王朝曾掠夺唐朝及西域诸地，也有人认为吐蕃的瑟瑟来自丝绸之路。⑦ 对此，笔者认为吐蕃瑟瑟除来

---

① 濮仲远：《唐五代丝绸之路上的瑟瑟与水精》，载《陇东学院学报》（社会科学版），2004（2），60页。

② "（吐蕃）其官之章饰，最上瑟瑟，金次之，金涂银又次之，银次之，最下至铜止……"见《新唐书·吐蕃传上》，4621页，北京，中华书局，2000。

③ （明）沈德符：《万历野获编·外国·乌思藏》，782页，北京，中华书局，1959。

④ "吐蕃男子冠中国帽，妇人辫发，戴瑟瑟珠，云珠之好者，一珠易一良马。"《新五代史·四夷》卷七十四，613页，北京，中华书局，2000。

⑤ （明）曹昭《格古要论·珍宝论·马价珠》："青珠儿出西番诸国，色青如翠……大者颜色好者直钱其价如马，故谓之马价珠。"另，［美］劳费尔：《中国伊朗编》，林筠茵译，346页，北京，商务印书馆，2015。

⑥ 苏晋仁、萧鍊子：《〈册府元龟〉吐蕃史料校正》，成都，四川教育出版社，1981。

⑦ 唐玄宗天宝十四载，安史之乱后，吐蕃占领了整个河西、陇右地区，其时间长达百年。而吐蕃"贵瑟瑟"之风俗也已浸染河西，再加上河西地域更加接近西域，故而吐蕃对来自于丝路瑟瑟的需求量也颇可观。

自于西域，也从唐朝的越巂等地区掠夺过瑟瑟资源。

唐时的越巂地区地理位置非常特殊，因为其与吐蕃、南诏相接，可以说是唐朝的西南军事门户了。晋张勃《吴录》云越巂云南河中出碧珠，须祭而取之，有缥碧绿碧，此即碧色宝石也。① 可知越巂地区在晋朝就已出产瑟瑟了，而且是出自河中的珠类宝石。越巂今为四川省西昌地区，至德元年（756 年）被南诏占领，后陷入吐蕃，788 年归唐，860 年又被南诏占领。《太平寰宇记》云："剑南西道维州，妇人多戴金花，串以瑟瑟，而穿悬为饰。"维州今四川理县，位于四川省西部，青藏高原东缘，唐时曾被吐蕃攻陷后称无忧城，后来又归附唐朝。无论是唐朝的越巂还是维州，都曾先后被吐蕃或南诏所占领，由此笔者推测吐蕃与南诏的瑟瑟可能来自于临近南诏、吐蕃的唐朝疆界越巂地区。

由《新唐书·南蛮列传》载："夏六月，册异牟寻为南诏王……复遣清平官尹辅酋等七人谢天子，献铎鞘、浪剑、郁刃、生金、瑟瑟、牛黄……"可知异牟寻时代瑟瑟是南诏比较贵重的产品，还与浪剑等南诏特有产品一起进贡给唐廷。另有李公"瑟瑟"即美玉，是南诏向唐朝朝贡和赏赐高级官员的宝物的说法。②那么南诏何处生产瑟瑟呢？据樊绰《蛮书》即《云南志》卷七说："银，会同银山出。锡、瑟瑟，山中出。"有学者认为是唐时今云南地方已有山名瑟瑟者，其非南蛮方言乎？今亦未能遽详也……笔者认为这是对《蛮书》所载文献的误解。会同当时又名会川，即今四川省会理地区。至德元年（756 年），被南诏蒙氏所据。即《南诏德化碑》所载"会川收瑟瑟之宝"。那么异牟寻时代进贡唐朝廷的瑟瑟有可能出自原本是唐朝西南门户后被南诏占领的会川地区吗？这就涉及南诏的疆域问题了。

"北接阳山，会川收瑟瑟之宝。"会川当时又名会同，即今四川省会理地区。"阳山"则是今四川省会理、西昌南北交界处的阳蓬岭。据碑文可知南诏北臣吐蕃后，南诏疆域北达今四川会理、西昌一带。唐天宝十四年（755 年）冬，即南诏赞普钟四年冬，安禄山叛乱。次年，安禄山称帝，叛军入长安，唐玄宗逃往剑南。③ 碑文载："赞普钟五年，赞普差御史赞郎罗于恙结赍敕书曰：'树德务滋长，

① 章鸿钊编著：《石雅》，56 页，天津，百花文艺出版社，2010。

② 李公：《从〈南诏德化碑〉看南诏疆域》，载《云南日报》，2001 年 12 月 12 日 C3 版。

③ 赵心愚：《八世纪中期南诏与吐蕃的结盟及其关系的发展——以〈南诏德化碑〉相关记载为线索》，载《民族研究》，2015（3），103 页。

去恶务除本，越巂会同，谋多在我，图之此为美也。'……会同请降无害……"此段碑文中的越巂、会同，即今四川省西昌、会理。这些地区，本为唐的统治区域，也是唐经营云南的重要战略支撑地区。《资治通鉴》记载中，称南诏"陷越巂会同军，据清溪关"是在至德元年（756年）九月。[①] 赵心愚分析碑文认为南诏与吐蕃在756年攻破越巂及逼降会同之后，并没有派兵驻守，主要行动是掠走这两地的人口和财物。[②] 赵心愚分析碑文及其他史籍记载，与第一次夺巂州、取会同之后不同，南诏与吐蕃在757年再夺巂州、取台登之后，在巂州、台登、会同一带驻有军队据守，控制了大渡河以南地区，西川因此直接面临南诏、吐蕃的联合进攻。方国瑜先生分析了此碑文和史籍记载后认为，公元757年后，南诏与吐蕃"得大渡河以南之地，南诏占巂州南部，吐蕃占巂州北部"。[③] 由此，笔者认为唐廷册封异牟寻时代所献瑟瑟并非直接出自于四川越巂、会同地区，由于南诏与吐蕃素有往来，笔者推测南诏此时的瑟瑟也应是丝绸之路上的舶来品。但自南诏占领会同之地后，其地所产的瑟瑟才是南诏本土所有的特产。但若此解释，越巂地区若唐时就已盛产瑟瑟，此地又属唐朝管辖，为何有唐朝本土不产瑟瑟的说法呢？据此，笔者认为这与唐朝对疆域的统治政策有关，唐时的越巂是唐廷西南军事要塞，唐朝对于南诏历来以羁縻政策统治，政权之间利益的膨胀使得越巂之地成了吐蕃、南诏与唐之间的军事必争之地，但除了唯利是图的商人有此开发瑟瑟资源的良机，南诏与吐蕃通过不断征伐掠夺来占有资源。《南诏德化碑》碑文中也记载"会同请降无害。子女玉帛，百里塞途……"以及"碧海效祉，金穴荐珍"，此处的"玉"和"珍"很可能指的就是瑟瑟了。据史料记载蜀地之人善于经商，从秦时中央王朝修五尺道，到汉武帝开拓西南夷，又有一些学者提出南方丝绸之路、茶马古道。据此，笔者认为，唐时越巂所产的瑟瑟可能经北方丝绸之路、南方丝绸之路以及网络状的茶马古道贸易进而流通到唐廷、吐蕃、南诏甚至西域等更广大的区域。

据前文所引晋张勃《吴录》《太平寰宇记》的记载，笔者认为南诏占领越巂之地后所掠夺的瑟瑟应是珠状宝石，会川收瑟瑟之宝，独一"收"字，笔者认

① 参见《资治通鉴》卷二一八，7000页，北京，中华书局，2000。

② 赵心愚：《八世纪中期南诏与吐蕃的结盟及其关系的发展——以〈南诏德化碑〉相关记载为线索》，载《民族研究》，2015（3），104页。

③ 赵心愚：《八世纪中期南诏与吐蕃的结盟及其关系的发展——以〈南诏德化碑〉相关记载为线索》，载《民族研究》，2015（3），104页。

为此处的瑟瑟也应是河中所产的天然珠状物。据樊绰《蛮书》《新唐书·南蛮列传》以及明方以智《通雅》卷四十八云："今宝石出西番回鹘诸坑井内，云南、辽东亦有之……碧者唐人谓之'瑟瑟'，红者宋人谓之'靺鞨'。"可知南诏的瑟瑟又应是出自山中的炼石为之，明朝时云南的瑟瑟是出自坑井中的一类宝石。依据《南诏德化碑》碑文"金穴荐珍"，笔者认为南诏收获的瑟瑟也有可能是出自矿山中的珠类宝石。据笔者查阅资料，矿山中的玉石会随流水进入河床，那么，南诏收获的瑟瑟一说出自矿坑，又说出自河中，可知南诏的瑟瑟无论出自山还是川，瑟瑟的本质是一样的。

综上所述，瑟瑟曾经遍见于南亚、西亚、小亚、中亚，以及中国的西藏、云南，分布范围不可谓不广。然而，瑟瑟作为一种宝石，为何盛行于唐朝而后便稀见于文史记载了呢？即瑟瑟在唐以后是否有别的名称将其取而代之了呢？据上文分析可知，无论是唐朝、吐蕃还是南诏，在史籍记载中瑟瑟的产地或采于山或取于河，瑟瑟的形状或炼石为之或天然珠类。那么，瑟瑟究竟是一种什么样的宝石呢？现在还有瑟瑟资源可供开发吗？

现代学者在研究中发现，"瑟瑟"应为土耳其语或波斯语重译而出，或是伊朗字的译音[①]。据《穆天子传》卷四云，天子抵达巨蒐，其人贡献枝斯之石四十。"巨蒐"即是"渠搜"，亦即汉代所称"大宛"以及唐代所称"拔汉那"等，其相当于今中亚的费干纳盆地，与古石国毗邻，就"枝斯"之读音，颇与"瑟瑟"接近。[②] 枝斯石当即青金石。由于青金石与蓝宝石的颜色最为相近，因此当中亚古居民发现蓝宝石时，便以青金石之名"枝斯"命名之。"瑟瑟"乃是"枝斯"的同音异译名，遂作为蓝宝石的称号而传入了中国内地。[③] 也有文献认为西域的瑟瑟是蓝宝石：六朝之际出于西域的瑟瑟，大致即今日所称的蓝宝石。蓝宝石色蓝，瑟瑟色碧，蓝与碧颜色相近。古训瑟瑟为"碧珠"，而其计量又常用"斛"，与珍珠的计量相同，所以瑟瑟的形状似珠，当可肯定。至于蓝宝石，往往出于河流沙砾间，水石蚀磨日久，其棱角殆尽，故状亦似珠。因此可以认为

---

① 陈珀如：《瑟瑟罗裙琥珀酒——论西域名物与唐诗色彩词》，载《国学学刊》，2013（1）。

② 濮仲远：《唐五代丝绸之路上的瑟瑟与水精》，载《陇东学院学报》（社会科学版），2004（2），60页。

③ 中华文化通志编委会编，芮传明撰：《中华文化通志·中国与中亚文化交流志》，283页，上海，上海人民出版社，1998。

瑟瑟与蓝宝石同是一物。[①] 据此笔者认为史籍记载的唐廷、吐蕃、南诏的天然珠类瑟瑟是取之于河流沙砾之中的蓝宝石。

洛乌弗尔氏《东方绿松石考》记瑟瑟特详，盖以赫尔芝氏及沙畹氏等均尝以瑟瑟为绿松石今日本人谓之土耳其玉也。[②] 瑟瑟既非绿松石，则将以何者为瑟瑟乎？洛氏谓足以当此者有三：一即巴琍，即巴拉斯琍。如波斯康国等之瑟瑟是也；二即祖母绿，如吐蕃南诏之瑟瑟是也；三为缠丝玛瑙之类。[③] 洛氏认为吐蕃南诏的瑟瑟是祖母绿，其说法如下：中国语之瑟瑟，当即藏语之瑟。梵语中有几个祖母绿的称呼，那么藏人原本就认识祖母绿了。又说南诏今云南地，R. Purnpelly 谓其地似产绿松石。《元史》及《续文献通考》，均称会川出碧甸子，然碧甸子始闻于元，其出云南者亦当去元不远。南诏瑟瑟，唐时已入贡，则谓瑟瑟即碧甸子者，殊未敢信。考纪元第 8 世纪时，南诏民族，与吐蕃邦交弥笃，吐蕃由是愈得展其势力，则唐时南诏之瑟瑟，当即自吐蕃得之，而亦必为祖母绿也。章鸿钊案洛氏此说似仍难信。章鸿钊认为吐蕃虽有祖母绿，固不得谓祖母绿即瑟瑟也。若是根据《梵藏字典》说藏语也称瑟，和瑟瑟音近，但中国瑟瑟之名，五代以前已有了，不能说五代时瑟瑟，独为吐蕃语也。况南诏瑟瑟，已见《唐书》，则其唐以前之瑟瑟，如得之于波斯康石[④]于阗诸国者，亦皆为吐蕃语乎？那么吐蕃南诏的瑟瑟，究竟是什么呢？章氏举洛氏见解来反证，说是蓝宝石。

洛氏根据藏史，把古代宝石曾经分为二等，每等有五种。第一等是神之宝。它的第一种为蓝宝石，第二种是红琍之属，第三种是蓝宝石的通称，第四种是蓝宝石之最优者，第五种是 skongmdzes，其物未详。另一等是人之宝，即金、银、珍珠、青金石与珊瑚是也。章氏认为据此则彼所谓神之宝者，唯其二属红琍，余皆为蓝宝石。考《唐书·吐蕃传》，官之章饰，最上瑟瑟，金银铜次第以差。夫金银为人之宝，而金称首，乃其官之章饰，以瑟瑟居金之上，则必与神宝相接近。瑟瑟之色与蓝宝石同，则亦即蓝宝石明矣。《博物要览》谓吐蕃产青宝

---

① 中华文化通志编委会编，芮传明撰：《中华文化通志·中国与中亚文化交流志》，283 页，上海，上海人民出版社，1998。

② 章鸿钊编著：《石雅》，57 页，天津，百花文艺出版社，2010。

③ 章鸿钊编著：《石雅》，61 页，天津，百花文艺出版社，2010。

④ 章鸿钊编著：《石雅》，69 页，天津，百花文艺出版社，2010。

石，石色淡青如天晴色，亦正指此。南诏今云南地，其地固自有蓝宝石。G. Soulié谓云南之西及西南，宝石尝杂出河流沙砾间，紫石英、蓝宝石及红琍尤有名。《吴录》谓越嶲云南出碧珠，有缥碧绿碧。《后汉书·郡国志·遂久县》注引《广志》略同，《云南通志》谓遂久县今永北厅永宁土府，西连中甸厅。《博物要览》记载青宝石五种，其第四第五，皆出云南宝井，一石色嫩青如翠蓝，一淡青如月下白。又云，云南宝井产青宝石，名鸦鹘青，绿宝石三种，即祖母绿，皆出默德那回回国。然则南诏之地，固有蓝宝石而无祖母绿者。《蛮书》云："锡瑟瑟山中出。"案锡每出沙土中，且恒与宝石俱，瑟瑟山必以产瑟瑟得名，而亦唯蓝宝石庶足当之。又韬契氏《印度地质地文学提要》亦屡言上缅甸蓝宝石与红宝石同出结晶石灰岩中，唯不及祖母绿。故南诏之瑟瑟，仍当与蓝宝石[①]为近。据此，笔者认为唐廷、吐蕃、南诏的瑟瑟炼石为之者，均是采自于宝井的蓝宝石。

据文献记载昆仑和田玉采玉常用的方法有两种：一是开山采玉，采出的称"山料"，也叫"渣滓玉"，质量较差；二是河中捞玉，也叫"踏玉"，即凭脚在河水中的感觉判断是否是玉石。河中捞到的玉石一般都裹着一层石质，叫"山流水"；有的玉石在河水中经过多年的冲刷摩擦，石质完全剥离，成为纯洁的玉石，叫"籽玉"，是玉中的上品。[②] 由此，笔者认为瑟瑟的开发也与昆仑和田玉类似。但无论是采自宝井还是取之于河流沙砾，瑟瑟的本质均是蓝宝石。

综览全文，笔者认为瑟瑟一词虽盛行于唐王朝，而瑟瑟最早的开发利用却源于西域。[③] 瑟瑟循着北方丝绸之路、南方丝绸之路以及大大小小的茶马古道而流通中土、吐蕃、南诏而至西域更广的区域。从中也可揣知唐朝时人们的采玉、制玉技术已经达到一定先进水平了。而唐时越嶲地区的瑟瑟开采：一是依靠吐蕃、南诏的掠夺，一是依靠南方丝绸之路以及茶马古道[④]上贸易的往来，而非唐王廷统治者官方垄断的资源。这一方面表明唐朝羁縻政策的弱点，另一方面也加速了各地区经济、政治、文化上的交往。笔者有理由认为吐蕃"授长男凤伽异大瑟瑟

① 章鸿钊：《石雅》，70页，天津，百花文艺出版社，2010。

② 宋剑霞：《中国丝绸之路》，103页，北京，京华出版社，1994。

③ 此处西域的疆域也包括了晋时的越嶲之地。

④ 笔者据相关史料认为："南方丝绸之路虽与茶马古道有所重叠，但南方丝绸之路无法完全取代茶马古道路线。"故将南方丝绸之路与茶马古道分而述之。

告身都知兵马大将”中的瑟瑟告身质地应是采自矿井中的蓝宝石而炼石为之，而“北接阳山，会川收瑟瑟之宝”中的瑟瑟应是取自河流沙砾间的天然珠类蓝宝石。

作者简介：苏换着，广西百色学院教师，百色学院马克思主义理论一流学科（培育）研究人员，主要研究中华优秀传统文化、马克思主义理论等。

民族经济

新型城镇化背景下云南贫困地区少数民族生活方式变迁探究

——基于剑川县一个典型白族村的考察

董海珍　罗　毅

实施千村扶贫开发、百村整体推进工程是我国贫困地区建设社会主义新农村的一项重大举措，也是在新的历史时期里我国新型城镇化推进工作的一项重要内容。近年来，随着城镇化的迅速推进，使得我国少数民族地区的生产生活产生巨大的变迁，而对于少数民族贫困地区而言，其生活方式方面受到的冲击尤为明显。对于生活方式变迁的研究反映了目前我国少数民族地区总体的社会变迁和转型状态，因而，如何推进我国少数民族贫困地区的城镇化进程？如何在新型城镇化背景下推动贫困地区少数民族生活方式的变迁？怎样去建构城镇化与贫困地区少数民族生活方式变迁之间的新型关系？等等，将成为我国现阶段民族学、社会学等学科研究中的重大议题。因此，对于贫困地区少数民族生活方式变迁的研究具有非常重要的理论价值和现实意义。

一、云南少数民族地区城镇化发展状况

我国少数民族地区由于其特殊的自然地理条件、社会历史、经济发展水平等方面的原因，其城镇化发展水平与我国的中东部地区相比存在较大的差距，从而导致我国少数民族地区的城镇化水平远远低于全国平均城镇化水平，同时我国少

数民族地区之间的城镇化条件和状况存在明显的差异。自改革开放以来，随着云南省城镇化进程的不断加快，云南省的城镇化率从 1978 年的 12.15% 上升到 2014 年末的 42.00%，云南省的城镇化建设取得了较大的发展，但是与全国平均水平相比还有明显差距。截至 2013 年底，云南省户籍人口城镇化率为 27.20%，比全国低 8.1 个百分点；常住人口城镇化率为 40.48%，比全国低 13.25 个百分点。①。目前云南省的城镇化发展处于加速发展期，但总体城镇化水平较低，发展仍然十分滞后，城镇化建设任务十分艰巨。近年来，随着新型城镇化的建设与发展，云南省的社会经济因此得到了迅速的发展，各县级市的基础设施建设得到大力提升，在人们的生活、消费、通信、交通、教育、医疗保健等方面都得到明显的改善，人们的生活质量得到显著提高。

大理剑川县自 2011 年之后，在云南省加大贫困地区扶贫开发政策的号召下，开展了千村扶贫开发整村整体推进项目。该项目以改善生产生活条件，加快产业发展，提高劳动者素质，强化劳务输出为重点，统一规划，配套建设，努力实现“生产发展、生活宽裕、乡风文明、村容整洁、管理民主”的目标，并提出了以小城镇建设为依托，以项目带动为抓手，剑川的社会经济发展在新的历史时期面临巨大的发展机遇。② 近年来随着城镇化的不断推进，剑川县的社会与经济发展发生了巨大变迁。

二、云南贫困地区少数民族生活方式变迁的典型案例

（一）白族 S 村概况

白族 S 村位于云南大理剑川县西北部，是一个以白族为主的少数民族村落，白族人口占总人口 96% 以上。地处高寒山区，平均海拔为 2370 米；气温偏低，年平均气温为 10.03℃；水资源少，利用率低，主要靠雨季降雨满足农业用水。S 村隶属剑川马登镇，是马登镇政府所在地，是马登镇政治、经济、文化中心，

---

① 罗添仁：《关于推进云南城镇化建设的路径思考》，载《邢台学院学报》，2015（2）。

② 马登镇人民政府编：《马登镇志》，11～12 页，昆明，云南民族出版社，2014。

同时也是剑川县西部5个乡镇物资、商品集散中心。该村下辖5个村民小组，主要以农业生产为主，人均耕地面积1.02亩，农作物种植主要以玉米、小麦、水稻和土豆为主，少量种植经济作物芸豆、烤烟等，兼营第二、三产业。2010年末，全村共有770户1979人，其中农业人口1423人、非农业人口556人，劳动力891人；全村经济总收入525万元，人均纯收入2324元；全年粮食产量74万公斤，年人均粮食520公斤，人均耕地面积1.02亩。2009年S村被列为大理州千村扶贫整村推进项目的实施村；并成为大理州扶贫开发整村推进的一个典型实施村，2015年S村所在的马登镇城镇化率达到35%以上。①

（二）白族S村生活方式的变迁

1. 劳动生活方式的变迁

历史上，白族S村以传统农业生产作为主要的生计方式，由于受高海拔地理因素、气候条件恶劣和水资源利用率低等自然条件的直接影响和制约，马登自然灾害频繁，农业收成低，耕作技术粗放，农业生产发展滞后，大部分白族人靠种田难以生计，生活普遍困难，加之当时畜力资源缺乏，就连“二牛抬扛”“拉独牛”等这种耕作方式都得等要排队才能耕种。在1949年以前，马登白族的农业生产都使用传统的农具，运输全靠人背马驮，碾米靠水碓，磨面靠水磨等，这样的农业生产条件严重制约了马登当地农业的发展，使得马登成为大理剑川县内贫困的农业区。因而剑川上兰、马登一带曾流传着“前世不修，生在兰州（现在的马登），蔓菁洋芋当主粮，开水送祖宗”的民谣，民谣中反映的就是以前马登白族艰苦而真实的生活状态。1980年之后，我国在农村地区进行经济体制改革，并实行了家庭联产承包责任制，这极大地解放了S村的生产力，特别是1988年以后，由于农业结构调整，大力推广科技措施，强化科学种田，种植地膜苞谷，不断改进了农业生产条件和加大了对农业生产的投入，使得S村的粮食产量有了逐步的提高，农业、畜牧业、副业得到全面的发展，S村白族人的生活因此发生了巨大变化，白族人从此从田间地头解放出来，告别了千百年来面对黄土、背朝天的生产方式。②

随着我国经济改革的深入，马登境内原有的单一农业经济格局彻底被打破，

---

① 马登镇人民政府编：《马登镇志》，昆明，云南民族出版社，2014。

② 马登镇人民政府编：《马登镇志》，昆明，云南民族出版社，2014。

商业经销、贩运、林业、矿业、冶炼、建筑、汽车修理、出租客运以及各种服务行业、副食加工等个体工商业、重点户得到发展。在1990年之后S村外出务工、经商的白族人大量增加，他们主要从事矿冶、建筑、商务、餐饮、服务等行业。[①] 随着一部分白族农民率先富裕形势的发展，马登的个体经济、民营企业得到了一定的发展，并且随着马登经济的发展，使得白族人的知识文化得到较大普及，加之国家政策的扶持，从而使得S村白族人的生计方式逐步发生了变化。据调查，截至2016年7月，S村有近300户人家从事各行各业的经商贸易活动，一部分人“跑街”做生意经商，大部分人则是充分利用马登集镇中心的区位优势，大力发展商贸、运输、餐饮住宿、汽修、野生菌加工、芸豆收购、副食品加工等服务行业。目前马登从事建筑建材商品批发零售的有38家、住宿餐饮45家、豆腐加工8家、凉粉加工8家、米线饵丝加工2家、白酒酿造3家、生猪屠宰8家，还建起了农家特色的休闲山庄、农家乐、娱乐休闲场所等，这些白族经营户的经营生产活跃了马登的市场经济，而且极大地改变了S村白族的生活方式。随着城镇化的不断推进，使得S村白族人的思想观念发生了巨大的转变，同时马登的经济形态已不再是一个单一的经济形态，当前正朝着多种经济形态并存的方向发展，并显现从第一、二产业转向第三产业发展的态势。2016年之后，S村白族人的生计方式开始从以传统农业生产为主转变为多样化的生计方式，还呈现出多种经济成分并存于一体的经济发展态势，同时在这一过程中S村白族人的职业分化也变得越来越明显。

2. 白族传统手工艺的变迁

1949年以前，马登镇所需的生产生活用品，大都由周边的大理、丽江等地购进，本地没有大宗手工业产品，仅有少数家庭从事铁器、竹木农具加工，多数家庭自产自用。1956年马登镇成立了竹木器社、缝纫社、炼铁社，主要从事一般性农具加工、缝纫等，当时木工职工约有12人。1958年进行手工业改造后成立了马登综合社，主要从事解板、伐木、竹木器加工等。20世纪60年代后期原来的综合厂组建为“马登农机修配站”，木工为12人、竹器加工2人、铸工26人，同时其他工种也有极大的发展。[②] 1980年5月“剑川县马登建筑工程队”成立，主要从事白族房屋建筑，由于马登镇白族房屋多为土木结构，建筑工匠遍及

① 马登镇人民政府编：《马登镇志》，昆明，云南民族出版社，2014。

② 马登镇人民政府编：《马登镇志》，202～203页，昆明，云南民族出版社，2014。

各村寨。S村的农业生产发展滞后，大部分人靠种田难以生计，这使得许多家庭不得不从事养殖业、小手工业和小型商业等生产经营来弥补生活所需，忙时务农，农闲就外出从事各种匠艺活动，S村的白族男子基本都有木工方面的技术。在改革开放之后，许多马登白族男性纷纷带上木工工具外出“搞副业”，他们多为农闲时外出务工，农忙时回来务农。当时整个马登镇农闲时外出务工的工匠人员达到200多人，这也使得白族从事手工艺、木工手艺的人越来越多，剑川县也因此成为云南省有名的“木雕之乡”。

20世纪70年代以后，剑川木雕工艺得到长足发展并向周边地区辐射，S村还有人从事竹器编织、弹羊毛垫毡、羊毛垫毡彩绘等民间工艺，工艺匠业人员还经常到兰坪等地“做工”。而对于S村来说，木工手艺也已成为该村一项重要的产业，一直传承下来，有的家庭祖传四五代都是木匠，而且技艺精湛。20世纪90年代之后，随着现代工艺水平的不断提升，S村许多传统白族民间工艺逐步被淘汰，单纯依靠传统手工制作技术已经不能适应社会的新需求，因此S村多数工艺人开始从事泥水工、漆工、装潢等行业，而涉足木工手艺的人数越来越少。目前S村从事木工手艺的有36人，从事彩绘1人，其中年轻人较少，S村传统手工艺出现逐渐萎缩的状况，传统手工艺的保护与传承面临巨大挑战。

3. 民居建筑的变迁

历史上，白族喜欢聚族而居，村寨坐落在平坝、山脚或台地上。白族把民居建造看成人生大事，认为是为子孙造福立下的万代根基。因此白族民居构筑，对宅基地的选择比较认真，宅基地要选择光线充足、靠山面水的地方。① 而马登白族民居布局格式一般为“一正一面一耳房”或“三坊一照壁”，“一正一面一耳房”，即一方正房为人居住，并附建厨房、猪厩为面房。有的家庭建正房三间作为居住所用，而有的有钱家庭曾建过土木结构的“四合院”，即“四合五天井”，传统白族民居的建筑雕刻装饰一般较为丰富，白族人喜欢绘各种壁画。20世纪五六十年代S村住房一般都较为拥挤，道路狭窄。1978年以后，大部分家庭人畜分开，居住条件大为改观。八九十年代，由于交通不便，经济还不是那么的发达，所以钢混结构的楼房的建造还只占少数，更多的是砖木结构的房屋民房大多数改为土木结构的瓦房，砌墙用的土基一般都是自己打制的。有部分民房改建成砖木结构或钢混结构，使用青砖的都是请外地匠役或本地有经验的人烧制。随着

① 马登镇人民政府编：《马登镇志》，92、103页，昆明，云南民族出版社，2014。

人们生活的改善，S 村民居建筑从材料到结构布局都发生了变化。新建的民房大部分是砖木结构的封火房，有的建筑是封闭式凉台的房屋，有的建钢混结构的三层楼，钢筋混凝土结构的新式住宅逐步出现。① 20 世纪 80—90 年代，马登钢混结构民居占到全村的 25%，砖木结构民居占到全村的 75%。

进入 2000 年之后，随着 S 村社会经济的发展，同时受到了现代化、城镇化等因素的影响，人们的思想意识等方面发生了极大的变化，新建房的家庭户在不断增加，所建房屋的风格也变得越来越现代化，加之城镇居民的生活方式对白族人有着强大的吸引力。因此，S 村许多人建起了象征城镇生活方式的现代多层洋楼房，而白族传统民居修建较少，房屋修建风格已经由原来的传统白族建筑风格向现代房屋建筑风格转变。

4．婚姻家庭观念的变迁

白族青年男女社交比较自由，但对配偶的选择，男女双方都比较谨慎。白族人认为择偶关乎家庭和谐、家族兴盛、子女承世的大事，故择偶又称“挑米子种”，除门第相称、年龄相当、身体健康、不同宗等基本条件外，父母辈道德家教如何、家庭宗族有无遗传性疾病等都是双方择偶的基本条件，对男方是否有手艺在身，是否沾染恶习，女方是否贤淑待人、善待翁姑，也是择偶的条件。② 历史上 S 村白族人在思想观念方面较为保守，有着浓厚的小农意识，使得择偶观上表现得较为传统。S 村白族家庭一般会选择沾亲挂戚的青年男女作为婚配对象，族内婚较为常见，存在由父母包办的婚姻，也曾出现过极少的买卖婚姻。20 世纪 90 年代之前，S 村由于社会经济发展相对滞后，远离城镇，属于大理白族地区的贫困区，其社会交往范围也因此受到制约。如 S 村白族家庭倾向于与本村白族人形成婚姻状态，大都认为白族人淳朴、善良、知根知底，因而一般有女不选择远嫁。

20 世纪 90 年代之后，随着我国城镇化建设向贫困少数民族地区的推进，S 村白族人婚姻家庭观念发生了巨大转变，主要体现在白族人的择偶观和通婚圈的变化上。尤其在 2000 年之后，随着白族人受教育程度的普遍提高，S 村白族女性外出务工人数增加，白族女性在择偶观上呈现功利性增强的特点。在择偶观方面，许多到外地打工的年轻女性，回来后看不上本村的男青年，越来越多的女性不愿意与本村人结婚，认为从小在一起长大，很难产生恋爱的愿望，而且认为本村的

① 马登镇人民政府编：《马登镇志》，92、103 页，昆明，云南民族出版社，2014。

② 马登镇人民政府编：《马登镇志》，104～105 页，昆明，云南民族出版社，2014。

许多男青年没文化、没能力、土气。她们的择偶标准也发生了明显的变化，在传统白族社会中把“人品”“勤劳”列为择偶的首要条件，而现在的白族女性把家庭经济条件、能力作为婚姻选择时的首要条件，且许多年轻女性希望借助婚姻途径找到一条离开传统农村生活的方式。而在调查中发现，在S村白族男青年的择偶观念中，注重“人品”“勤劳”，同时有部分男青年也表示“不找外出工作过的本村姑娘”婚配。从通婚圈的变化情况来看，由于市场经济的发展，城镇化的不断推进使得S村白族人之间的社会交往和通婚圈不断扩大，婚配不再局限于村内婚，村内婚比例从原来的80%降到目前的30%，与周围邻村间的婚配比例从原来的17%上升到目前的40%，与外地和外省的婚配比例由原来的3%上升到目前30%。

三、对云南贫困地区少数民族生活方式变迁的分析与思考

（一）城镇化建设对贫困少数民族地区生活方式变迁的影响

1. 少数民族地区的城镇化建设初具规模，村寨基础设施状况明显改善

从对白族S村的调查来看，S村所在地区的城镇化建设目前已经初具规模。2011年之后，剑川县提出了努力把马登建设成为剑川西部中心城镇和农副产品集散地的社会发展目标，在这一过程中S村是小城镇建设最直接的见证者、参与者，也是最大的受益者，沿袭以农促商、以商带农的传统来推动第二、三产业发展。目前S村老剑兰公路穿境而过，马登河以南为老街区，居住着西宅村老街区和马登中心学校及部分商铺店。老街北是由老剑兰公路与环城路形成一片三角形开发区，也是近年新开发的小城镇区域，三座公路桥连接着西宅村和老街区，占地面积0.6平方千米，建有18米宽、260米长的两条商贸街，20亩面积的农贸市场和民族广场古戏台。马登河修筑有364米长、16米宽的河滨绿化公园，设有健身区，新老街区间马登河边新开辟了近30亩的湿地绿化带。S村内建有玉皇庙、财神庙和魁星阁。老街区和西宅村“十字街”分别建有两座雕梁画栋的凉亭，供村民休闲娱乐。同时全村改造旧区、建设新区、拓宽村道、改变村貌的过程中，实施了改厕、改厩、改厨、硬化道路，架设现代太阳能路灯，实现村内道路硬化、亮化、绿化、美化，家家门前水泥路，户户架通自来水，人居环境得到

极大改善，S村还专门配备了一辆垃圾车，每天定时收集清理村民的生活垃圾，村落的卫生条件得到改善。[①]

2. 农业基础设施建设不断完善和加强，少数民族生活水平与质量逐步提高

从对白族S村的调查发现，在历史上由于马登镇农业、农村基础设施薄弱，可利用水资源少，农田灌溉用水及人畜饮水非常困难。人畜饮水问题，坝区主要饮用井水和溪水，山区饮用山箐水，居民人畜饮水受气候条件和环境影响很大，人畜饮水困难问题非常突出。1978年以后，相继修建了一批饮水工程，近年来大力进行农田水利基础设施建设，修建和改造了一批引水工程、排涝工程、蓄水工程、河道治理及人畜饮水工程。1999年7月修复完工的太平水库、香柏箐水沟、联合水沟等，极大改善了马登地区农田灌溉和人畜饮水条件。2012年马登镇修建完工了玉龙水库，由此马登镇95%以上人口解决了人畜饮水困难问题。其中S村蓄饮水工程投入资金35万元，于2009年建成，供水规模1450人，日供水量110立方米，管道长3500米。1998年S村率先在马登镇开通了闭路电视，到2010年底，马登镇11个村都开通了闭路电视，并可安装数字电视，闭路电视覆盖率为83%。目前S村的水、电、路已通，基础设施逐步完善，人们生活水平与质量逐步提高。近年来，S村白族人借助交通方便的优势发展交通运输业，全村机动车持证驾驶员98人，拥有小轿车18辆、微型车14辆、大货车13辆，有的自用，有的营运。还有的白族人不断寻找商机，逐步开展了养殖业，目前有3家养猪专业户、1家养鸡专业户，年出售仔猪数百头，活鸡上千只。在以商促农的发展趋势推动下，白族人重视农业生产，全村修筑了四条机耕路和混凝土灌溉主干沟渠，覆盖全村农田，村民还抓住国家对农机补贴之机，购买了21台农用拖拉机，农业生产实现了半机械化，两牛抬杠耕田和人背马驮的传统劳作方式逐渐消失。[②]。因此，在城镇化推动下，S村农业基础条件也得到进一步加强，城镇化的发展给S村注入了强大的发展动力，社会经济得到快速发展。

（二）贫困少数民族地区生活方式变迁中存在的问题与分析

1. 白族年轻女性外出务工，使大龄青年婚姻失配现象较为突出

目前外出务工收入已成为S村经济收入的主要来源之一，调查发现，近年来

---

① 马登镇人民政府编：《马登镇志》，46～47页，昆明，云南民族出版社，2014。

② 马登镇人民政府编：《马登镇志》，昆明，云南民族出版社，2014。

S 村有 471 人常年在外务工，其中男性 300 人、女性 171 人。其中女性打工人口中有占 48% 的为已婚女性，52% 的为未婚女性。① 他们流动到全国各地，从事手工业、技术行业、服务业和经商等多种职业，而在外出打工的 S 村白族人中，约有 80% 的人流动到云南省外，他们中大多数人进入广东、浙江等地的工厂从事皮包制作、皮鞋制作等行业。

近年来随着 S 村受教育程度普遍提高，女性外出务工人数逐步增加，许多到外地打工的年轻女性，不愿意与本村男性结婚。调查发现，不愿意嫁回本村的原因是她们在外出打工期间选择了外嫁。在外出务工的女性中，有占 30% 的女性选择嫁到外地，有占 70% 的选择嫁回剑川当地，S 村的女性外嫁现象较为突出，这直接导致 S 村适婚男性数量与适婚女性数量出现不匹配的现象。调查发现，S 村有 27 名光棍，他们年龄一般在 35 岁左右、初中文化程度、家庭经济条件较差，也有些光棍是由于离异后找不到配偶而造成的，大多数人的工作情况是在 S 村周边的工厂做工、当搬运工，每天收入 50—60 元。随着适龄女性外出打工数量的增多，光棍数量也在增多。调查也发现，实际上 S 村的光棍现象在剑川县的其他一些贫困农村同样存在，如老君山镇的一些村落光棍问题同样较为突出，而造成光棍问题突出的主要原因也同样是适婚人群中女性的外流，导致婚配比例失衡。

2. 民族特色产业发展面临挑战

调查发现，S 村是自然生态资源较为丰富的地区之一，野生菌等自然资源非常丰富。目前 S 村有两个野生菌加工厂：

工厂 1：S 村村民以民营方式于 2004 年创建了剑川县马登阿宝生态食品加工厂，占地面积 11.5 亩，主要从事对本地及周边地区原生态食品进行加工，产品主要有速冻牛肝菌、松茸、芸豆等，产品出口远销日本、法国、意大利等国家，是马登有史以来将自己的产品直销国外的企业。该加工厂有员工 38 人，其中管理人员 3 人、专业技术人员 30 名。在企业生产旺季，临时季节工达到 800 多人，2008 年企业收入 2500 万元。该加工厂带动野生食用菌加工及 AA 级绿色芸豆种植农户 3000 多户，每户均收入 150 元。② 调查发现，该工厂工人，固定工 20 多人来自 S 村，其他的季节工也基本来自 S 村。

工厂 2：S 村村民创办的剑川县马登“五一种植合作社”，种植中草药、重

① 马登镇人民政府编：《马登镇志》，昆明，云南民族出版社，2014。

② 马登镇人民政府编：《马登镇志》，105 页、206 ~ 207 页，昆明，云南民族出版社，2014。

楼、芸豆、腰子豆等，并加工各种野生食用菌，企业以农副产品加工为主，占地面积25亩。加工的食用菌主要销往欧洲和日本，由这些国家的经销商直接采购；部分产品在国内销售。企业有管理人员6人，员工采取季节性招聘，旺季一般80—90人。中药材种植有重楼10亩，其他药材面积68亩，主要分布在甸所村。芸豆收购来源以马登为中心，附近县、乡收购，2011年芸豆销售量1280吨，销售收入1000多万元，利润20万元。野生食用菌调出150吨，企业的发展拓宽了马登地区致富之路，使村民受益。①

调查发现，目前S村的这两个野生菌加工厂运营现状难以为继，其经营状况面临着萎缩，经营资金面临巨大困难。两个加工厂都面临着同样的问题：一是由于人们对野生菌的过度开采，使野生菌的菌种受到破坏，使得产量减少，同时由于马登地区自然条件的限制，气候干旱，使得野生菌的产量锐减，最终影响了企业的生产。二是由于近年来我国东北地区的松茸等野生菌产量大幅增加，使松茸等野生菌价格有所降低，从而冲击了整个野生菌市场，继而冲击到这两个加工厂的销售状况，加之近年来欧洲及日本等国家经济萧条，对野生菌的需求，特别是松茸的需求大大降低，使得加工厂的野生菌出口数量受到很大的影响。

3. 传统民族手工艺的逐步流失，传承人青黄不接

白族民间工艺历史悠久，源远流长，据记载，早在明末清初，大理剑川马登文屏温登地区白族手工制作竹器用具就已初具规模。清末民国时期S村建筑师赵会庭、谢富中专门建寺院、庙宇楼阁，前往保山、巍山等地承包项目，技艺精湛。谢福元家祖传铸造农民耕田的重要生产用具犁尖犁板，产品供不应求。赵树昌是S村绘染毡毯师，他的画毯鲜红艳丽、吉祥大方，是当地婚嫁必备嫁妆。②而马登民间木雕历史也较早，常应用于古建筑及居家装饰，木雕内容以花草、动植物图案为主，图案有较强的装饰性和地方民族特色，最著名的是格子门木雕。1949年以前S村有专门从事手工业的木匠，他们能够设计并建造白族传统木结构房屋，还擅长做生活用具，工艺精湛，自古就有“剑川木匠走天下”的美誉。

以前S村有遍及所有村寨的木匠，还有彩绘、雕塑、泥水匠等白族民间手工工艺人，有土、木、石、皮、竹器、泥塑诸工匠役，数量众多，技术高超。随着现代工艺水平的不断提升，许多原来的白族民间工艺逐步被淘汰，单纯做木工已

---

① 马登镇人民政府编：《马登镇志》，105页、206～207页，昆明，云南民族出版社，2014。

② 马登镇人民政府编：《马登镇志》，46、105页，昆明，云南民族出版社，2014。

经不能适应社会的新需求，大多数S村白族工艺人开始从事泥水工、漆工、装潢等工作。到2018年S村从事木工手艺的有20人左右，年龄在56—60岁而20—45岁的木工较少，传统民族手工艺的逐步流失，传承人青黄不接。

综上，随着我国城镇化的迅速推进，城镇的多种元素逐步向我国贫困少数民族地区汇集，从而使得少数民族贫困地区的社会经济迅速发展。城镇化的发展给贫困地区的少数民族村落注入了强大的发展动力，使得少数民族的生活方式因此发生巨大变迁，同时许多问题也相继出现。S村是我国少数民族贫困地区的城镇化进程中少数民族生活方式变迁的一个缩影。一方面，随着我国城镇化的大力推进，城镇的多种元素逐步向贫困白族地区汇集，从而推动了少数民族村落社会经济的迅猛发展，在基础设施、产业发展、村容村貌等方面得到了极大改善；另一方面，我国的城镇化建设给少数民族贫困村落的发展带来了巨大推力，少数民族的生活方式和生存状态正在发生急速的变化，在劳动生活方式、民族习俗、婚姻家庭等方面发生了巨大变迁，并出现了诸如传统民族文化传承、光棍问题突出等问题。因而在推动云南贫困地区少数民族生活方式变迁的过程中，尤其在民族特色产业的发展和民族传统手工艺的传承方面，离不开政府相关保护制度的建立与完善，政府的引导和支持仍然是必不可少的重要推动力量。

参考文献

[1] 大理白族自治州地方志编撰委员会办公室编．大理州年鉴．2015年第26卷．昆明：云南民族出版社，2015.

[2] 云南年鉴编辑部．云南年鉴．2015年第30卷．云南年鉴社，2015.

[3] 瞿明安．中国民族的生活方式．北京：中国社会科学出版社，1995.

[4] 高丙中．现代化与民族生活方式的变迁．天津：天津人民出版社，1997.

[5] 杨士杰．云南山地民族生活方式的传承与选择．昆明：云南人民出版社，1998.

[6] 董晓峰，等．中国新型城镇化理论探讨．城市发展研究，2017（1）.

[7] 马登镇人民政府编．马登镇志．昆明：云南民族出版社，2014.

作者简介：董海珍，云南农业大学教师，主要从事民族社会学研究。

重新审视喜洲商帮的历史意义

杨立新

随着国家“一带一路”战略的推进，喜洲被列入首批“127 个中国特色小镇”，历史又一次将喜洲置身于转型发展的拐点上。在机遇与浪潮来袭之时，古镇该如何应对？文化和历史是一个民族的魂，每种文化都有独特的色彩，最能折射出古镇民族之魂和色彩的，当首推数量庞大且能彰显深厚历史文化底蕴和白族优秀精神品质的物质文化遗产——白族建筑。这些深含民族风格的建筑群，在中国乃至世界建筑史上独树一帜。从历代成功人士的个人院落到庞大建筑群的呈现，带着儒商色彩的喜洲商帮无疑是继往开来的集大成者。本文试图从那时社会环境的角度来审视、解读商帮，挖掘历史文化，以期对当下喜洲的建设和发展、寻找经济发展新模式提供建议。

一、喜洲商帮根植于历代积累的文化传统之上，是成功的商人团体对喜洲社会最好的诠释

（一）文献名邦，让小镇喜洲格外久远

汉习楼船，武帝置叶榆。隋开皇中弘农氏驻“史城”。南诏立国，蒙氏曾都史城，国号“大厘”“大利”“大礼”。苍山会盟，仿唐附唐下，至今仍在的大慈寺、十隍殿、圣源寺、本主寺庙等建筑和洞经古乐，折射了汉文化孕育下当时史城的尊贵。段思平故里，民间香火绵绵不绝的唐梅寺，见证了大理国的辉煌。元

世祖万里用兵临苍洱，被供奉于大慈寺的天兵天将忽必烈，似乎诉说着段总管时代喜洲的历史。明沐英改土归流，强制汉化，在历史的演变中，自然形成了人文蔚起，拥有众多进士第、各种牌坊、桥梁，说白族话而崇儒经商的独特喜洲。著名文人弘山公杨士云和杨宗尧“让解桥”的佳话，展示着喜洲的古老文明。

一种地缘、亲缘盘根错节的独特文化底蕴在历史长河中积淀，一种汉化特征明显的民族地域群体引领着周围村落的社会发展进程。两千多年对外来先进文化的兼容并蓄、消化吸收，在经历各种社会大风浪洗礼后，形成了白族和祖国汉文化统一的从容淡定、适应环境能力强、始终自强不息的汉白混合的民族特质，也铸就了外向型发展的经验和理念。

（二）南方丝绸之路、博南古道等道路之便，让商帮走向四方

公元前109年，汉武帝为“指求蜀身毒国道”，征服了白族先民河蛮，洱海流域的先民从此有路远走外面的世界。225年，诸葛亮南征，出兵南中，“七擒孟获”，古滇国与洱河之道连接。南诏王朝在天宝等战争中，“蛮贼寇西川，掳掠巧儿及女工非少，如今悉解织绫罗也”[①]，成就了“邑居人户尤众”[②] 和“流波濯锦”[③] 繁荣昌盛的大利（厘 xǐ），更让河赕商贾客往来于语言复杂的高黎贡山、蜀楚之地、西藏和中缅印间进行贸易。元跨革囊、洪武平滇、咸同起义，茶马古道不断被拓展。近代，太平洋战争爆发，汉口沦陷，滇缅公路、滇越铁路相继开辟，从上海经香港，绕道东南亚回滇的海上通道让云南有了更广阔的天地。

处于亚洲十字路口的大理，商业随道路拓展而思路增强进而业务领域扩大，商业范围不断拓展。

（三）天时、人和，塑造出新喜洲

1840年鸦片战争后，社会纷乱，时局维艰，科举改变命运的选择已在生存面前显得苍白无力。中法战争、辛亥革命、护国运动相继发生，一批有思想有远见的年轻白族子弟，赵甲南、张耀曾、杨源华、尹隆举、杨越轩、杨克成、杨白伦……他们或求学或经商或投戎，走出喜洲，搏击于时代浪潮中。因热爱家乡、

① 《蛮书·卷七·云南管内物产第七》。

② 《云南志·六赕第五》。

③ 《南诏德化碑》。

心系家乡，他们始终通过不同渠道、不同方式，为喜洲发展而努力。如旅沪同乡会在上海刊发宣传进步思想的《新喜洲》杂志，号召全体在外的同乡来讨论喜洲，为青年寻找出路，改良喜洲社会，唤醒和建设新喜洲。在这本杂志的第二期，毕业于清华的赵康节撰文提醒他的乡亲们节制生育，这个理念甚至早于马寅初。通过内外努力，这个小镇在观念、行为上走在了民族地区的前沿。如：1936年5月26日，为杜绝浪费和包办婚姻，倡导新生活运动，小镇上12对青年举行了集体婚礼；1938年，兴办“淑川两级女子小学校”，次年实行男女生混合编班。这些行为和举措，在当时与内地同步，是民族进步的标志性事件。

新生事物风起云涌，这块乐土在悄然变化着。有识之士爱国爱乡及无限的乡愁，齐心协力，使喜洲成为享誉海内外的一颗璀璨明珠。

（四）喜洲商帮形成

机遇总是垂青于有准备的人。20世纪初，内战不停，人们生活必需品等货物短缺，而有些商业通途被截断。部分喜洲人由儒而商，秉承祖辈商业头脑，从动荡时局中觅到了孕育的无限商机。除了走传统的川、缅线外，跨越了马帮文化，避开内地沦陷区，利用滇缅公路、滇越铁路上的新型运输工具，到国际码头上海等地购置时下先进的洋货等货物，运回昆明、下关。通过发展生产，振兴实业等举措，在商海风浪中勇敢搏击，不断壮大。当时统计只有1020户的小乡镇，逐渐形成了四大家、八中家、十二小家和不计其数的小商贩。这些大资本家和数百家小商座号，因富甲三迤，国际闻名，被誉为喜洲商帮。

二、商帮成就了20世纪繁华喜洲，促进了喜洲社会及大理地区的全面进步

（一）创建了物质文化遗产，繁荣、弘扬了白族古镇的经济文化

1. 国家级保护文物——白族民居建筑群

衣食住行是人类基本生活的需求，喜洲商帮各商家及职员，有钱后大多都在祖居地建自己居住的房屋，其中以严董二家最引人瞩目。严宝成、董澄农分别按“三坊一照壁”“四合五天井”“走马串角楼”形状成为六合同春建筑，让几院连

成一体，中西结合（最里边有洋楼），有地下室（防空防盗），分别建成了白族民居经典之作严家大院和董苑。

以严董两家为代表的豪宅大院，随着喜洲商帮的兴旺发达，如雨后春笋建起。建于明朝1526年的“七尺书楼”和清朝1774年“一进四院”的赵府为代表的明清建筑旁，精致高雅，有门楼和照壁为“三滴水”造型的白族民居，于小镇内随处可见。据统计，喜洲街有113院，加上积善邑、城北、城东、翔龙、寺上、寺下、坡头、白塔坪等村的民居，总计近200多院。它们见证着茶马古道上，喜洲商帮叱咤风云的往事。

赏心悦目、浑然一体的建筑，集艺术性、民族性、居住的舒适、民族文化特色于一身，让人赞叹不已。蔚为壮观的建筑奇葩是祖先给喜洲古镇留下的文化遗产，已成为国家级保护的文物，也是如今喜洲文化的代表和旅游的名片之一。走出国门的喜洲商帮，让白族民居建筑也走向了世界。

2. 老喜洲的向往和骄傲——民国年间的“海心亭”

龙湖，喜洲的母亲湖。消逝的龙湖雁塔曾经是喜洲文脉符号和图腾地标（龙湖为砚池，雁塔是文笔，喜洲人文蔚起，传说与这里的风水有关）；龙湖风光秀丽，更是喜洲人民游乐玩水的绝佳去处。抗战时期，严、董两家相约于沙村东南、金圭寺村西的龙湖中分别建海心亭和水国凉亭（凉亭因董公澄农仙逝而未完工）。海心亭地基处理时，采用的方法是：先在湖中打下栗木桩，然后再填土石。这个举措在当时建筑设计中是相当先进的。杨宪典在《喜洲志》中这样描述：“抗日战争时期，喜洲巨商永昌祥在沙村之南面湖水中，用土石填起一块平地，建了一座西式别墅，名曰‘海心亭’，四面围以透空砖墙，环植垂柳，场地上广栽花木，其中心尤以山茶花与桂花为多。春秋佳日，四方游人，络绎不绝，真有‘看花争上水心亭’的景观，湖中渔舟与积肥船只往来交错，棹歌声声，荡漾空寂，时有行行白鹭，掠水飞旋，‘草上平湖白鹭飞’，真道出此中情趣。夏日岸柳荫浓，秋来红蓼菱花，相互映照，更加睡莲遍开，幽香阵阵，鱼戏莲间，荡起涟漪。秋夜登楼望月，但见皓月当空，水天澄碧，真不啻是杭州之平湖秋月。”①

3. 追本溯源——祠堂

民国时期，严、董、尹、杨、赵等大姓，建起或重修了家族祠堂。这些祠堂一则告慰先人，激励后人，传承家族文化，增强宗族向心力，“自力更生，走出

① 杨宪典：《喜洲志》，大理州南诏史研究学会，内部资料，1988。

去”等牌匾上的族训不断地激励着后人；二则也使白族祖祠附设的家塾或私塾古制有了新的用途，成为老年人的休闲之所。

家族宗祠补充了白族本主文化。它让大姓为特色的传统村社文化升华和拓展的同时，也让大慈寺、十隍殿（含正义门）、紫云山、财神殿、九坛神，以及唐梅寺（灵会寺）、圣元寺、山灵庙等有了更具体直观的归属，使得古镇不断受到三教九流多元文化内涵的熏陶。

（二）从文明史的角度看，商帮强烈的社会责任感促进了喜洲社会事业的全面进步，使喜洲成为人人向往又敬佩的礼仪之邦

1. 教育——兴办学校，内容从旧学走向新学，实现了喜洲教育的变革和跨越

自汉孝文帝时叶榆张叔到京师学习，唐开元三年（715 年）南诏皮罗阁遣清平官张建成入朝，云南始有佛书后，中原文化渐在喜洲地区传播。在素有北朝都城之称的圣源寺建成后，大慈寺、文庙、武庙、城隍庙相继建成，周公之礼、孔子之诗书等汉文化在喜洲发扬光大。出现了明清时期以杨士云、杨宗尧、张其仁为代表的科举制度下的文化名人和士官效应，让本地人民重视教育，向往功名，奠定了喜洲的文化底蕴。

清末民初，各种运动风起云涌于神州大地。许多聪明睿智的喜洲有识之士，意识到私塾教授的《三字经》《四书》《五经》已不能适应社会。在大家的共同努力下，以四大家族为龙头的喜洲商帮，集体发力，各商号约定把纯收入提成5%—10%用做教育基金。他们建盖学校，建立校董会，招聘来自国内外的教师。民国初年，建起了男子学堂（后称一完小）、女子学堂（后称二完小），这两所学堂于 1939 年实现男女合校。学生学习内容包括国文、修身、算术、地理、历史、体操、唱歌、国画、手工等，实现了初等教育走向老百姓，走向科学，这在封建时代的民族地区，是具有开创性的。

此时，地方热心教育的有识之士还开办中学、师范等中等教育机构。1934 年起开始筹办建盖五台中学，成立校董会，由资本家出资并担任董事长和董事。请了当时国内最优秀的上海设计师规划，校舍从设计到建筑，豪华大气方面达到国内顶尖水平。以至于老舍先生 1941 年 10 月来喜洲时，看了学校和白族民居后，在《滇行散记》中高度赞叹。五台中学的建筑模式是一架飞机——主教学楼为机翼，礼堂为机身，东图书馆和西科学馆为两个加油箱，飞机的中轴线以两棵喜洲人民的风水树——大青树中央为准线。五台中学在 1952 年更名为大理二

中，当时的生源南到南涧、临沧，北至邓川、洱源、剑川，培育出很多人才。他们步入士、农、工、商、军各界，参加祖国建设，遍及各行各业，没有辜负建造者和设计者对喜洲腾飞的建筑设想和期望。

因避战乱的武昌华中大学，在神学院卞彭教授（后为武汉大学校长）等人联系到严子珍后，接受了喜洲籍董仁民、杨克成等人的邀请和安排，于 1939 年 3 月西迁入白族聚居区喜洲，受到四大家族和当地广大乡绅民众的支持接纳。华中大学来喜洲时，五台中学刚成立。华中大学带来了新观念、新文化，让喜洲这块有内涵、极具包容力的土地受到强烈的波及。责任心强的民族资本家校董会、富有远见卓识的一流大中小学校校长、学识渊博的教授教师队伍、来自滇西各地的中学生和全国各地的大学生，开展对民族、地理、历史等调研；举行远足、野餐、文艺晚会；举办演讲、宣传等社会实践活动。特别是华中大学派教育系高才生吴再兴到刚开办的五台中学担任教务主任，大力协助杨伯仑校长将五台中学办成有初高中的完全中学，还先后派 20 名沦陷区大学生到五台中学任教，让五台中学成为享誉滇西的名校，培养了大批人才。华中大学和五台中学相辅相成，先进教育让文明科学扎根于小镇。

2. 文化——现代文化普及到民间，在潜移默化中激励着喜洲人

决定一个人成功的智商、情商本于遗传和教育开发，爱商则是环境、文化、阅历综合因素造就的。喜洲商帮走南闯北、胸怀开放，发展经济的同时，用外面世界的先进理念深刻影响着喜洲的文化生活。马云说：文化自信是基于对其他文化的理解和尊重之上，喜洲不仅通过商帮直观地感受其他文化，而且，老舍、吴晗、徐悲鸿、韦卓民、游国恩、刘文典等大师云集喜洲，军界、政界、商界诸多名人往来喜洲，商贾难民涌向喜洲，让喜洲这块热土的文化更显自信。习俗在不知不觉中得到强化，物质文明催生了其他文化生活。“土八碗”“破酥”“三道茶”在日常生活中普及，各种节日和文艺活动也比周围的地区要丰富多彩。

还值得一提的是，为普及提高地方公共教育文化事业，1939 年苍逸老人严镇圭慨然捐资创建了苍逸图书馆。杨树义老师这样写道：“图书馆开幕之日有中外人士参加立标仪式，于民国二十九年一月一日大理县长王仲杰、杨勉率绅民参加。里人赵甲南撰文，标记石碑永志纪念。”图书馆旁另有一亭名文会亭，建于明朝嘉庆年间。现在，苍逸图书馆是市级重点建筑保护单位，也是华师人缅怀那段美好难忘的历史时光的纪念地之一。

3. 卫生——喜洲医院的建立，使医疗水平上了新台阶

在地处乡村的喜洲，中医一直是治病保健的传统医疗手段。20 世纪初有

“同德堂”等十多家中药堂，依据中药而成的各种单方、偏方至今仍家喻户晓。但是，受当时条件限制，无西医，医疗还显落后。为提高人民健康水平，崇尚科学的商帮巨头严燮成和董澄农于1937年合资创办了“燮澄医院”，1940年更名为“喜洲医院”。医院管理采用董事会制，聘请留德博士熊娣为第一任院长，医生中有医术高明的留德博士和美国人。良好的医疗效果让广大民众明白：科学技术胜于封建迷信。

4. 其他公益事业

修桥补路：万花溪水流量大，老的石条桥经常被淹，交通不便。为改善交通，严镇圭出资建了“镇川桥”，即现在214线上跨越万花溪之桥的前身。董家则出资清理河道，疏通万花溪河道。

关心本地群众的困难：如20世纪40年代，米价飞涨，每一升价二十大洋，喜洲广大人民吃饭困难。商帮大户便从安南（越南的旧称）进口大米，平价销售，帮助当地人民渡过难关。

济贫赈灾：对特困家庭，经常给予帮助；若有人过世而无力安葬时，则由家族出面请求，给死者无偿送棺木和大米；逢年过节时，施粥赏银元，让无家可归者有节日温暖。

（三）恪守传统文化，又以卓越商业才能引领经济发展、建设家园，服务和回报社会，让喜洲成为“小上海”“东方瑞士”“侨乡”

1. 商帮的久盛不衰，灵魂是传统文化中“和为贵”“诚信”“包容”

社会财富多元化，光一个行业形成不了商帮，喜洲商帮给社会创造了财富。喜洲人有悠久的经商历史，又有传统文化熏陶，使喜洲人做人务实，经商不投机。商帮以道德运作，诚信为本，不仅赢得市场，更通过高工资、高红彩（奖金），让更多的员工起房盖屋，经营中“和为贵”下充满欣欣向荣的正能量；对有能力自立门户者，给予积极支持，促进正当竞争；倡导“自力更生、向外发展”；救济贫苦，提倡互助合作；等等。这些都是有文化支撑的商业模式，是开放包容心态，崇儒经商的结果，是做大做强、持久的生命力所在。

2. 审时度势，把握市场，眼光独到，投资准确，实现了从商业到工商业的跨越

那时候“鹤庆商帮”“腾冲商帮”“红河商帮”投资印度比基货币（相当于对英国所控制的银行进行贷款），因印度独立，财富一夜间消失而一蹶不振。喜

洲商帮则投资了花旗银行，一是购买黄金，对外贸易中也采用以实物或黄金白银等硬通货支付手段进行结算，保证了那时候通货膨胀下资产保值；二是商号自己经营金融业务；三是各商家因地制宜，兴办实业。如“锡庆祥”号的“钨锑公司”“大成实业公司”等是白族商人董澄农在民国时期创办，是云南最早把商业资本成功转化为工业资本的企业，大量经营进出口交易。在喜洲，利用各种资源，各商家还相继建了碾米厂、酒精厂、电站等，这在当时代表国内最高水平，也是滇西北一带的“第一”，影响可想而知。同时，这些先进企业还用部分利润无偿捐给五台中学，支持教育事业的发展。

3. 活跃了市场，繁荣了地方商品经济，带动了地方手工业、土特产加工业的发展，传承了优秀的民族文化

商帮各商号，从外地引进了棉线加工、手工织布及印染技术，妇女手工纺织技能得以普及；养蚕、缫丝、茶种植和茶叶加工等技能相继得到发展；火柴、肥皂、洋布等人民吃、穿、用的消费品和部分手工业原料的商品流通交换，市场更加活跃。

喜洲人能做到这些，是因为很早就重视文化教育，在先进文化的长期熏陶下，喜洲人的商业眼光看得很远。一些有识之士，以耳濡目染的智慧，大胆开拓经商之路，在实践中自觉建设商业体系，形成商帮文化，因而喜洲人被戏称为“犹太人”。商帮的形成，带动了喜洲经济发展，经商所得之利润，部分回报社会用于公益事业，形成了良性循环。独立个体商家与商帮整体联动效应，成就了富裕的喜洲。文化事业的发展、实业的成功，使体系成为一种气候，物质文明、精神文明让喜洲成为远近闻名的“小上海”“东方瑞士”，因为有许多人在海外发展，所以喜洲又是有名的“侨乡”。

三、“由儒而商”的喜洲商帮核心理念对今天的思考和借鉴

20 世纪位于祖国边陲小镇，实现民族整体文明同时，为什么还能影响到川藏及东南亚地区？对今天的民族地区和谐发展、乡村振兴有何借鉴意义？

2015 年，习近平总书记考察大理，确定了新的历史方位“大理是一个让人记得住乡愁的地方”。在当前国家着力于治理现代化和实现城乡一体化的今天，

重新审视喜洲商帮奇迹，我们认为研究传统村落特色文化、把握“由儒而商”的喜洲商帮内核是关键。

（一）先进文化是创造力的动力，文化自信促乡村振兴、民族团结

喜洲商帮的历史告诉我们，把握先进文化、具有人文情怀、礼义利情统一下整体发力的祖国传统文化，科学管理是可持续发展的内在动力。善于学习，才能因势利导，才能把握先机，才能借势而为、乘势而上。没有道德坐标，适应和把握先进文化的空间狭小。只有继承诚信、开放、包容的商帮之魂，才能取得长足的发展。

目前，空心化、本土化的民族特色支撑产业较少，劳动力外流是乡村较突出的问题。文化同质化，趋同化了白族主体地位，这是缺少民族文化自信、失去自我认同、文化程度普遍不高的表现。传统元素中的文化内涵挖掘不足，民族文化特色单一，民众文化自觉性、文化心态建构较弱，文化载体建设不足，因而延续和研究拓展民族文化并转换为生产力是当务之急。只有这样，才能实现生态文明、幸福宜居，让人人有精神家园，在外人士愿意回报社会，在家民众努力奋斗，让民族特色成为真正的乡愁。

（二）领会国家战略，加强研究并举多产业多渠道

具有地方特色的软文化，也是文化商业化需关注的。喜洲商帮曾经引领建设的喜洲，原住民构建了活的生态系统，实现了多民族文化、多元生态文化、多元宗教文化、多节庆民俗文化的和谐，促进了白族人民自我意识的苏醒，地方多种产业得以全面发展，古镇于是有了生命力。

一个民族、一种文化与外界交流融合的桥梁就是商品经济。商品经济的发展是社会经济发展的动力，也是民族特色文化形成的催化剂。在政府主导下，关注民营经济，民营经济能尊重和及时把握市场规律，能通过商品经济发展之路增强外部竞争力，全方位发展经济。民营经济不仅善于开拓活动地域，因时制宜地开拓经营项目挖掘商机，而且他们以支柱行为经营为依托，新兴行业经营为方向，能秉承诚信，在竞争中发展，在发展中选择。这些都是值得我们学习借鉴的。

（三）以喜洲为例对保护与开发的几点小思考

民族自信源于历史，文物、民族文化等的保护与开发，研究文化底蕴和特

色，才能展望未来。

1. 继承诚信、开放、包容的商帮之魂，确立“大喜洲”概念，民族的才是世界的

当下的喜洲，各方应以开放、包容的心态形成“大喜洲”理念，多做促进经济发展新模式的尝试。研究特色，避免同质化，在提高审美水平同时，完善旅游设施，提高旅游产业开发的深度，激活古镇生命力，更好地刺激市场经济的发展。在喜洲具有的民族特色传统文化基础上，把握好商机，以古镇为基点，古文化资源为载体，整合其他如海舌、花甸坝、上关花天龙洞、圣元寺以及为段思平母亲懿慈圣母而建的唐梅寺等资源，通过优秀的文化哲理，特别是民族最优秀的精神品质，立项开发新景点，辐射整个喜洲地区，以“大喜洲”概念带动文化旅游产业的发展。百花齐放，优胜劣汰，在商业运作中形成龙头企业，适时让商业资本向产业资本转化，带动地区发展。

同时，在大喜洲区域内合理布局，推出各地代表性建筑，以旅游推动经济发展，创造就业机会，使周围广大人民真正收益，实现社会和谐发展，也融入到当前现代化发展道路上。

2. 组建喜洲商帮博物馆，将喜洲商帮历史写入地方教材

辉煌的喜洲商帮，是民族地区发展的楷模，是时代进步的标志之一。为了传承喜洲商帮精神，发扬光大商帮文化，丰富白族民居建筑的旅游亮点，凸显古镇旅游文化，带动其他民风民俗旅游项目的开发，以实现传统文化与现代商业文明的完美结合，繁荣喜洲经济，留下珍贵的遗产，建议组建喜洲商帮博物馆，进而让人们从更宽泛的文化谱系中获益。同时，开发乡土教材，将喜洲商帮历史编入教材，不仅能保护和弘扬民族文化特色，更能让民族文化源远流长，让白族文化之花在祖国的民族团结进步中开放。

3. 加强文化教育事业的发展，营造良好的软环境

喜洲商帮及知名人士，用实际行动支持发展教育。商号收入提成办教育，商帮企业利润养学校，引入华中大学，引进先进理念，用最先进的科学技术办实业等举措，不仅用知识文化培养了大批人才，更重要的是为喜洲带来了清新的理念，注入了新的文化气息，促进了喜洲社会生产和民众生活的长足发展。如今的喜洲，浪费、攀比现象严重，实用主义、利己主义和享乐主义抬头，务实、克制、内敛、奋斗等传统正在消失，民族情节或许已成为美丽的乡愁。这些都是地区文化杂乱无章，人民素质水平跟不上经济发展所造成的。要改善此等状况，唯

有发展教育等公共事业，让教育回归到为地方建设培养人才，为提高全民素质服务，充分体现教育是人类进步的阶梯的作用和功能，才能从根本上解决问题。

4. 建立喜洲商帮论坛

如何推进产业振兴，推进产业链、价值链运行，构建三产业融合发展的产业体系，实现乡村旅游、文化、养老等产业深度融合，提高乡村社会文明，建设生态宜居、富裕和谐的美丽家园呢？在服务服从于国家政府的部署下，办好《喜洲》杂志同时，建立喜洲商帮论坛。这样可以让在本地的父老乡亲和在外的喜洲人有个交流的场所，也有连接政府和民众的平台。喜洲人民爱家乡，让他们大力弘扬外向型经济和向外发展理念，发挥同乡会、商会的导引组织监督作用。让耳濡目染了几千年喜洲白族文化积淀的在外奋斗人士，因乡愁而为古镇的发展献计献策、尽心尽力，让最先进、最优秀的理念和做法流向家乡，拓宽、支持和监督喜洲的发展。在众多人士互动中，在强有力的舆论导向下，在发展和矛盾的冲突中，交流平台的作用一定是正能量的，能有效沟通和解决问题。

5. 培植喜洲品牌

历史上的喜洲曾经拥有大众耳熟能详的乡土品牌，但大多已在计划经济时代消失。随着市场经济的兴起，在喜洲人品牌意识的驱动下，新的品牌悄然崛起，分散于餐饮、纺织、建筑、农产等行业。政府应营造良好的创业氛围，推动万众创业，引导创新方向，以众多新品牌形成新的吸引力、竞争力，使喜洲继往开来，重放异彩。

6. 集成网上营销

“好酒也怕巷子深”，好的文化、好的建筑、好的氛围如果不高调发声、大力宣传，就会在新时代信息海洋里被全国甚至世界的古镇旅游潮流所淹没。营销是现代商业的精髓，互联网及其移动终端带来了营销的新形式、新活力，应该改变各自为战的散沙局面，顺应网络趋势，创新宣传平台，集成喜洲各行业的新亮点，形成网上营销的集团军，政府引导，提升诚信等级，使喜洲元素在网上高频涌现。

参考文献

[1] 杨宪典编撰．喜洲志．大理州南诏史研究学会．1988.
[2] 李正清．大理喜洲文化史考．昆明：云南民族出版社，1988.
[3] 大理重大事件．大理州政府网站，2011－06－02.

［4］田夏彪．南诏大理国时期白族教育发展机制及其当代启示．大理学院学报，2014（1）．
［5］田冬梅，张颖夫．论南诏大理国佛教教育及其对政治文化的影响．大理学院学报，2014（7）．
［6］汪安琦．我在喜洲的大学生活 1940—1944.
［7］黄继溥．喜洲八年，难以忘怀的岁月．大理日报，2015－08－03.
［8］赵玉中．喜洲编委会．由儒而商．喜洲（2）．
［9］张旭主编．南诏史论丛．

作者简介：杨立新，大理二中教师，业余喜欢研究大理民族文化。

图书在版编目（CIP）数据

大理民族文化研究论丛．第八辑／殷群主编．—北京：民族出版社，2020.4

ISBN 978－7－105－16084－6

Ⅰ．①大…　Ⅱ．①殷…　Ⅲ．①民族文化—大理白族自治州—文集　Ⅳ．①K280.742－53

中国版本图书馆 CIP 数据核字（2020）第 099788 号

大理民族文化研究论丛（第八辑）

主　　编：殷　群
责任编辑：杨蜀艳
出版发行：民族出版社
地　　址：北京市东城区和平里北街 14 号
邮　　编：100013
电　　话：010－58130098（编辑室）
　　　　　010－64224782（发行部）
网　　址：http：//www.mzpub.com
印　　刷：北京艺辉印刷有限公司
版　　次：2020 年 4 月第 1 版　2020 年 4 月北京第 1 次印刷
开　　本：787 毫米×1092 毫米　1/16
字　　数：309 千字
印　　张：16
定　　价：90.00 元
ISBN 978－7－105－16084－6/K・2817（汉 1611）